权威·前沿·原创

皮书系列为
"十二五"国家重点图书出版规划项目

2012国家社科基金首批重大招标项目"国际传播发展新趋势与加快构建现代传播体系研究"编号：12&ZD017
教育部人文社科基地重大项目"基于广播电视与新媒体的中国国际传播力建设研究"编号：12JJD860003
中国传媒大学"中国传播能力建设"协同创新中心

国际传播蓝皮书
BLUE BOOK OF INTERNATIONAL COMMUNICATION

中国国际传播发展报告（2015）

ANNUAL REPORT ON THE DEVELOPMENT OF CHINA'S INTERNATIONAL COMMUNICATION (2015)

主　编／胡正荣　李继东　姬德强

社会科学文献出版社
SOCIAL SCIENCES ACADEMIC PRESS (CHINA)

图书在版编目(CIP)数据

中国国际传播发展报告.2015/胡正荣，李继东，姬德强主编.
—北京：社会科学文献出版社，2015.11
（国际传播蓝皮书）
ISBN 978 - 7 - 5097 - 8183 - 8

Ⅰ.①中… Ⅱ.①胡… ②李… ③姬… Ⅲ.①中外关系 -
传播学 - 研究报告 - 中国 - 2015　Ⅳ.①G219.26

中国版本图书馆CIP数据核字（2015）第238892号

国际传播蓝皮书
中国国际传播发展报告（2015）

主　　编／胡正荣　李继东　姬德强

出 版 人／谢寿光
项目统筹／蔡继辉　任文武
责任编辑／高振华　张丽丽

出　　版／社会科学文献出版社·皮书出版分社（010）59367127
　　　　　地址：北京市北三环中路甲29号院华龙大厦　邮编：100029
　　　　　网址：www.ssap.com.cn
发　　行／市场营销中心（010）59367081　59367090
　　　　　读者服务中心（010）59367028
印　　装／北京季蜂印刷有限公司

规　　格／开本：787mm×1092mm　1/16
　　　　　印张：15.75　字数：210千字
版　　次／2015年11月第1版　2015年11月第1次印刷
书　　号／ISBN 978 - 7 - 5097 - 8183 - 8
定　　价／89.00元

皮书序列号／B - 2014 - 377

本书如有破损、缺页、装订错误，请与本社读者服务中心联系更换

▲ 版权所有 翻印必究

《中国国际传播发展报告（2015）》
课 题 组

组　　长　胡正荣　李继东　姬德强

成　　员　樊三霞　付玉辉　宫宇坤　胡逢瑛　黄　超
　　　　　　黄　冬　黄　廓　姜　飞　金思宇　李艳伟
　　　　　　梁　韵　刘　菁　刘　澍　罗　霆　任明朝
　　　　　　王润珏　吴　非　吴　玫　谢丹平　徐厚广
　　　　　　于啸月　张建军　张　磊　钟　新　周　亭

主编简介

胡正荣 教授、博士生导师，中国传媒大学副校长、教育部人文社科重点研究基地——中国传媒大学广播电视研究中心主任。兼任国务院学位委员会新闻传播学评议组召集人、国家哲学社会科学基金项目评委、2013~2017年教育部高等学校新闻传播学类专业教学指导委员会主任委员、国家留学基金委评审会委员等职。主要研究领域为传播学理论、媒介政策与制度、传播政治经济学、新媒介与国际传播等。讲授课程有新闻传播学理论研究、传播学、媒介研究等。主持"传播学"国家级精品课、国家级教学团队和中国传媒大学"发展中国家国际传播硕士项目"。主持国家社科基金重大招标项目1项，国家级、省部级和大型横向科研项目四十余项。出版著作数十部，中英文论文二百三十余篇，发表成果近300万字。曾任美国哈佛大学肯尼迪政府学院客座研究员（2005）、英国威敏大学勒沃霍姆访问教授（2006）、英国威敏大学荣誉博士（2011）。应邀在IAMCR等多个国际顶级传播学会会议上发表主旨演讲。兼任新加坡 *Media Asia*、韩国 *Journal of Communication Research*、英国 *Global Media and Communication*、香港《传播与社会学刊》《现代传播》等国内外期刊编委，亚洲媒介信息与传播中心（AMIC）顾问委员。2000年列为教育部"跨世纪优秀人才"，2001年获国务院政府特殊津贴，2006年获"新世纪百千万人才工程"国家级人选。

李继东 博士、研究员、硕士生导师，现供职于教育部人文社科重点研究基地中国传媒大学广播电视研究中心。"全球传媒蓝皮书"、"国际传播蓝皮书"执行主编。已发表论文50余篇，专著有《中国影视政策创新研究》（2013）、《英国公共广播政策变迁与问题研究》（2007）两部，主编和副主编《中国国际传播发展报告（2014）》、《北京市文化产业融合及其规制研究》（2013）、《全球传媒产业发展报告（2011）（2012）（2013）》、《世界主要媒体的国际传播战略》（2011）、《广播影视发展政策》（2010）、《中国广播电视公共服务体系：目标与实践研究》（2010）和《21世纪初我国大众传媒发展战略研究》等著作十余部。主持国家社科基金项目"我国国际传播话语体系建设的理论创新研究"，参与国家社科基金重大项目，国家新闻出版广电总局社科重大项目，教育部重点研究基地重大项目以及国新办、文化部、江苏卫视、南京电视台、大连广播电视台和深圳广播电影电视集团等机构委托项目20余项。2007年英国牛津大学社会法研究中心访问学者，2009年美国明尼苏达大学新闻与大众传播学院访问学者。获第八届全国广播电视学术著作评选决策管理类一等奖、北京第十和第十一届哲学社会科学优秀成果奖二等奖、2008年度北京市宣传系统优秀调研报告、2002全国出版社市场营销论坛优秀论文一等奖等奖励。

姬德强　博士，副研究员，硕士生导师，现就职于教育部人文社科重点研究基地——中国传媒大学广播电视研究中心。主要研究领域为传播政治经济学、国际传播、媒介改革与社会转型等。主持国家社科青年基金项目和教育部人文社科青年基金项目各一项，参与国家和省部级重点研究项目多项，跨国研究项目一项。在 *Chinese Journal of Communication*、*Media、Culture & Society*、*Javnost – the Public* 等 SSCI 刊物上合作发表英文论文3篇，合作出版英文著作章节2篇。独著和合著中文期刊论文20余篇、著作章节10余篇。讲授课程包括传播政治经济学、*Theories of Communication*、*Mediaand Chinese Society* 等。香港城市大学访问研究生（2009），加拿大西蒙·弗雷泽大学传播学院访问学者（2010~2011），曾赴美国、英国、芬兰、爱尔兰等多国参加国际学术会议。自2006年起，担任传媒学术网主编。

摘　要

　　随着"一带一路"战略的不断推进，日益全球化的中国企业品牌建设步入了一个新阶段，中国品牌的国际传播问题已经成为政府、业界和学界关注的焦点，因此，《中国国际传播发展报告（2015）》聚焦"中国企业品牌的国际传播实践与理论"这一话题。近20位业界和学界知名专家分总报告、实践篇、专题篇和海外篇四大板块分析了中国企业品牌国际传播的现状、问题和发展趋势，着重关注中石化、中国南车、中交建、中国联通、阿里、华为、海尔、小米等企业品牌国际传播的历程、经验、教训和策略，并从学理上讨论了中国企业品牌及其国际形象的构建、传播的理念、渠道和方式，特别是探讨了央企与新兴传播企业品牌的国际化问题，进而拓展到中国—东盟博览会等对外品牌传播活动，并分析了"今日俄罗斯"、《纽约时报》等海外企业的品牌传播战略。

Abstract

With the continuous advance of the "one belt, one road" strategy, the increasingly globalized brand construction of Chinese enterprises has entered into a new stage. The problem of Chinese brands' international communication has become the focus of government, industry and academia, therefore, "Annual Report on the Development of China's international communication (2015)" focuses on the topic of international communication of Chinese brands. Nearly 20 renowned experts from both industry and academia analyzed the current situation, the existing problems and the developing trend of Chinese brands' international communication in the four main parts including the general report, the praxis part, the focus part and the overseas part. They payed close attention on the history, experience, lessons and strategies of several Chinese enterprises on their brands' international communication, like Sinopec, China Southern Locomotive, CCCC, China Unicom, Ali, Huawei, Haier, Xiaomi, etc. Also, experts theoretically discussed Chinese enterprises' brands and the construction of their international image, the idea, channel and mode of communication, especially explored the brand's internationalization issue of both the central enterprises and the emerging communication enterprises. Finally, they covered the analysis of China – ASEAN Expo and other external brand communication activities, then analyzed the brand communication strategy of overseas enterprises including Russia Today, New York Times, etc.

目 录

BⅠ 总报告

B.1 中国企业品牌的国际传播管窥：2015 中国国际传播
发展报告 ………………………… 胡正荣 李继东 / 001
  一 企业品牌国际传播发展态势：中国与世界 ……… / 002
  二 中国企业品牌价值：总貌与结构 ………………… / 006
  三 中国企业品牌的认知：优势与认同 ……………… / 013
  四 中国企业品牌传播的发展趋势：信任与用户 …… / 018

BⅡ 实践篇

B.2 国有大型企业国际传播的有益探索
  ——中国石化国际传播的现状与前瞻 ……… 谢丹平 / 020
B.3 中国南车品牌国际化实践思考 …………… 徐厚广 / 027
B.4 中国联通国际化战略的发展与实践
  …………………………………… 付玉辉 刘 澍 / 036

001

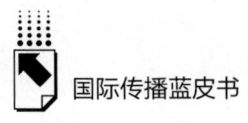

B.5 中国交建品牌"走出去"之路：经验与探讨
　　　　　　　　　　　　　　　　…………………… 任明朝 / 043
B.6 华为终端品牌塑造与国际传播策略 …………… 王润珏 / 054
B.7 互联网时代的海尔兄弟
　　　——海尔的品牌建设与国际传播 …………… 姬德强 / 063

BⅢ 专题篇

B.8 对外活动品牌的构建：中国—东盟博览会的
　　符号聚合与复诵 ………………… 吴 玫 梁 韵 / 076
B.9 中国企业国际形象塑造：问题、成因与对策
　　　　　　　　　　　　　　…………… 姜 飞 黄 廓 / 108
B.10 "一带一路"战略语境下中国企业品牌国际
　　 形象传播：理念、对象与方式 ………… 宫宇坤 / 120
B.11 中央企业的国际传播：现状与问题
　　　　　　　　　　　　　　…………… 钟 新 黄 超 / 132
B.12 中央企业的海外传播 ……………………… 罗 霆 / 143
B.13 互联网时代，新国货如何走向世界
　　 ——小米品牌的国际化研究 ……… 张建军 刘 菁 / 165
B.14 从企业到国家：欧美媒体对中石化的报道浅析
　　　　　　　　　　　　　　…………… 樊三霞 张 磊 / 176
B.15 海尔在非洲传播的机遇与挑战 …………… 李艳伟 / 190
B.16 全球速卖通的SWOT模型分析及未来发展之路
　　　　　　　　　　　　　　　　…………………… 于啸月 / 199

BⅣ 海外篇

B.17 "今日俄罗斯"发展中的传媒外交发展方向
　　　……………………………… 吴　非　胡逢瑛 / 211
B.18 浅析新媒体语境下《纽约时报》品牌传播的
　　　路径及启示 …………………………… 黄　冬 / 225

CONTENTS

B I General Report

B.1 Looking into the International Communication of Chinese Brand: Report on China's International Communication Development 2015 *Zhengrong Hu, Jidong Li* / 001
   1. Company Branding: the China and World / 002
   2. Value of Chinese Company Brand: Overview and Structure / 006
   3. Recognition of Chinese Company Brand: Strength and Identification / 013
   4. Developmental Trends of Chinese Company Brand: Trust and Users / 018

B II Praxis Reports

B.2 SINOPEC: Useful Explorations of International Communication of Large State-owned Enterprises: Present and Future *Danping Xie* / 020

B.3 China Southern Locomotive: Thoughts on the Practice of International Branding *Houguang Xu* / 027

B.4 China Unicom: Development and Practice of the International Strategy *Yuhui Fu, Shu Liu* / 036

CONTENTS

B.5 China Communications Construction: Experience and Discussion on the International Branding　　*Mingchao Ren* / 043

B.6 Huawei: Brand Building of Terminal Products and Strategies of International Communication　　*Runjue Wang* / 054

B.7 Haier: Brand Building and International Communication in the Age of Internet　　*Deqiang Ji* / 063

BⅢ Special Reports

B.8 Building the Brand of External Activities: Symbolic Aggregation and Repetition of China-ASEAN Expo
　　Mei Wu, Yun Liang / 076

B.9 Branding the International Image of Chinese Companies: Problems, Factors and Solutions
　　Fei Jiang, Kuo Huang / 108

B.10 International Communication of the Image of Chinese Companies in the Context of One Belt and One Road Strategy: Ideas, Targets and Patterns　　*Yukun Gong* / 120

B.11 International communication of the State-owned Enterprises: Present and Problems
　　Xin Zhong, Chao Huang / 132

B.12 International Communication of Chinese State-owned Enterprises　　*Ting Luo* / 143

B.13 How Chinese Products Go Global in the Age of Internet: On the International Branding of Xiaomi
　　Jianjun Zhang, Jing Liu / 165

B.14 From Company to the State: Analysis of the News Reports on SINOPEC by European and American Media
　　Sanxia Fan, Lei Zhang / 176

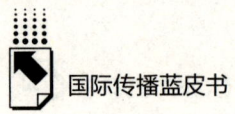

B.15 Haier in Africa: Opportunities and Challenges in
    Communication *Yanwei Li* / 190

B.16 A SWOT Analysis of AliExpress and Its Future Development
    Xiaoyue Yu / 199

BⅣ Overseas Reports

B.17 Media Diplomacy of Russia Today: Development and Direction
    Fei Wu, Fengying Hu / 211

B.18 Brand Communication of *New York Times* in the Context
    of New Media: Approaches and Inspirations *Dong Huang* / 225

总报告

General Report

中国企业品牌的国际传播管窥：
2015中国国际传播发展报告[*]

胡正荣　李继东[**]

摘　要： 近两年来，中国提出的"一带一路"战略等有力地拓展了中国企业品牌的发展空间，同时，移动化、智能化和社会化媒体的发展正在构筑互联互通的现代传播体系和网络空间，2015年将成为中国品牌传播的转折点。从品牌价值来看，中国企业品牌价值和财富增幅均居于世界首位，但在全球品牌价值排名中却相对落后，同时，

---

[*] 说明：企业品牌传播至少涉及品牌价值和企业财富两大榜单体系，其中品牌价值可以理解为一个在消费者眼中的企业综合形象，是一种软实力，本报告采用明略行（Millward Brown）的研究成果；而企业财富则是硬实力，本报告以《财富》杂志的世界500强企业为准，对二者进行考量，以期展示中国企业品牌传播中的全貌。

[**] 胡正荣，中国传媒大学副校长、教授；李继东，中国传媒大学广播电视研究中心研究员。

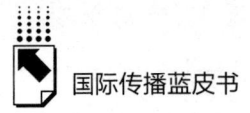

随着BAT品牌价值的迅猛提升，中国品牌价值总额中民企与国企平分秋色。从品牌认知来看，中国企业品牌还存在着缺乏远大目标、售后服务不佳等问题，但也具有高性价比等优势。由此，赢得信任和发展用户应是中国企业品牌传播未来发展的最为突出的重要趋势和策略。

关键词： 中国企业品牌　品牌传播　品牌价值　品牌认知

一　企业品牌国际传播发展态势①：中国与世界

1. "一带一路"战略拓展了中国品牌的发展空间，有助于构建互联互通的现代传播体系

2013年9月和10月，习近平总书记在出访中亚和东南亚国家期间，先后提出了丝绸之路经济带和21世纪海上丝绸之路的重大倡议，2015年3月中国政府特制定并发布《推动共建丝绸之路经济带和21世纪海上丝绸之路的愿景与行动》，确立了"一带一路"战略，并提出了"共商、共建、共享原则"，"建立一个政治互信、经济融合、文化包容的利益共同体、命运共同体和责任共同体"的战略目标，以及"政策沟通、设施联通、贸易畅通、资金融通、民心相通"五通的战略内容和任务。这一战略无疑为中国以及沿线国家的企业发展提供了新的发展机遇，有助于改观当前中国品牌的形象以及塑造良好

---

① 下文的趋势分析参考了 http://www.wpp.com/wpp/marketing/publicrelations/10 - global - communication - trends - 2014/。

的中国宏观品牌形象[①]，有助于建设世界级优秀中国企业品牌。同时"一带一路"战略所倡导的原则和发展内容为国际传播提供了新的理念，顺应了移动互联网等新兴媒体的发展趋势，促进当前不平衡世界传播秩序的改变，推动全球再平衡的实现，进而形成互联互通的现代传播体系。

2. 移动智能化已是大势所趋，以用户为中心的互联互通网络正在形成

随着智能手机、平板电脑等移动设备和互联网的迅猛发展，移动智能化成为近两年信息传播最为突出和重要的趋势，在全球移动数据流量中视频占比过半，智能设备贡献最大。据统计，2014年全球移动数据流量比2013年增长了69%，达2.5艾字节（Exabytes）/月，是2000年全球互联网全部流量的30倍。其中，移动视频流量从2012年起占比超过了50%，2014年底增加到55%。2014年全球移动设备比2013年增长了近5亿（4.97亿）部，达74亿部，其中88%的增幅源于智能手机，净增4.39亿部，占全球移动设备总量的26%，占全球移动数据流量的88%，其流量是非智能设备的22倍。2014年移动网络连接速度增长了20%，全球平均速度达1683kbps[②]。由此，车联网、物联网等万物互联的网络社会正在形成，互联互通时代到来，位置服务、消费历史等数字足迹促使内容、服务与情景、个人需求无缝连接，品牌传播需建构和完善以用户为中心的互联互通网络，充分挖掘个人和商业数据价值，重构和优化传播模式，满足日益增长的个性化多样需求。

[①] 黄靖：《"一带一路"有助打造中国好品牌》，《国际先驱导报》，http：//news.xinhuanet.com/herald/2015 - 07/07/c_ 134389185. htm。

[②] Cisco Visual Networking Index：Global Mobile Data Traffic Forecast Update 2014 - 2019 White Paper. http：//www.cisco.com/c/en/us/solutions/collateral/service - provider/visual - networking - index - vni/white_ paper_ c11 - 520862. html。

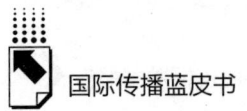

3. 社会化媒体影响日趋深化,"危机常在"时期到来

随着社会化媒体迅猛发展和广泛应用,过去专业媒体组织主导把关人的格局正在变革,信息生产和传播方式正在转变,用户不仅仅是信息接收端和消费者,更是信息生产者和传输者,公众参与、再目的化和分享信息,信源社会化,特别是突发事件的报道,从信源到信息流的形成,更多的时候是由公民运用微信、微博等社会化媒体和智能设备来发布、传输和分享,而且会迅速消解传统媒体所依托的信息生态圈。品牌传播亦是如此,社会化媒体赋予了消费者更多的自主权和影响力,用户期待与品牌无缝互动和24小时/7天接近,获得定制化和高度个性化的服务,同时用户也更有机会参与到产品和服务设计与营销之中,更希冀企业、品牌围绕他们的喜好,来共创、共享和合作生产和传播。

基于社会化媒体的传播网络,信息传播更加实时,速度更快、传播更广,消费者和其他利益相关者拥有更多和更为便捷的渠道来披露企业的虚假或不诚实的行为,信息传播领域步入了一个危机常在(Crisis in the "Always On" Era)时期[1],企业需更加谨慎地维护自己声誉,更须及时、公正和透明地来应对一些负面的病毒式视频等的传播,进一步讲,提高透明度是危机常在时期的最佳传播策略,任何遮掩行为都会被网友拨得体无完肤,因此,越是高度透明的传播,越有利于赢得消费者的信赖和提升品牌的声望。

4. 中国品牌的海外媒体新闻报道量持续增长,2015年成为中国品牌传播的转折点

近5年来海外媒体对中国品牌的新闻报道数量逐年稳步增加,在金砖国家中仅次于印度,而增幅位居金砖国家之首,报道美国品牌的篇数最多。据统计,谷歌搜索到2001年1月1日至2010年12月31日

---

[1] Cisco Visual Networking Index: Global Mobile Data Traffic Forecast Update 2014 – 2019 White Paper. http://www.cisco.com/c/en/us/solutions/collateral/service – provider/visual – networking – index – vni/white_ paper_ c11 – 520862. html.

期间中国品牌的新闻共有78400条，此后逐年增长，其中2012年增长幅度最高，比2011年增加了115%，比2001年至2010年的总量还多1700条。2013年首次超过10万条，增幅达47%。从内容上看，2001年以前搜索到中国品牌的文章就一篇，即1999年8月15日刊登于施普林格集团麾下的《亚太管理》（Asia Pacific Journal of Management）杂志的一篇文章，题为《品牌仿冒：中国有不同的看法吗？》，主要比较分析中国大陆、香港和台湾地区的不同[①]。而2001~2010年的报道中最早的一篇是2009年7月17日刊登在《新闻周刊》的题为《中国为何不能创建自己的品牌》（Why China Can't Create Brands）的文章。该文提出，当时华为已有3/4采购合同源于海外，但鲜为人知，进而分析了作为世界工厂的中国没有自己品牌的原因，包括价廉质劣、过度实用主义、没有品牌意识、闷声做事、只做B2B业务和不被公众（消费者）所知等。有趣的是2015年1月26日刊登于《广告时代》（AdAge）题为《为何2015年是中国品牌的转折点：三大中国互联网大鳄位居中国品牌前五》[②]，文章认为市场驱动型企业的品牌在最具价值中国品牌中所占比重近半，与国企品牌旗鼓相当，特别是BAT的崛起，这意味着中国品牌已经趋于成熟。足见，外媒对中国品牌的看法在不断地改变，中国品牌的影响力也在不断提高。

  相比较而言，有关美国品牌的报道量是最多的，年均增幅也是最大的（82%），中国年均增幅次之（65%），南非最低（47%）。这说明中国品牌的国际关注度在金砖国家是处于领先地位的，值得注意的是印度品牌的报道篇数一直比中国品牌多一点，2012年以来基本不相上下（见图1）。

[①] 说明：该文作者是加拿大西蒙菲莎大学的 Kay Ka-Yuk Lai, Judith Lynne Zaichkowsky, 文章实际上是一篇学术论文，Brand Imitation: Do the Chinese Have Different Views? – Springer link.springer.com/article/10.1023%2FA%3A1015482707900 by KKY Lai – 1999 – Cited by 120 – Aug 15, 1999。

[②] Angela Doland: "Why 2015 Marks a Turning Point for Chinese Brands: Three Chinese Internet Giants Rank in China's Top Five" Adage, published on January 26, 2015.

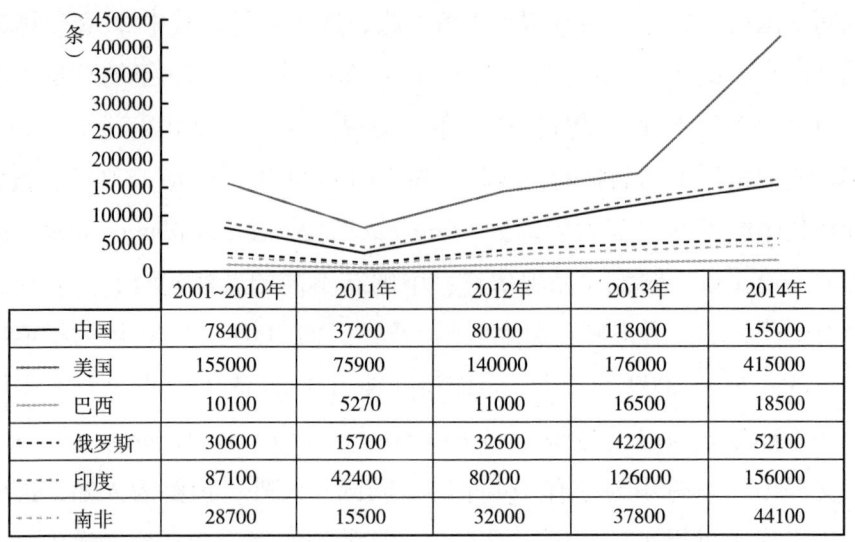

图1　金砖国家和美国品牌谷歌新闻数量（2001～2014年）

注：数据运用以中国品牌（Chinese brands）、印度品牌（Indian Brands）等金砖国家和美国品牌为关键词在谷歌新闻中搜索了2001年以来的报道数量，其中2001～2010年整合为一个时间段，其他逐年统计。

二　中国企业品牌价值：总貌与结构

1. 中国企业品牌价值和财富增幅双双领跑世界，品牌价值增幅达1004%

据明略行统计表明，2015年全球最具价值百强品牌总额比2014年增长了14%，达3.3万亿美元，比2006年增长了126%。中国上榜公司数量增加到14家，总价值达4324亿美元。[①] 同样，继2014年《财富》世界500强排行中国上榜公司（包括台湾地区）数量首次突

[①] MillwardBrown, WPP: BrandZ™ Top 100 Most Valuable Global Brands 2015, http://www.wpp.com/wpp/marketing/brandz/brandz - reports/, 2015 - 7 - 29.

破百家之后，2015年中国上榜公司数量已达106家，有15家公司挺入百强。美国上榜公司数量仍为128家，与2014年持平，较2013年减少4家①，中美之间的差距在进一步缩小。

中国企业品牌价值增长最快，领跑全球，2006年只有中国移动1个品牌闯入全球品牌百强榜，2015年增长到14个，品牌价值增幅达1004%，成为全球品牌价值增速最快的一个，也是金砖国家中数量最多的，2015年金砖国家共上榜15个（见图2）。

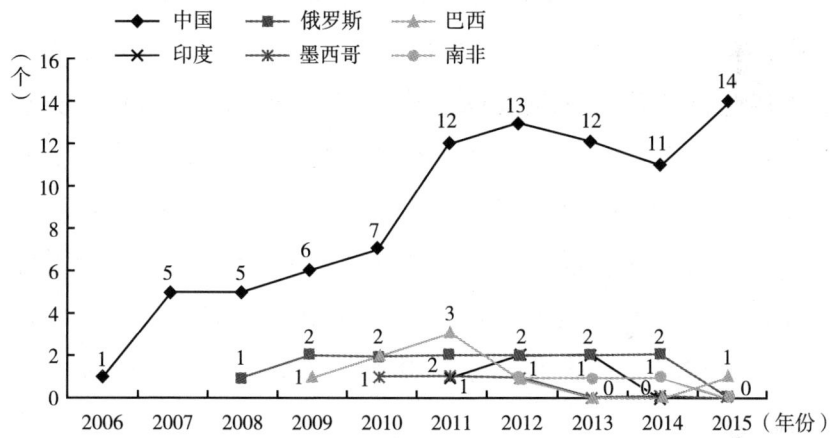

图2　2006～2015年新兴经济体在全球百强品牌中的数量变化

资料来源：Valuations include data from BrandZTM and Bloomberg。

2. 技术类品牌价值占比和增幅均居首位，腾讯公司增速最快

从品牌企业所属产业类型来看，2015年技术类品牌不仅占比最大，占全球百强品牌总价值的1/3，计9008亿美元，比2006年增长了141%；占总数量的1/5，平均价值为459亿美元，而其他品牌平均价值为249亿美元。在前20强中有4席，而且增幅也是最大的，

---

① 《财富》：《世界500强排行榜》，http：//www.fortunechina.com/fortune500/c/2015-07/22/content_244436.htm，2015-7-22。

特别是社交媒体发展迅猛，在增速最快的前20强中，腾讯、脸书位居前两名，这说明过去十年来全球社会化网络的强大力量以及世界由此被广泛连接的速度之快，腾讯和脸书的用户均已突破10亿大关，这不仅仅反映了其品牌价值和规模的增长，也说明了这些品牌如何有效地将品牌价值变现和向新领域扩张，比如腾讯开发了微信、腾讯路宝，并购了中国第二大电商京东，脸书并购了WhatsApp；同样，百度向相关产业延伸，2014年1月全资收购了人人公司所持的糯米网股份，成为糯米网的全资第一大股东，糯米网也更名为百度糯米。而雅虎则拥有了24%的阿里巴巴股份。此外，技术类品牌价值在意义度、独特性和显著性三项指标上均高于平均水平（100），分别为123、126和129。而且在过去的十年中，技术类品牌增幅最大，在全球百强品牌总价值中占比从2006年的35%增长到2015年的44%。①

值得注意的是技术研发也成为其他企业为消费者创造增值价值、突出特色的重要途径，像阿迪达斯研发新鞋垫、耐克的可穿戴技术等，均着力技术创新来提升产品和服务水平，进而拓展品牌价值。

3. 北美企业品牌价值仍位居全球首位，亚洲首次位居亚军

从地区来看，北美地区的企业品牌仍是全球最有实力的，2015年北美品牌无论是价值总额还是数量均占全球百强的一半以上，而且继续囊括了全球品牌百强的前十名。而且谷歌、苹果、IBM和微软这前四位均为科技公司，排名第八的AT&T和第十的亚马逊也与技术密切关系。亚洲首次超过欧洲（大陆）位居第二，品牌价值总额为17%、数量为21个，主要得益于腾讯、阿里等技术企业以及中国银行等地区性银行和中国移动等电信品牌；第三是欧洲，品牌价值为

---

① MillwardBrown, WPP: BrandZ™ Top 100 Most Valuable Global Brands 2015, http://www.wpp.com/wpp/marketing/brandz/brandz-reports/, 2015-7-29.

11%、数量为19个，集中在像路易斯·威登之类的奢侈品、宝马等汽车品牌、汇丰等全球银行和壳牌等石油天然气①（见图3）。

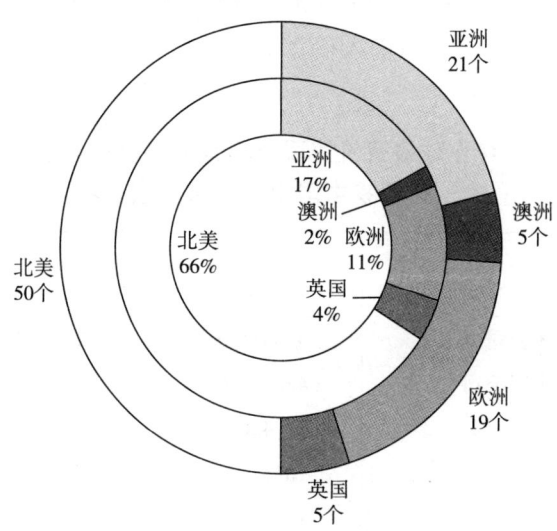

图3　2015全球百强品牌价值和数量区域比重
（内圈为品牌价值比重，外圈为品牌数量）

资料来源：MillwardBrown，WPP：BrandZ™ Top 100 Most Valuable Global Brands 2015。

4. 中国企业经济实力强劲，但品牌价值排名相对落后

尽管中国企业的品牌价值提升速度很快，但与其经济实力则很不匹配，中国企业品牌整体还不够强，迄今还没有闯入前十位的公司，腾讯、阿里巴巴和中国移动分别位居第11、第13和第15位。而在2015年《财富》世界500强排行榜中中石化超过壳牌石油，位居亚军，在全球品牌价值百强中仅排名第63名，沃尔玛、壳牌石油的排名则分别为第26位、第54位，均优于中石化。同样，在世界500强

---

① MillwardBrown，WPP：BrandZ™ Top 100 Most Valuable Global Brands 2015，http://www.wpp.com/wpp/marketing/brandz/brandz‐reports/，2015‐7‐29.

榜单中位列第4位的中石油、第18位的中国工商银行、第36位的中国农业银行、第45位的中国银行的品牌价值排名均比其财富排名要低一些。而在《财富》排名第7位的国家电网公司、第37位的中国建筑股份有限公司等则均未入榜单（见表1）。

表1 2015年全球最有价值百强品牌与《财富》世界500强排行榜中国上榜公司（前百名）

公司名称	营业收入（百万美元）	《财富》榜排名	品牌价值排名
中国石油化工集团公司	446811.0	2	63
中国石油天然气集团公司	428620.0	4	71
国家电网公司	339426.5	7	无
中国工商银行	163174.9	18	22
中国建设银行	139932.5	29	41
鸿海精密工业股份有限公司	139039.4	31	无
中国农业银行	130047.7	36	50
中国建筑股份有限公司	129887.1	37	无
中国银行	120946.0	45	65
中国移动通信集团公司	107529.4	55	15
上海汽车集团股份有限公司	102248.6	60	无
中国铁路工程总公司	99537.9	71	无
中国海洋石油总公司	99262.2	72	无
来宝集团	97604.6	77	无
中国铁道建筑总公司	96395.2	79	无
国家开发银行	89908.4	87	无
中国人寿保险(集团)公司	87249.3	94	62
中国平安保险(集团)股份有限公司	86021.8	96	68

资料来源：《财富》中文网，http：//www.fortunechina.com/fortune500/c/2015－07/22/content_244435.htm；MillwardBrown，WPP：BrandZ™ Top 100 Most Valuable Global Brands 2015，http：//www.wpp.com/wpp/marketing/brandz/brandz－reports/。

5. 国企品牌与民企品牌价值平分秋色，BAT 品牌价值独领风骚

从 5 年来品牌价值变化来看，国企品牌价值增长放缓，BAT 等民企品牌价值猛增。国企品牌在 BrandZ™ 最具价值中国品牌百强总价值中占比从 2014 年的 71% 下降到 2015 年的 53%，而民企品牌则从 2014 年的 29% 增加到 47%。2011 年国企品牌囊括了中国最具价值品牌前五强而 2015 年五强之中的三强已让位于腾讯、阿里巴巴和百度，在其他排名段上也呈现民企迅猛增长的情形。在过去五年间民企品牌在 BrandZ™ 最具价值中国品牌 50 强中一直保持高速增长，并实现了 278% 的价值增长，2015 年上榜数量达 55 个，总价值达 2074 亿美元，而国企的品牌价值则起起落落，仅增长了 6%，2015 年为 45 个，总价值为 2363.61 亿美元，比 2014 年下降了 270.74 亿美元，仅比 2011 年有所增长（见图 4）。① 因此，2015 年成为中国品牌的一个转折点。

在 2015 年 BrandZ™ 最具价值中国品牌百强榜单的前十位中，央企仍占了七成，国有四大行、中石化、中石油和中国移动，其品牌价值呈下降趋势。而 BAT 的品牌价值不仅增幅最大而且占比也高，位居榜单之首的腾讯公司增幅达 95%，百度为 55%。2015 年阿里巴巴首次进入榜单就位列亚军，其电商业务、互联网金融业务均领跑国内，2014 年 9 月 20 日 IPO 在纽交所上市，市值为 2314 亿美元，超越 Facebook 成为第二大互联网公司②。BAT 品牌价值总和已占据了前十强的半壁江山，达 1566.58 亿美元，这预示着过去银行业 + 大型国企主导的格局正在改变（见图 5）。而在最佳全球品牌排行榜中，迄今位列其中的只有华为这一家民企公司。2014 年 10 月 Interbrand 发布了第

---

① MillwardBrown, WPP：BrandZ™2015 年最具价值中国品牌 100 强，http：//www.wpp.com/wpp/marketing/brandz/brandz - reports/，2015 - 7 - 1。说明：该报告按照所有制划分中国企业，将国企之外的私营公司称为市场导向型企业，考虑到中国的实情和习惯，本报告还是沿用"民企"这个一贯说法。

② http：//tech.hexun.com/2014/aliipozhibo/.

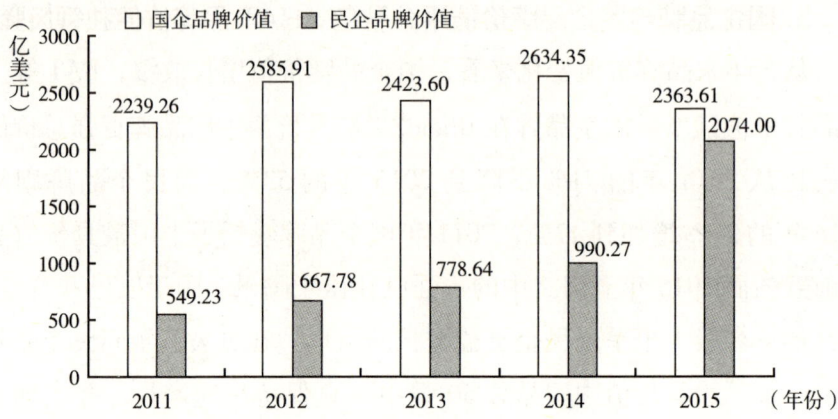

图 4　2011~2015 年 BrandZ™ 中国 50 强品牌价值变化

资料来源：BrandZ™/MillwardBrown。

15 届最佳全球品牌年度报告，华为位列第 94 名，这也是有史以来，首个入榜的中国公司。目前，华为是仅次于苹果公司、三星公司的世界第三大智能手机生产商，其 65% 的收入来自中国大陆之外的市场。[①]

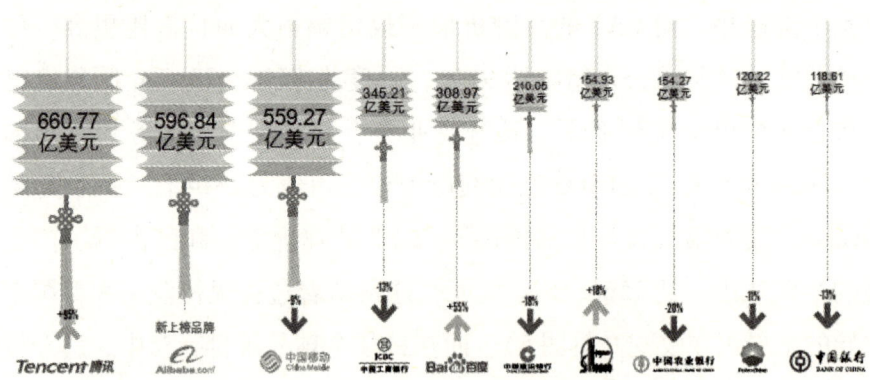

图 5　2015 年"最具价值中国品牌百强"前十名

资料来源：http://www.wpp.com/wpp/marketing/brandz/。

---

① Jessica Menton (2014): Huawei Becomes First Chinese Brand To Enter Top – 100 Interbrand List，http://www.ibtimes.com/huawei – becomes – first – chinese – brand – enter – top – 100 – interbrand – list – 1702156.

三 中国企业品牌的认知：
优势与认同

1. 六成以上的人觉得中国梦与中国品牌密切相关，近六成的国民认为中国品牌缺乏远大目标

据 BrandZ™ 2014 年有关中国梦的调查发现，58%的中国人认为，相较于国际品牌，中国品牌太重视利润而缺乏更为远大的目标；64%的人认为，打造强大的中国品牌是实现中国梦的根本途径，而且中国梦为中国品牌实现其目标创造了有利条件；70%的人认为，中国梦意味着中国制造到中国创造（见图6）。

调研也发现，国民认为海尔、联想、阿里巴巴、华为、淘宝、茅台、同仁堂、百度、中国银行和腾讯等对改变中国现状和形象做出了贡献。

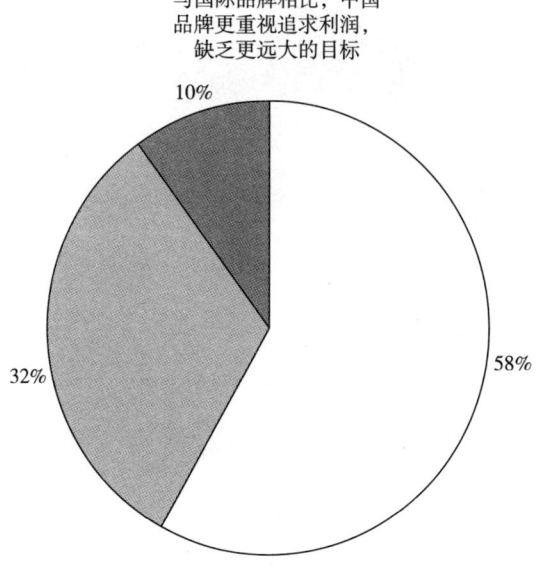

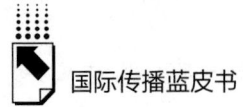

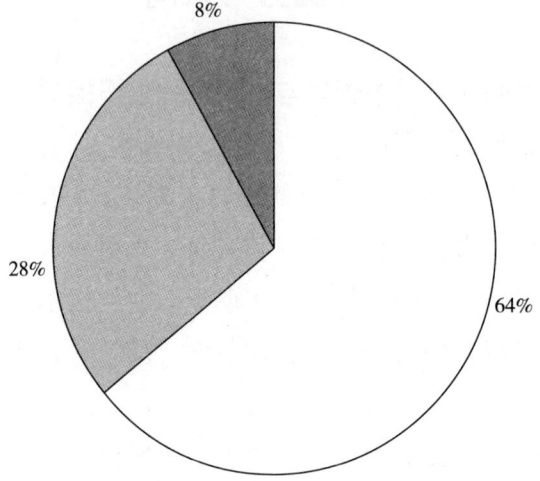

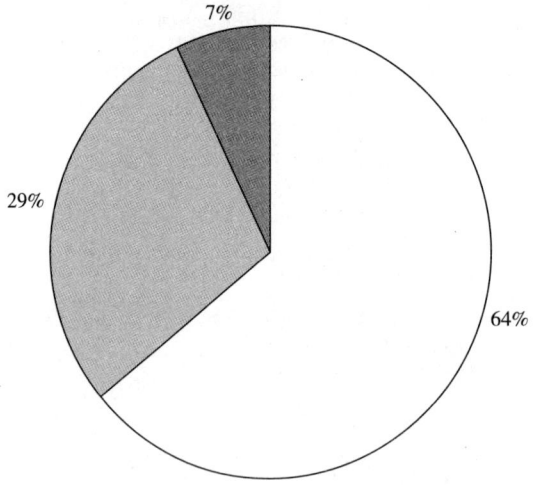

中国企业品牌的国际传播管窥：2015中国国际传播发展报告

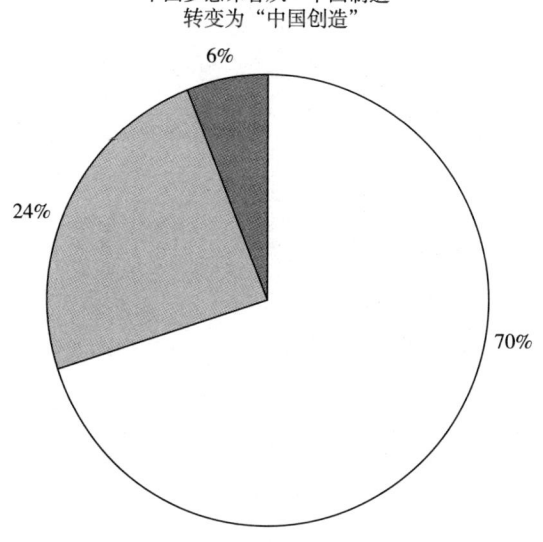

图6　中国梦与中国品牌关系

资料来源：BrandZ™2014。

2. 高性价比、国际化和创新是公认的中国品牌优势，海外消费者对中国品牌的售后服务、环保和质量优质认同度仍最低

国内外消费者对中国品牌的认知差异很大，而且国外消费者因国家不同对中国品牌的认知也不尽相同，不过国内外消费者在高性价比、国际化和创新方面则有共识，均认为中国品牌具备这三方面的优势，特别是国外消费者对中国品牌具有高性价比均有很高的认同度。在体现中国文化、历史悠久和优质的售后服务方面国内与国外消费者认知差异最大，特别是国内消费者对中国品牌体现中国文化评价最高，与海外消费者相差30%~50%（见图7）。

无论是从国别还是从年龄看，海外消费者对中国品牌在优质的售后服务、环保和质量优越方面的认同度最低，与此相伴的是海外消费者对中国品牌的信任度不高，仅有32%的消费者表示对中国品牌有信心，而国内消费者也不过63%。2014年的相关调查也表明，产品

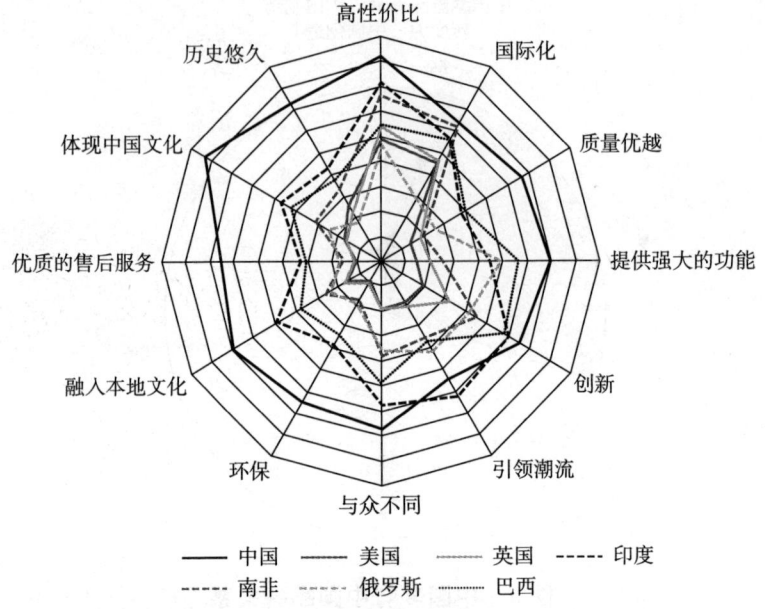

图7 不同国家海内外消费者对中国品牌优势的认同情况

资料来源：Millward Brown《2013年中国国家形象全球调查报告》。

质量、售后服务等仍是海外受访者对中国品牌最不满意的方面，仍严重影响着对中国品牌的信任度①（见图8）。

3. 金砖国家消费者对中国品牌优势认同度高，越年轻的海外消费者越认同中国品牌优势

从国别来看，金砖国家消费者对中国品牌优势的认同整体上高于英美国家，其中印度消费者的认同度最高，美国最低。调查表明，越年轻的国外消费者对中国品牌优势的认知度越高，18~24岁最高，特别是73%的受访者认为中国品牌具有创新性，而25岁以上的仅有55%；55~65岁的最低（见图9）。

---

① 《中国国家形象全球调查报告2014》，http：//cn.chinagate.cn/photonews/2015 - 03/18/content_ 35091383_ 12.htm。

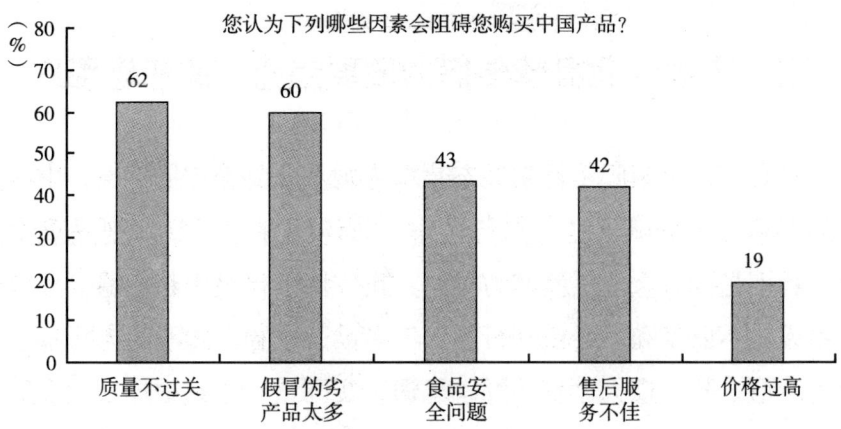

图 8　影响海外受访者购买中国产品的主要因素

资料来源:《中国国家形象全球调查报告 2014》。

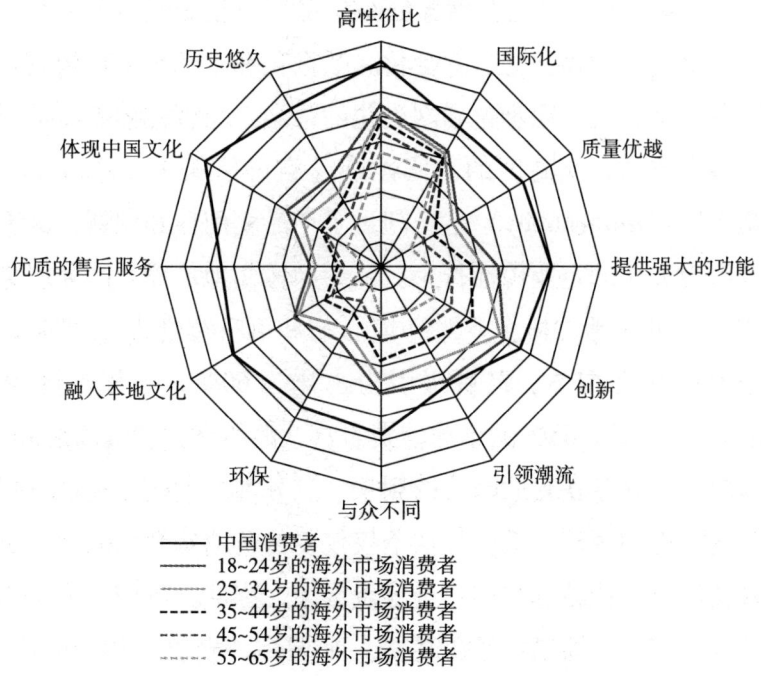

图 9　不同年龄段海外消费者对中国品牌优势认同情况

资料来源:《中国国家形象全球调查报告 2013》。

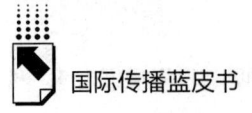

四 中国企业品牌传播的发展趋势:信任与用户

纵观近两年国际传播发展态势与中国企业品牌传播情况,中国品牌的国际化或全球化已是必行之路,而传播好中国品牌则是重中之重,特别是国有企业虽然实力雄厚,但在国际传播中却普遍存在着只干不说、不愿说和不会说等行为,但其品牌也存在着不为人所知、不为人所信,甚至遭人诟病的尴尬境遇。实际上,中共中央和大多数企业已经意识到这一问题并提出了提高中国品牌国际传播能力等重要战略,考虑到国际传播的全球态势,赢得信任和发展用户应是中国企业品牌传播未来发展的最为突出的重要趋势和策略。

首先,赢得用户的信任越来越成为品牌传播至关重要的目标和出发点,信息传播的移动化、社会化、数据化和智能化正在构建一种高度透明化、信息流动同步化和网络化的社会,品牌传播需要更加公开透明,诚信正直,而高度的真实性则是赢得信任之关键所在。据统计,真实性(Authenticity)已经超过了产品实用性和创新,成为全球消费者最受关注的企业传播行为。其中,诚实地传播产品和服务占比高达91%,诚实地传播企业对环境影响和可持续性占比87%。而产品实用性占比为61%,品牌吸引力占比为60%,名气占比为39%(见图10)。而且,63%的全球消费者喜欢购买诚信度较高的品牌[1]。

其次,随着互联互通时代的到来,到处都是连接器和传感器,人们相互连接更加频繁,品牌传播不仅仅要传达消费者的需求,更要倾听其真实需求,让品牌与用户全触点沟通,因此,以用户为中心的关键在于发展用户,即依托数据挖掘,把握用户全貌,共同创造价值。

---

[1] Authentic Brands 2014:Key Findings. http://www.cohnwolfe.com/en/news/brand-integrity-more-important-innovation-consumer-purchasing.

中国企业品牌的国际传播管窥：2015中国国际传播发展报告

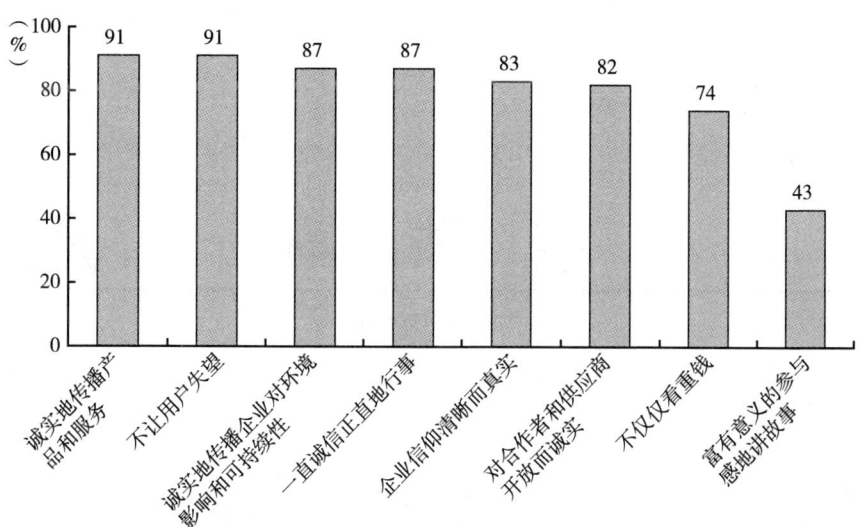

图10　关于企业哪些传播行为最为重要的全球调研结果

资料来源：Authentic Brands 2014。

当前品牌传播方式还聚焦在多屏或全媒体展示品牌形象，未来更需要超越屏幕或媒介在最真切的感知上实现品牌与用户间的真正互动。特别是对于中国品牌的国际传播来说，更是如此，如何深度挖掘海外用户数据，充分利用社会化、移动化媒体等新兴媒体，实现精准传播，将成为未来中国企业国际化历程中的重要课题。

实 践 篇
Praxis Reports

B.2
国有大型企业国际传播的有益探索
——中国石化国际传播的现状与前瞻

谢丹平*

摘　要： 针对中国石化国际传播面临的问题与挑战，中国石化近年来从大力传播正面新闻、管控处理好负面舆情、建设媒体关系网络和推动境外企业国际传播等四个方面加强了国际传播，取得了一定成效。下一步计划从更大的力度和维度上加强国际传播，塑造良好的企业形象和品牌。

---

* 谢丹平，中国石化宣传工作部（新闻办公室）。

关键词： 中国石化 国际传播 媒体关系网络

一 中国石化国际传播面临的问题与挑战

截至2014年底，中国石化的业务遍及全球70个国家和地区，境外员工总数达5万余人，近1/3的收入来自海外，已经成长为一个跨国经营的大型石油公司。但是，受长久以来"只做不说、多做少说"等思维的束缚，国际化经营中缺乏与对方沟通和交流的传统，重业务轻传播的现象比较普遍，导致2013年以前国际传播基本处于空白状态。

为更加真实和全面地了解国内外利益相关方对中国石化品牌的认知，为中国石化品牌声誉和综合实力建设进一步打下基础，中国石化新闻办于2013年开始委托国际知名的第三方顾问启动了中国石化全球品牌认知调研项目。

调研项目历时十个月，分为方法规划和目标甄别、访谈实施、数据分析和报告撰写以及调研结果回报和研讨等四个阶段。调研内容围绕三个方面进行：一是对中国石化品牌、战略、业务、文化、内外沟通等方面的认知；二是在上述各方面的正、负面看法和分析；三是基于上述两点，内外部相关方对中国石化应该如何改进品牌声誉及企业形象的意见和建议。

调研共完成180例访谈，其中包括内部访谈76例及外部访谈104例。内部访谈涵盖总部部门和下属企业，共计14个单位。外部访谈涵盖位于大中华区、北美、欧洲、中东和非洲的相关政府部门及政策制定者、非政府组织及智囊团、金融机构、国际媒体、业内专业和同业企业代表等对中国石化全球声誉具有重要影响力的相关人士。

这是中国石化首次委托第三方顾问，在较大的深度和广度范围内征询内外部利益相关方的意见。此举广受调研对象好评,被认为反映了中国石化对品牌建设和内外部意见的高度重视,同时相关方也普遍期待其意见能切实得到跟进和落实。同时,访谈委托第三方进行,因而客观、深刻地反映了内外部相关方的看法和意见,内容不仅仅涉及"品牌"方面,而且涵盖了战略、业务、管理、文化、内外传播等各个领域,并综合分析了这些方面对集团全球声誉的影响。

这项调研取得了六项主要发现:第一,中国石化品牌的海外认知度低,大部分受访者对中国石化缺乏基本了解,并且经常分不清中国石化、中国石油和中国海油;第二,内外部受访者对公司发展战略认识不一,60%的内部受访者不完全清楚公司战略并了解公司战略和日常工作的关联,金融界和媒体界的利益相关者较清楚公司发展战略,而高达75%以上的外部利益相关者对公司战略一无所知;第三,在归属感和自豪感方面,国内员工和海外员工差别明显,90%以上的国内员工为在中国石化工作感到自豪,而70%左右的海外员工对中国石化缺乏归属感;第四,对中国石化了解程度越高的受访者,越认可中国石化从事生产经营的商业驱动而非政治驱动;第五,大部分受访者认为中国石化品牌的社会认可度较低,认为中国石化在劳工、社区、环境等方面的践行标准较低;第六,所有受访者一致认为,中国石化对对外沟通和声誉管理长期缺乏重视,呼吁中国石化更加重视对外沟通和品牌建设。针对这些问题,也提出了针对性的策略建议。

二 近年来中国石化的国际传播探索

针对上述调研发现的问题,近年来,中国石化主要从大力传播正面新闻、管控处理好负面舆情、建设媒体关系网络和推动境外企业国际传播等四个方面着手,加强了中国石化的国际传播,初步取得了较好的效果,为中国石化的改革重组提供了较好的国际舆论氛围。作为国有大型跨国公司，中国石化的国际传播也为中国国有企业如何开展国际传播、如何在国际市场上塑造公司品牌提供了有益的探索。

一是加强正面新闻的国际传播。2014年，中国石化针对上市公司业绩发布、涪陵页岩气田开发、销售业务引资重组、油品质量升级、碧水蓝天计划、能效倍增计划等主题事件，大力开展正面传播，增强了国际资本市场对中国石化的信心，确保了引资重组等工作的顺利完成。2014年，面向国际媒体（含港澳台媒体，下同）主动发布新闻稿50余篇。据不完全统计，2014年主流国际媒体共发表涉及中国石化的文章1298篇，其中正面和中性报道1065篇，占比82%；负面报道233篇，占比18%。

二是管控和处理好负面舆情。2014年，中国石化有效地处理了"11·22"事故调查报告公布、英力士起诉、页岩气区块遭国土部核减面积并罚款等19起涉及国际业务和传播的负面舆情事件，其中影响力较大的舆情9起，减弱和消除了负面事件对公司品牌形象的伤害。

三是加强国际媒体关系网络建设。中国石化通过拜访国际媒体驻华代表处、会见国际媒体记者、媒体沟通会、走进中国石化活动、及时处理媒体问询等工作，初步建立起了涵盖总编、编辑和记者的国际媒体关系网络。2014年，答复国际媒体垂询130人次，举办4次走进中国石化活动，媒体沟通会共有10人次参加。

四是推动境外企业国际传播。中国石化通过业务指导和培训等方式，要求各境外企业和机构加强在当地的传播。中国石化香港公司赞助3个海洋环保公益项目并做好在当地的传播，取得了良好的社会效益；中国石化美国公司积极参与普氏资讯组织的全球能源业奖项评选，中国石化董事长傅成玉荣获"亚洲年度首席执行官"奖；指导中亚代表处在哈萨克斯坦媒体上发表介绍中国石化在哈业务和社会贡献的正面文章，塑造公司负责任的企业形象；指导多个驻外机构利用广告、赞助等方式开展国际传播等。

中国石化加强国际传播的努力取得了一定的成效，在营造良好舆论氛围的同时，也为公司赢得了一些荣誉。中国石化在"中国企业海外形象调查"排名中名列前茅，荣获大公网牵头评选的"二零一四·年度最具社会价值企业"奖。在口碑方面，多家国际媒体的记者反映，中国石化是最开明开放的中国企业之一。

虽然中国石化的国际传播取得了一些成绩，初步探索出了一些经验，但仍需要清醒地认识到，目前中国石化的国际传播工作还存在一些问题和不足。

一是公司的整体国际形象有待提升。大多数利益相关方对中国石化了解极其有限，大部分外部利益相关方对中国石化的印象集中在"大"、"封闭"、"国有"、"政治动机"等词汇上。

二是大部分境外派出机构不重视国际传播。长期以来，中国石化在国际化经营过程中重经营轻传播，缺乏对外沟通和传播的传统，经常是"做了不说"或"多做少说"。

三是缺乏国际传播机构和人员。从总部、各涉外单位到境外派出机构，没有设置专门从事国际传播的机构，缺乏从事国际传播的人员，海外员工缺乏品牌与传播经验，特别是领导干部不敢说、不愿说、不会说的现象还很普遍。这与跨国公司动辄数百上千人的专业品牌传播与公关队伍差距极大。

四是国际传播经费不足。目前用于国际传播的经费极其有限，反观国际大企业，品牌与传播费用一般占企业盈利的1%~3%，甚至更多。

五是国际传播缺乏载体。当今时代，社交媒体已成为公司传播的有力工具，但中国石化总部和各境外派出机构都没有开通运营英文社交媒体，缺乏与海外利益相关者主动沟通和互动的载体。

三 中国石化国际传播前瞻与设想

针对上述五个方面的问题,中国石化计划下一步开展以下八个方面的工作,从制度到实践、从总部到驻外机构都大力加强企业的国际传播。

一是制定国际传播制度。包括拟定《关于加强国际传播的指导意见》、《国际传播工作"十三五"规划》、《国际传播工作管理办法》等,从制度上规定境外派出机构必须建立新闻发言人制度、必须坚持开门开放办企业,规划好今后一个时期的中国石化国际传播工作,建立国际传播考核管理机制。

二是建立国际传播组织体系。推动各派出机构明确品牌与声誉管理职责、建立品牌与传播职能部门、设立品牌专员岗位,让中国石化的正面声音得以远播,让关心公司的媒体和公众遇事能找到沟通渠道。

三是做好国际传播培训。2015年,计划针对80名左右的境外派出机构新闻发言人开展培训,内容包括品牌建设、新闻宣传、舆情应对、公共关系等,增强派出机构新闻发言人对国际传播和品牌建设重要性的认识,掌握品牌传播和危机应对的技巧。在做好国际传播培训的基础上,鼓励和授权境外派出机构高管参加各种论坛和交流活动,提出中国石化好主张,传播中国石化好声音。

四是创办国际传播社交媒体。计划2015年开通运营中国石化官方国际社交媒体账号,利用社交媒体与国际利益相关方沟通,塑造和维护中国石化的国际品牌形象。在摸索出经验的基础上,开通运营更多社交媒体和自媒体。

五是更加多样化开展正面传播。在发布全球性新闻通稿的基础上,针对国际媒体的特点和需求,策划具有国际媒体特色的传播主

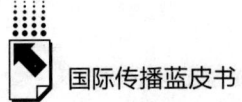

题，更好地满足国际媒体需求，更好地宣传好公司的正面事件。

六是继续做好负面舆情应对工作。在总部层面应对好事关全局的重大舆情事件的基础上，推动境外派出机构就地处理负面舆情，实现国际负面舆情应对的关口前移、重心下沉。

七是更好地建立和维护国际媒体关系。从总部到各境外派出机构，继续"走出去"，拜访各国际媒体；"引进来"，做好媒体沟通；"走下去"，搞好国际媒体走进中国石化系列活动；"站出来"，努力帮助国际媒体解决他们关注和垂询的问题。

八是推动境外企业更好地承担社会责任。要求境外企业和机构按照国际最高标准，承担好企业在劳工、安全、环境、社区、公益等方面的社会责任，并大力传播这些行为和实践。

B.3 中国南车品牌国际化实践思考

徐厚广*

> **摘　要：** 制造企业品牌国际化传播，首先要将品牌建设提升到公司战略的层次，其次要将国际化视野、互联网思维、文化营销手段融入其中。
>
> **关键词：** 南车品牌　国际化传播　品牌建设

随着市场成熟度的发展，市场竞争必然由价格手段逐步转向品牌、质量、服务等非价格手段。品牌决定影响，品牌决定地位，品牌决定竞争力，企业发展进入了追求差异化优势的"品牌助推"阶段。中国南车将品牌工作纳入公司战略，建立起品牌价值、品牌形象、品牌传播、品牌管理四大体系。通过有步骤、分层次的传播，企业的经营发展得到了很好的推动。

一　把品牌建设提升到公司的战略层次

品牌建设是一个系统化工程，品牌传播是其中的一部分。品牌传播需要整体品牌战略的支撑，如果不能将企业的品牌工作提升到战略的层次，很多工作就很难展开，在品牌传播的过程中就会有更多的单

---

* 徐厚广，中国南车股份有限公司宣传教育处副处长。

打独斗，不能取得良好的传播效果。

1. 将企业品牌工作提升到公司战略层面的必要性

中国南车决策层提出要系统地建设品牌，并把品牌建设作为南车做强做优的战略行动来大力推进，主要出于以下四个方面的考虑：第一，建设统一品牌是实现公司战略目标的必然要求；第二，建设统一品牌是构筑竞争优势的关键环节；第三，建设统一品牌是推进国际经营的有力支撑；第四，建设统一品牌是加强集团管控的重要手段。

2. 中国南车同一品牌建设的主要做法

（1）完成"一个战略四大体系"的中国南车品牌整体规划，即《中国南车品牌战略》、《中国南车品牌价值体系》、《中国南车品牌形象体系》、《中国南车品牌传播体系》、《中国南车品牌管理体系》。该规划明确提出了"同一个中国南车"的品牌战略核心，确立了实施统一品牌管理模式（即品牌架构），并从品牌价值、品牌形象、品牌传播、品牌管理这四个方面，真正落实了"统一品牌"的管理原则和管理方法。

（2）搭建品牌管理平台。中国南车将品牌管理组织设置为管理层、执行层和操作层三个层面。其中，最高决策机构是品牌管理委员会，由公司党委常委组成。协调管理机构是品牌执行委员会，由品牌建设主管领导担任主任，公司总部11个相关部门负责人组成。管委会和执委会均建立会议制度，并明确主要职责，27项品牌管理职能均分解到了责任部门。操作层主要包括品牌管理委员会办公室，设在公司企业文化部。

（3）整合推进品牌传播。整合集团上下传播渠道，逐步实现总部主导各子公司协作，在传播内容、传播对象、传播渠道等方面的协调统一；突出抓好新闻宣传、事件营销和展览展会营销，广泛而积极地参与国际顶尖行业展会；在海外发展中国家和国内新产业客户中开展品牌传播试点，摸索积累品牌实战经验和规律，以整合传播为手段促进品牌国际化。

（4）建立考核机制。我们专门设计了一个有中国南车特色的品牌贡献率考核激励机制，以保证各项品牌计划和措施的实施效果。这项考核以年度品牌计划完成程度及自主进行增量品牌推广为依据，制定了《中国南车品牌贡献率考核办法》。每年度对子公司进行打分评价，公布子公司品牌工作排序，奖励先进，并且将品牌贡献率考核结果最终纳入子公司年度经济责任制考核和班子评比。

二 建立品牌传播的国际化视野

品牌国际化是企业在进行跨国经营活动中推出全球化的品牌，并占领世界市场的过程。对于像中国南车这样的企业，在品牌传播中必须建立全球化视野。

1. 要有全球化的品牌定位

品牌定位和形象的国际化，应当从多个维度衡量，包括企业形象、服务、渠道、创新能力、拓展能力等。国际化并不单指走出去，而是以国际的惯例和准则运作企业，以国际的审美和语言来展示企业。国际化品牌一定要有优秀的前瞻性的顶层设计、鲜明的品牌形象个性，在传播内容和外在形象表现上有一致性。同时在品牌定位上要考虑品牌发展的前瞻性、包容性，覆盖品牌延伸领域，与中国南车未来发展相适应。

2. 要与企业市场营销和生产基地在海外的本土化进程相结合

海尔在国际化进程中曾经提出一个观点"思考全球化、营销本土化"，就是说在制订战略和市场布局时要有全球化眼光和意识，进行整体规划；但在具体营销时，则需要因地制宜。针对不同国家不同地区的情况，考虑采取不同的营销策略、商业模式，做出不同的广告策划、传播方式组合。实现生产和营销的本土化，有利于促进文化融

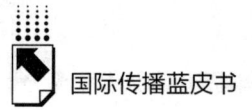

合，有利于吸收当地先进技术，有利于融资、融智，有利于快速提升品牌在目标市场的知名度，建立品牌的国际性信誉。截至目前，中国南车在海外拥有37家分子公司，在英国、德国、美国等国家均设立了研发机构。这种海外的营销生产中心，是公司品牌在海外传播的中坚力量。

3. 借力国家领导人或者其他有全球影响力的人物的重要公共事件做好品牌国际传播

国家领导人的外事活动具有非常大的影响力，媒体往往会不计版面，进行大力推广，如果能够很好地借力相关活动会取得非常好的传播效果。中国高铁最近几年之所以在全球声名鹊起，与国务院总理李克强连续在多个外交场合公开推介有很大关系。此外，中国南车还把自己研发的动车组制作成缩小比例的模型，随国务院总理李克强出访时展出，并有部分作为国礼送给对方。轨道交通属于一个国家的重要公共基础设施，所以各国领导人都非常重视。中国南车为海外国家提供的产品上线时，往往会努力促成所在国家领导人出席开通仪式或者交车仪式，在当地形成良好的传播效果。如中国南车在马来西亚建设的生产基地动工时，马来西亚总理纳吉布亲自驾驶挖土机挖下了第一铲土；在南车为阿根廷研发的动车组上线时，阿根廷总统克里斯蒂安出席开通仪式；在南车为土耳其首都安卡拉提供的地铁产品上线时，土耳其总统居尔、总理埃尔多安，西班牙首相马里亚诺·拉霍伊·布雷均出席了上线活动，土耳其及西班牙各大媒体均进行了跟踪报道。

4. 要与海外本土化媒体形成良好互动，走出去、引进来

在国际化传播方面，很多学者在进行市场划分时经常有一个误区，就是将国内市场传播与海外市场传播进行并列，其实根本就不存在一个叫"海外市场"的实体，所谓的海外市场是一个集合名词，类似于人民、大家之类，人民是由个人构成的，但任何一个人都不是人民。所谓的海外市场是由无数个国家的国内市场构成的，要在这些国家进行品牌传播,最有效的方式就是利用这些国家的本土传播媒介。有些人喜欢一些省力的方式,借助国内媒体的海外平台,如人民日报、新华社、中央电视台等海外版或海外落地平台。总体而言,这些媒体的影响群体主要是国外的华人群体,在海外国家真正有影响力的媒体还是本土的媒体。中国南车在推进品牌国际化的过程中主要采取走出去引进来的方式。一方面是到海外国家召开新闻发布会,中国南车在欧洲如英国,在非洲如南非,在亚洲如马来西亚等地均举行了一些新闻发布会,邀请这些区域的本土媒体参与,传播效果良好。另一方面,我们邀请海外的媒体来中国参观考察,如有重要产品下线时针对目标国家,邀请当地媒体来参观,然后将产品信息传递到所在国家。我们设计了适合在城市群内部城市之间运行的城际动车组产品后,就邀请了东南亚一些国家的媒体来我们工厂参观(为了便于操作,一般一次性邀请多家媒体,如十家左右),然后将产品介绍到媒体所在国家;我们设计了适合货运的内燃机车或电力机车,我们就邀请非洲、大洋洲等国家的媒体来工厂参观。此外还要建立一个全面的覆盖各国市场的媒体库,针对不同产品适应不同的国家和地区,发放新闻稿件。

5. 品牌国际传播中注意将话语权强的媒体与影响力精准定位的行业媒体相结合

虽然前面提到,没有一个统一的海外传播市场,但是在媒体里面有强话语权与弱话语权之分。一些发达国家拥有的媒体传播范围在强势覆盖本土市场的同时,还能够辐射更多的国家和地区,具有全球性。虽然在多数情况下,他们在任何一个市场的影响力都无法与本土市场媒体影响力抗衡,但是他们的大范围辐射能力还是弥足珍贵的。中国南车主要与美国的《华尔街日报》、《纽约时报》、《华盛顿邮报》、彭博社,英国的路透社、BBC,德国的《明镜》周刊等新闻媒体或通讯社合作,借助一些新闻事件进行品牌国际传播;2014年春

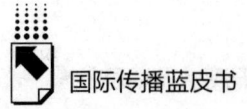

节期间,中国南车还在纽约时代广场投放高铁广告,借助中国高铁的全球效应,策划了"中国高铁登陆纽约时代广场"这样一个话题,也引起了海外媒体尤其是美国媒体的关注和报道。除了强势的国际化媒体外,定位精准的行业媒体的作用也不可忽略,尤其是像中国南车所在的轨道交通装备制造业,属于 B2B2C 的细分行业,直接用户是数量有限的群体,但由直接用户辐射的间接用户则是一个非常庞大的群体。所以,中国南车选择了一些行业内的重点媒体,如英国的 IRJ 等,连续投放广告,并保持较大密度的新闻联系,有关新闻稿件在行业内的国际媒体上进行刊登。

6. 充分发挥国际展会的传播作用

中国南车作为 B2B2C 类型企业,展览展会是非常重要的品牌传播渠道。对展览展会这一传播渠道的应用应具有系统性,每一年度根据营销规划进行整体策划。在展会的选择上要兼顾三个层次:一是行业的全球性展会,如德国的 Innotrans 展会,作为轨道交通行业全球最高级别、影响力最大的展会,公司一般会全力以赴高调亮相;二是行业的地区性展会,如巴西、澳大利亚、俄罗斯、印度等地区性轨道交通展会,公司往往会根据年度重点目标市场策划加以选择;三是行业内的国际高端会议,通常会安排配套展会,借以在高端决策人群中形成影响。在展会的参与形式上,要引入"整合传播"和"商务推广"理念,积极策划开展配套活动,包括与展会配套的专业论坛、专业会议、客户访问、商务活动、新闻发布会、媒体采访等活动,力争展会传播效果的最大化。

三 品牌国际化传播要有互联网思维

截至目前,应该说真正的全球市场还没有形成,全球市场是由一个又一个的国家市场构成的。但是互联网正在形成真正的全球传播,要做好企业品牌的国际化传播,没有互联网思维显然是缘木求鱼。这个方面中国南车做得并不到位,也处于探索阶段。

1. 建立网站、微博、微信于一体的互联网传播平台,探索打造Facebook、Twitter、YoTube等国际自媒体平台

传统媒体的区域性很强,而互联网的全球性很强。如《华尔街日报》的全球影响力很大,《人民日报》的全国影响力很大,但是在北京的影响力却比不过《新京报》、《北京晚报》,在广州比不过《南方都市报》,在南京则比不过《扬子晚报》、《现代快报》。但是在世界上任何一个国家和地区,都能够访问中国南车的官方网站。当然官方网站要有不同的语言版本,这样才能方便不同的国家与地区的读者来阅读。随着移动互联的强势崛起,影响力更大的自媒体如微博、微信强势崛起,企业做好品牌传播,离不开这些自媒体。目前,国家也开始有意识地培育自媒体的发展。2014年8月18日,习近平总书记主持召开中央全面深化改革领导小组第四次会议审议通过了《关于推动传统媒体和新兴媒体融合发展的指导意见》,强调要"着力打造一批形态多样、手段先进、具有竞争力的新型主流媒体,建成几家拥有强大实力和传播力、公信力、影响力的新型媒体集团"。[①] 目前以微博、微信为代表的中国自媒体,国内用户占主体,但也能够覆盖全球。如果要有更好的效果,显然需要充分利用Facebook、Twitter、YoTube等国际自媒体平台,这是中国南车下一步需要重点努力的方向。

2. 生产适合互联网传播的内容

平台建立容易,但是如果不能很好地发挥作用,也只是一个摆设。所以自媒体平台能否发挥作用的关键,在于运用与维护,要生产

[①] 《习近平主持召开中央全面深化改革领导小组第四次会议》,中国政府网,2014年8月18日。

出适合自媒体传播的内容来。2014年中国南车制作了高铁科普类Flash动画《高铁的前世今生》在网络上发布,该视频用动漫的方式、幽默的语言、好玩的画面解析高铁,讲解什么是高铁、高铁为什么能够跑那么快等高铁知识,在全球各大媒体平台的点击总量超过2000万次,取得了非常好的传播效果。此外依托互联网,中国南车策划了"车迷有约走进南车"系列活动,在网络上公开征集网友到南车工厂参观,活动过程中曾有澳大利亚的车迷,飞赴青岛活动现场参加的案例。这个活动目前已经是中国南车品牌栏目,在社会上有非常大的影响力。

3. 利用网络游戏推广企业品牌

美国经济学家沃尔夫在《娱乐经济》中指出:"一切经济活动都能以娱乐方式进行,极少有什么业务能逃脱娱乐因素影响。倘若没有娱乐内涵,消费性产品将越来越没有机会立足。"企业借助娱乐元素或平台与消费者产生共鸣,有助于建立与消费者之间的感性关系及保持活力的品牌形象,游戏无疑也是品牌与消费者进行娱乐沟通的平台之一,让消费者可以在玩游戏过程中体验品牌的魅力。根据中国互联网络信息中心(CNNIC)数据显示,截至2014年12月30日,我国网民规模已达6.49亿,其中网络游戏的互联网渗透率达到56.4%,达到3.6585亿人。我国手机网民规模达5.57亿,手机网游的渗透率达到44.5%,人数达2.4823亿人。[①] 统计资料显示,世界500强企业中至少有一半以上的企业拥有至少一款游戏产品。众多世界知名企业都开发了游戏产品,如保时捷的《极品飞车·保时捷之旅》、福特的《福特赛车》、麦当劳的《麦当劳农场》等。中国企业如海尔的《人人餐厅》、中粮集团的《中粮生产队》等,其中《中粮生产队》

---

① 第35次《中国互联网络发展状况统计报告》,中国互联网络信息中心(CNNIC)2015年2月3日发布。

玩家超过 800 万人①，以火爆的人气赢得了极佳的传播效果。目前，中国南车正在致力开发有关火车的网络游戏产品。

除了互联网思维外，还应该受到重视的是文化思维，文化与互联网一样具有跨越国界的穿透力。文化活动多种多样，如积极参与或赞助海外本土的一些公益活动，这种方式通过将企业的一部分利润用明确的方式返还给社会，从而在受众心目中树立起一个负责任的"企业公民形象"以达到增强社会品牌知名度、美誉度、满意度的目的。如中国南车曾经邀请马来西亚的制造业工人来中国南车进行交流等都产生了不错的影响。此外如编辑出版行业科普性质的图书等，都是品牌国际传播非常好的手段。这些方面，中国南车都一直在做，但空白点依旧很多，是将来重点发力的方向。

---

① 张晞、刘洁：《品牌社交游戏》，《企业管理》2011 年第 2 期。

B.4 中国联通国际化战略的发展与实践

付玉辉 刘澍*

> **摘　要：** 本文梳理了中国联通业务发展和品牌传播的国际化实践，并分析了中国联通在"一带一路"国家战略方面的实践工作。
>
> **关键词：** 中国联通　业务发展　品牌传播　"一带一路"

2009年1月6日，中国联合网络通信集团有限公司在原中国网通和原中国联通的基础上合并而成，是中国唯一一家在纽约、香港、上海三地同时上市的电信运营企业，连续多年入选"世界500强企业"。中国联通拥有覆盖全国、通达世界的现代通信网络，积极推进固定网络和移动网络的宽带化，积极推进"宽带中国"战略在企业层面的落地实施，为广大用户提供全方位、高品质的信息通信服务。

随着中国经济持续、快速增长，双边贸易额不断提升，对外交流日益频繁，中国客户"走出去"国际通信需求不断增加，"一带一路"及"自由贸易区"等政策对国内企业海外发展和海外企业来中国发展起到很大的促进作用，一方面，这是推动国际通信业务

---

* 付玉辉，中国传媒大学广播电视研究中心特约研究员、中国联通集团综合部高级编辑、暨南大学新闻与传播学院研究生导师；刘澍，中国联通集团国际业务部经济师。

发展的动力，为联通开展国际业务提供了更广阔的空间，中国联通通过提高端到端国际通信服务提供能力，不断满足客户日益增长的国际通信需求，促进了自身业务的持续增长；另一方面，中国联通通过不断完善国际通信基础资源，通达范围越来越广泛，提供越来越丰富的国际通信服务，为社会增强国际传播提供了极大的支撑和保障。

一　中国联通业务发展的国际化实践

作为国际海缆和陆缆最丰富的国内电信运营商，中国联通的国际全业务服务涵盖所有固定和移动领域。中国联通不仅拥有通达全球的通信网络，还在北美、欧洲、非洲和澳大利亚设有境外运营公司，与国际上主导运营商和服务机构建立了良好的合作关系，在不同业务领域开展深度合作。

2015年，中国联通的国际化实践取得了新进展。6月24日，中国联通宣布中国联通国际有限公司正式成立。该公司是中国联通在整合原有海外公司的基础上组建的全资子公司，总部设在香港。中国联通国际有限公司成立后，将组建全球统一的产品中心、交付中心、维护中心和客服中心，还将加快海外POP点、数据中心、云计算、CDN和增值业务的布局和建设，完善全球网络，丰富业务类型，并与海内外的合作伙伴们一道，更好地服务亚太区和全球客户，共同把握全球发展机遇。中国联通国际有限公司的成立，标志着中国联通国际业务的发展进入了新阶段。该公司成立后，首先，将重点整合境内外资源，为客户提供一揽子、全球通达的端到端服务，提升中国联通在全球市场的服务能力。其次，将全面建立与国际接轨的运营机制，通过扁平化、集中化的管理，大幅提升运营效率。最后，将着力建设风险管控体系，防范运营风险。截至2015年6月底，中国联通已在

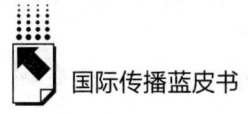

全球设立了14个海外分支机构和91个POP点，海陆缆总带宽超过了7000G。

第一，在国际产品方面，中国联通推出了WOReach国际固网业务品牌，该品牌包含6个子品牌，涵盖了国际话音、线路租用、跨国企业组网方案、移动接入备份方案、国际互联网、云服务等。中国联通与全球各主要运营商建立了广泛的业务合作关系，开通了通达全球的语音和数据服务。

第二，在国际移动业务方面，中国联通在开通漫游国家和运营商数量上业内领先，截至2014年底，中国联通已对251个国家和地区的590家GSM运营商开通了语音和短信国际漫游服务；对208个国家和地区的510家运营商开通了GPRS数据国际漫游来访业务，对191个国家和地区的461家运营商开通了GPRS数据国际漫游出访业务；对139个国家和地区的366家WCDMA运营商开通了3G业务；对13个国家和地区的23家运营商开通了4G业务。为满足客户国际漫游数据业务快速增长的需求，中国联通进行了统一的产品规划和服务规划，推出了丰富的国际漫游数据产品，实现4G、3G和2G的漫游兼容，开通了3G视频漫游。此外，中国联通开通了一卡多号业务、预付费漫游业务及**100国际漫游回拨等多项国际漫游增值服务。中国联通在北京、上海、广州和南宁分别设有国际局，在福州设有海峡两岸通信业务出入口局，截至2014年底，在全球53个国家和地区的69个城市设有83个POP点，有效地扩大了中国联通自有网络的覆盖和延伸，进一步加强了全球电信服务提供能力，为中国的跨国企业提供了一站式全球组网通信的服务。

第三，在网络资源方面，中国联通拥有丰富的国际海缆、陆缆和卫星资源。中国联通是亚太和亚欧地区主要海缆组织的重要成员，积极参与国际海缆的建设、维护和管理工作。截至2014年底，中国联通在23条国际海缆中拥有容量，海缆总带宽已超过4707Gbps，在上海、青岛、福州和厦门拥有国际海缆登陆站。截至2014年底，陆缆的总带宽近2737Gbps。

二 中国联通品牌传播的国际化实践

（一）在信息发布方面，中国联通建立了完备的信息发布体系

中国联通一贯重视公司对外形象的传播，除公司总部的官方网站（http：//www.chinaunicom.com/）提供中英文版本外，还以香港上市公司［中国联合网络通信（香港）股份有限公司］为主体，主要面向投资人等群体，通过（http：//www.chinaunicom.com.hk/）以中英文形式发布信息，内容以公司介绍、业务概况、新闻宣传、投资者关心的运营数据和财务报告为主，真实、准确、完整、及时地履行信息披露义务。中国联通高度重视境内外两个市场的协调发展，已设立多家境外运营公司。各境外运营公司获得了所在国家及地区相关的电信业务牌照和经营许可，主要开展面向境外合作伙伴（运营商）和跨国企业客户的国际通信业务，在香港还面向大众市场推出了移动虚拟运营业务。境外运营公司的设立进一步提升了中国联通的海外服务能力，其在海外的业务覆盖范围更加广泛，更加均衡，提升了全球组网，特别是跨越各海外网络节点之间的业务支撑能力，为客户和合作伙伴的全球增长和发展提供了更有力的支持。为提升联通品牌在全球的知名度，并促进海外业务开展、提升服务品质，在境外运营公司收入规模较高的国家和地区，中国联通开通了以品牌宣传和业务推介为主要内容的网站，面向客户和潜在客户进行宣传：中国联通（香港）运营有限公司（http：//hk.chinaunicom.com/）、中国联通（美洲）运营有限公司（http：//www.unicomamericas.com/）、中国联通（欧洲）运营有限公司（http：//www.unicomeurope.co.uk/）。

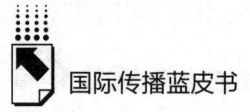

（二）在业务品牌方面，中国联通积极推进国际品牌的传播工作

一是面向境外合作伙伴（境外运营商）和跨国企业客户，打造统一的国际产品线。中国联通在境外市场的最主要业务，是面向境外合作伙伴（境外运营商）和跨国企业客户的固网业务，以往，各境外公司各自为战，产品缺乏包装，在产品销售和业务拓展时没有统一的形象，为了在运营商及跨国企业客户群中建立亲和、专业、统一的形象，中国联通在公司统一业务品牌"沃"下，建立了国际固网业务的品牌"Wo Reach"，该品牌包涵网络通达广泛，服务触手可及的含义，体现互动性和主动性，传递服务先行一步的亲和感。"Wo Reach"业务品牌下辖6个产品类别：Link Reach、Air Reach、Capacity Reach、Call Reach、IP Reach、Unicloud，将现有的专线类、组网类、互联网类、云服务等各类固网业务进行了品牌包装，形成了一系列形象统一、可灵活整合并形成整体方案的产品系列。自2014年使用以来，取得了良好的效果。二是面向境外公众客户，中国联通香港运营公司在香港经营移动虚拟运营业务，业务规模在当地共20余家移动虚拟运营商中位列第二。该业务直接面向公众客户进行宣传，宣传方式包括门市宣传、网站宣传以及媒介广告宣传。

（三）在业务合作和国际交流方面，中国联通积极参与国家交往

在业务合作方面，中国联通和西班牙电信于2015年6月29日宣布双方达成了在智能手机领域进行联合采购的战略合作。该合作着眼于双方共同的产品需求，以帮助双方向中国、拉丁美洲和欧洲市场的更多消费者提供更丰富的移动数据业务体验。得益于双方终端团队的紧密合作和努力，中国联通和西班牙电信已成功完成了首个4G智能

手机联合采购项目。

在国际交流方面，中国联通积极参加世界电信行业的大型组织或国际性会议，利用这些平台，与全球运营商、服务商建立广泛、密切的联系，提出对未来技术标准的建议，表达中国通信行业的诉求，展示中国联通的资源和业务优势，提升联通在国际合作伙伴中的形象，促进深度合作。近年来，中国联通主要参与了国际电信联盟（ITU，International Telecommunication Union）、太平洋电信组织（PTC，PACIFIC TELECOMMUNICATIONS COUNCIL）、国际电信周（ITW，INTERNATIONAL TELECOMS WEEK）、全球移动通信系统协会（GSMA）、世界移动通信大会（MWC，Mobile World Congress）、亚洲移动通信博览会（MAE，Mobile Asia Expo）等组织及其举办的活动。

三 中国联通在"一带一路"国家战略方面的实践

在未来的发展中，中国联通将跟随国家战略，做好通信支撑。其中，"一带一路"将成为中国经济新的增长点，助力中国企业走出去。如交通运输公司、建筑及基础设施工程企业、设备及配套制造业、原材料企业等公司会成为第一批走出去的企业，未来还将会有更多行业随着新丝路的发展走出国门。"自由贸易区"使投资自由化、贸易自由化、金融国际化、行政精简化，给各大企业提供"走出去"的机遇，也将为很多国外企业进入中国提供了条件，如贸易、物流、房地产、建筑商、银行、券商、中小型创新型企业都将受惠。中国为此将加快推进"一带一路"和"自由贸易区"相关国家和地区跨境项目传输系统建设，如中哈、中吉、中巴等跨境传输系统建设，以及境外热点城市的POP点，以跟随战略热点，优化国际基础网络布局。

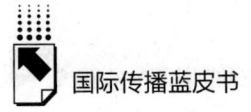

（一）在国际海缆及国际穿境基础通信设施建设方面取得新的进展

中国联通与缅甸合作投资建设"中国—缅甸国际陆缆"工程（CMI项目）。该项目是第一个由中国运营商独自在一个主权国家领土内，建设一条国际陆地穿境光缆，与亚—非—欧国际海缆（AAE1）和SMW5海缆连接，将中国国际通信网络直接延伸到了印度洋。投资建设"亚—非—欧国际海缆"工程（AAE1项目）。AAE1海缆工程是由全球多家电信运营商联合投资建设的一条国际海缆，连接了缅甸、越南、埃及、希腊、意大利、法国等国家和地区。由此，我国国际网络从印度洋出海到达欧洲、非洲、中东和南亚国家。投资建设SMW5海缆项目。该项目由15家国际运营商共同投资建设，亚欧5号海缆系统东起新加坡，向西连接马来西亚、印尼、缅甸、孟加拉、斯里兰卡到达沙特阿拉伯等国家，经陆地光缆从沙特阿拉伯经埃及至地中海，再向西连接意大利，终端至法国。该项目通过CMI传输系统穿境缅甸回国。投资建设APG海缆。该海缆共经过中国（含台湾）、日本、韩国、越南、泰国、马来西亚和新加坡等国家和地区。

（二）积极推进和中亚、东盟等国家的边境陆缆互联工作

在越南，已与越南运营商有光缆互连。在缅甸，目前已与缅甸传输系统互连，并与联通缅甸穿境系统互联。在老挝，目前已与老挝运营商互连。在哈萨克斯坦，目前已与哈萨克斯坦运营商互连。

今后，中国联通还将不断加快国际网络资源能力建设速度，完善国际网络战略布局，积极提升国际网络运营和保障能力，旨在提供资源丰富、效率提升、安全可控的通信服务，为提高全社会传播效率、改善传播模式做出有益的贡献。

B.5 中国交建品牌"走出去"之路：经验与探讨

任明朝*

摘　要： 中国交建"走出去"已有30多年，凭借实力，已在国际上建构了良好的品牌形象。中国交建通过搭建政府、媒体、公众立体化公关网络，利用高访机遇进行高端营销，积极履行社会责任，参加国际展会，国际推广中国标准等方式实现品牌"走出去"。但海外品牌主动传播经验不足，仍需进一步提高国际传播能力。

关键词： 中国交建　国际传播　品牌"走出去"战略

一　中国交建品牌"走出去"的概述

中国交通建设股份有限公司（简称中国交建）成立于2006年，是中国第一家成功实现境外整体上市的基建企业。2014年，中国交建名列世界500强第187位，位居ENR全球最大225家国际承包商第9位，被国务院国资委确定为"国际化经营战略10家重点联系企业"和"培育世界一流10家重点联系企业"，是113家央企中仅有

---

* 任明朝，中国交通建设集团党委工作部（企业文化部）主管。

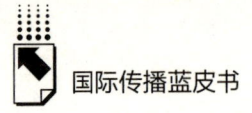

的3家"双十"中央企业之一。

从历史上看,中国交建是中国最早一批"走出去"的中央企业,"走出去"已有30多年历程。中国交建由中国路桥和中国港湾两家公司重组而成。20世纪70年代,中国政府批准第一批"走出去"的国有企业共有4家,中国路桥和中国港湾位列其中,中国交建占据了半壁江山。

从现状来看,中国交建是跨国指数最高的中央企业。截至2015年5月,中国交建设有175个驻外机构,在120多个国家和地区开展实质业务。在"一带一路"沿线65个国家追踪了100余个项目,并在国外建立了近20个产业园区。

中国交建在行业内已经达到世界领先水平,享有业界广泛的国际知名度和话语权。中国交建是全球最大的疏浚企业,疏浚装备总装机功率及年疏浚能力排名世界第一;是世界领先的港口设计和建设企业,设计承建了世界吞吐量前10位的港口中的8个;是世界领先的公路、桥梁设计和建设企业,世界跨径排名前10的斜拉桥、悬索桥、拱桥以及跨海大桥中,半数都由中国交建设计或者建设;是全球最大的集装箱起重机制造商,集装箱起重机业务占世界市场份额的75%以上。

随着国际化竞争的日益激烈,企业"走出去"不仅需要硬实力的提升,更需要品牌软实力的国际传播,以良好的品牌形象带动企业整体发展。

二 中国交建品牌"走出去"的实践经验

(一)重视顶层设计,打造"一体两翼"机制

中国交建不断完善海外品牌管理。2005年中国交建合并重组之

际，充分考虑"中国路桥（CHEC）"和"中国港湾（CRBC）"几十年积累、在国际工程承包领域已经塑造成为知名品牌的实际，保留这两个品牌并作为发展海外业务的平台和窗口。中国交建旗下振华重工是装备制造企业，拳头产品集装箱起重机市场占有率世界第一，已经塑造了全球知名的"振华重工（ZPMC）"品牌，中国交建根据业务布局，继续强化塑造这一品牌。目前，中国交建基本构建了母品牌"中国交建（CCCC）"统领三大子品牌"中国港湾（CHEC）"、"中国路桥（CRBC）"、"振华重工（ZPMC）"的海外业务品牌体系。另外，中国交建近年收购美国和澳大利亚企业，并暂时保留两家企业的品牌作为区域市场品牌和细分专业品牌。

中国交建成立海外事业部，打造"一体两翼"的海外发展平台和管理平台。中国交建旗下有上述2个海外业务窗口、20余家工程承包和设计企业、近百个驻外机构。为实现统筹发展，中国交建明确了"一体两翼"的海外业务发展格局。"一体"就是作为整体的中国交建，实现形式是海外事业部，海外事业部集海外发展责任和管理责任为一体，统筹所有海外业务资源；"两翼"就是中国港湾和中国路桥，作为海外市场经营开发的平台和窗口。所有资源聚集在"中国交建（CCCC）"及"中国港湾（CHEC）"、"中国路桥（CRBC）"品牌下，形成分工协作的发展体系。中国交建"一体两翼"及公司总部、平台公司、专业公司和驻外机构"四位一体"为基础的海外体制机制建设，在注重并发挥与集团海外整体改革的协同性、关联性和耦合性的同时，通过改革创新，不断做好改革的分层对接，发挥出体制机制优势。

（二）把握中央高层访问机遇，塑造品牌形象

中国交建是行业内的领军企业，也是"一带一路"的重要参与者和推动者，与"互联互通"、"中巴经济走廊"、"非洲三网一化"

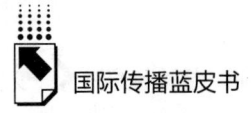

等战略具有极高的契合度。中国交建利用国家领导人对中亚、拉美、南亚、非洲、东欧等地区的高访机遇,以国家领导人见证开工、竣工典礼和见证项目签约等方式,卓有成效地开展了服务国家经济外交战略和推动当地经济发展为主题的高端营销。

2014年,仅一年内,国家主席习近平、国务院总理李克强就10多次见证了中国交建的海外市场开拓成果。9月,习近平出访亚洲周边国家期间,更是连续多日见证了中国交建与多国签署的多项合作协议。9月13日,习近平主席和塔吉克斯坦总统在杜尚别共同出席中国路桥承建的中国—中亚天然气管道D线塔境内段隧道开工仪式。9月15日,习近平主席和马尔代夫总统在马累共同见证中国港湾与马尔代夫签署马尔代夫综合基建项目合作谅解备忘录。9月16日,习近平主席和斯里兰卡总统在科伦坡共同见证中国交建与斯里兰卡签署两大项目协议。

(三)服务当地民生,开展政府公关

修路架桥、建设港口通常是关系国家经济发展的民生工程,因此,中国交建在国外建设的项目,多是该国的重点工程,国家元首或其他重要领导视察项目的机会较多。

中国交建承建的"蒙内铁路"是肯尼亚独立以来的最大工程,是肯尼亚百年来建设的首条新铁路。"蒙内铁路"建成后,首都内罗毕到第一大港蒙巴萨将从目前的10几个小时缩短到4个多小时,当地运输成本将降低60%,形成连接东非北部走廊的交通大动脉。蒙内铁路的建设,将推动肯尼亚GDP增长1.5%。2014年肯尼亚失业率高达40%,而蒙内铁路将为肯尼亚创造近3万个工作岗位,这大大解决了肯尼亚的高失业率等社会问题。

鉴于以上原因,蒙内铁路的建设对肯尼亚政府至关重要。自开工以来,肯尼亚总统肯雅塔成立联席会议,每3个月去蒙内铁路现场办

公一次。总统在视察中表示,蒙内铁路是肯尼亚经济发展的重要标志,希望中肯员工共同努力,建设成国际合作的典范。肯尼亚政府将确保该项目按期顺利完工,并计划未来在铁路沿线主要城市建设工业园区。

总统的重视和认可为中国交建的品牌知名度和美誉度提供了良好的背书,当地媒体和西方媒体广泛报道。

除了项目本身给外国政府带来效益以外,中国交建利用自身专业优势,主动为政府出谋献策,帮政府做"嫁衣裳"。自2001年起,中国路桥开始在吉尔吉斯斯坦开展业务,直接承包项目共11个,共修建了约1400公里的道路,占该国新建工程市场90%的份额。在吉尔吉斯斯坦经营多年的中国路桥发现该国交通体系落后,主动提出帮吉尔吉斯斯坦制定全国道路发展规划。2010年,中国路桥帮助吉尔吉斯斯坦制定了公路规划,2011年,又完成了铁路规划。当总统府拿到这份规划时,感到十分"震撼"。在总统的支持下,中国路桥帮忙规划的国家公路网已经逐渐在该国实施。中国路桥的"义举"在吉尔吉斯斯坦形成了良好的政企关系,为公司在该国开拓市场营造了良好的政治氛围,传播了中国企业友爱助人的传统文化,塑造了良好的品牌形象。

(四)主动发声,信息公开

在海外开拓市场时,由于当地人民对中国的不了解,中国企业往往会遇到文化障碍、谣言等各种不良的社会舆论环境,严重时可以引发危机事件,影响工程进展。当遇到这种情况时,中国交建主动对外发声,采用设立新闻发言人、邀请媒体参观等方式加强沟通,消除误解。

在中国交建进入塞尔维亚市场之前,很多塞尔维亚人对中国企业的印象是价格低廉、品质低劣,甚至有人认为中国商品是"山寨"

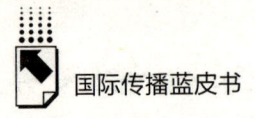

的代名词，中国人是"骗子"。工程刚开展时，当地还传出"中国修桥的人已经跑了"的谣言。

于是，中国交建塞尔维亚项目团队开办英文新闻网站，及时更新项目动态，主动建立新闻发布制度，与业主形成媒体新闻发布的共识，定期邀请媒体来项目参观考察，积极和当地媒体沟通，营造良好的媒体环境；同时做好工程管理工作。一系列公共关系活动，逐步打造了良好的企业形象。大桥通车时，当地群众2万人现场观摩，还有人挥舞中塞两国国旗，喊出"中国人万岁"。

中国交建刚开展蒙内铁路项目时，有西方媒体歪曲报道，称中国人要去抢肯尼亚人的饭碗，引起了当地人民的恐慌。中国交建及时澄清，与当地媒体和西方媒体进行充分的信息沟通，邀请当地媒体参观项目，在当地媒体《标准报》刊登大幅招聘广告，并聘请当地公关公司帮助与媒体进行沟通。如今，不少肯尼亚年轻人在蒙内铁路找到工作，并经过中国交建的培训，成长为高级工程人才。在中国交建媒体公关的努力，以及肯尼亚工人的口口相传下，谣言逐渐破除，蒙内铁路的舆论环境得到好转。

（五）尊重当地劳工，维系和谐的劳动关系

中国交建在国外不仅承办工程项目，还在修路架桥筑港之余，帮当地百姓抢险救灾，开办医院、学校，捐赠物资等，为当地人民谋福利，与百姓建立真挚友谊，赢得民心和良好的口碑。企业品牌传播的重要意义就在于让更多的人知道品牌，并予以好评，而普通百姓的口碑恰恰在于此。百姓口口相传的力量甚至比媒体和政府的公关更为重要，不用刻意公关，老百姓心中已经给予了高度评价。

在修建巴基斯坦喀喇昆仑公路时，当地发生巨大山体滑坡，中国交建项目部比军方更早地进入灾害现场，清理塌方，挖掘泄洪道，并捐赠物资。当地发生百年一遇洪水灾害，中国交建项目部开山打便

道、架设钢便桥、填土围堵洪水、日夜清理泥石流等，捐款捐物，用海军直升机将物资空投到灾害现场。

此外，中国交建定期开放医务室免费为巴基斯坦村民看病；尊重当地宗教民族习惯，开斋节给当地劳工发放物资；为孤儿院捐赠衣服、鞋子等生活用品；向学校捐赠电脑、打印机，并设立贫困生奖学金。系列捐赠活动赢得社会各界好评，被当地《巴蒂诗摩尔日报》、《奥萨夫日报》、《吉尔吉特－巴尔迪斯坦日报》、《帕米尔时报》等多家媒体报道。

中交建设者的真诚得到了当地老百姓的认可，中国人、中国企业成了他们信赖的朋友。中国交建项目部员工经常被邀请参加当地人婚礼或重要节日，被视为重要嘉宾，乐器要等他们到来时奏响、庆典要等他们到来时开始。

类似的故事还有很多。利比亚战争，当地酋长帮助中国交建人员撤退，待到归来时，房间仍被保留，丝毫未动，连晾晒的衣服都还在原位；塔乌公路建成后，山里一位70多岁的老汉，步行70多公里，来到塔吉克斯坦首都，告诉总统"中国人做了一件大好事"；西非马里装备部部长来访中交大厦，专门从非洲带来了一箱杧果，叮嘱说是出发前国内农民要求一定要带给中交建设者，表达感谢。

（六）积极承办或参与国际展会，主动推广品牌形象

中国交建在提升自己行业实力的同时，也注意在国际平台上展示自己的形象，积极协助承办世界疏浚大会，并参加国际性、行业性或者区域性等不同类型的国际展会。根据展会的不同性质，策划不同板块的企业对优势业务进行展示。

中国路桥和中国港湾的国际工程承包享誉海外，多年来参加了国际基础设施投资与建设高峰论坛、东盟博览会、沙特中国工程技术展等论坛或者博览会。

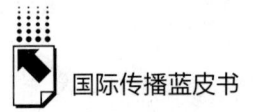

以振华重工为代表的中国交建装备制造板块，积极参加美国NAVIS全球年会、英国阿伯丁OE欧洲离岸石油展览会、俄罗斯NEVA海事展等国际展会。据不完全统计，仅2015年上半年，振华重工参与的国际展会就有10个。

作为全球最大的疏浚企业，中国交建是中国疏浚协会的重要成员。中国疏浚协会已经连续五次组团参与三年一度的世界疏浚大会，并于2010年在北京成功承办第十九届世界疏浚大会，中国交建协办。在2013年举办的第二十届世界疏浚大会上，中国疏浚协会理事长、中国交建副总裁陈云当选世界疏浚协会联合会东部疏浚协会副主席。

（七）积极参与当地环保事业，塑造负责任的品牌形象

地球是人类赖以生存的家园，工程本身是在改变环境，改造大自然，而企业所能做的是尽量减少对环境的影响和破坏。中国交建在港珠澳大桥建设的过程中，坚持绿色环保理念，通过工艺改造和科技创新，减少对海洋环境的污染，保护白海豚；在蒙内铁路的建设中，通过人性化设计，给非洲草原上的动物预留迁徙通道，提高桥梁高度，保证长颈鹿通行，沿线白天施工，防止打扰动物夜间休息。

尽管蒙内铁路所在地经济落后，但内罗毕是世界各大通讯社和媒体在非洲的汇集地。路透社、美联社、法新社、CNN、BBC以及来自中国的新华社、央视、《中国日报》在内罗毕相继开设了分支机构。而港珠澳大桥一年接待的外国参观团也有40多批次。像港珠澳大桥和蒙内铁路这样的世纪工程，国际媒体、国外专家的视线聚焦于此，中国交建的环保理念可以借助他们得到广泛传播。

2015年2月，在肯尼亚政府出动直升机和武警营救未果的情况下，中国交建蒙内铁路项目部救起了一头不慎掉进水坑的野生大象，受到了肯尼亚野生动物管理局、世界野生动物保护协会的高度赞扬。肯尼亚泛非通讯社以及英国著名报纸《独立报》、《每日邮报》等7

家媒体予以报道。而由一位英国人现场拍摄的中国交建拯救大象的视频，在社交网站YouTube上点击近70万，在Caters News Agency网站上的视频播放已有725万次。

（八）推动中国标准走出去，掌握国际话语权

中国企业走出去，不仅要让劳动力、产品、服务、装备走出去，更重要的是让标准走出去。只有掌握了标准，才能拥有更多的话语权和更大的品牌影响力。

中国交建一直致力于推动中国标准走出去。中国交建承建的印尼马都拉大桥是国际上第一个采用中国标准的跨海大桥，蒙内铁路是国际上第一个完全采用中国标准的铁路，多年前，中国交建就已在非洲采用中国标准修建高速公路。

2009年，交通运输部、中国进出口银行和中国交建联合开展了"中国交通建设标准"外文版编译出版工作，推动92本公路工程行业标准及水运工程行业标准走向国际。

三 中国交建品牌"走出去"的探讨

（一）说好品牌国际化故事，提高企业软实力

纵观中国交建品牌的海外影响力形成过程，一个突出的问题是，中国交建的海外品牌塑造更多的是靠世界行业领先的实力、前沿的技术、可靠的履约能力、优秀的工程品质、较高的性价比等硬实力，以及中国交建工程师勤奋踏实、甘于奉献的职业精神打动外国合作伙伴。而维系良好的劳工关系、积极履行社会责任，又使中国交建收获了民心。

这些经验都是中国交建国际品牌走出去的重要因素，而非媒体传

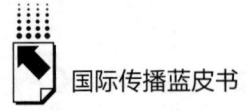

播的手段。中国交建的品牌更多的是靠企业踏踏实实"做"出来的，而非对外宣传"讲"出来的。工程师的思维是喜欢埋头做事，"只干不说、多干少说、历史评说"的思维影响企业多年。在当今国际化竞争的时代背景下，品牌成为重要生产力，品牌理念、形象传播等软实力对提升品牌价值至关重要，中国交建对海外品牌传播的重视度日益增长，媒体公关意识逐渐加强，有意识的媒体策划和传播活动也越来越多，但海外传播经验依然不足。

（二）整合海外品牌资源，塑造品牌统一形象

跨国并购是公司实现快速发展的必由之路。全球顶尖的公司都要通过并购获得成长。近年来，中国交建先后收购了全球一流的美国海工设计公司F&G、澳大利亚第三大工程公司John Holland公司100%的股权。这两次收购，对中国交建完善产业链、提升海洋重工水平、增强铁路运营能力、扩大国际市场规模和提升跨国指数具有重要意义。

海外公司的收购，包含了人才、技术、产品等方面，而如何让海外公司的品牌传播资源为我所用，形成整合效应，提升中国交建的整体品牌国际传播力，仍待探讨。

（三）运用好海外新媒体平台，建构立体化传播平台

中国交建在国内注重开展报纸、网站、微信等立体化的传播平台，但在国外，尚没有统一开通Twitter、Facebook和YouTube等社交平台账号，进行海外传播。

工程承包的性质决定了企业更多的是跟政府等业主打交道，与普通公众距离较远，而社交平台的良好运营，将缩短企业与公众的距离，增加企业的亲和力，塑造良好的品牌。

拯救大象的YouTube视频传播，是由在场动物保护组织的英国人

自发上传，并不是企业策划的传播行为，但起到了较好的传播效果。这一成功传播案例，证明了新媒体平台具有受众广泛、到达率高、传播高效的优势，应充分加以利用。

（四）打造跨国传播团队，塑造国际品牌形象

中国交建在海外设有175个办事处，其中很多办事处都有通讯员可以传来一手的新闻信息。但通讯员的素质参差不齐，品牌意识和海外传播能力仍待提高，需要进行人才培训，打造一支遍及各个国家的海外传播队伍。

（五）强化与国外媒体的关系，传播好品牌故事

中国交建在海外的很多重大项目，由于其本身的新闻价值重大，会吸引海外媒体报道，但也有一些项目被外媒忽视，只有国内媒体的海外记者站去跟踪报道。

这就需要企业加强与外媒的联系，特别是加强与项目属地的媒体密切联络，主动沟通，增进理解，设置议题，让更多的外媒关注中国交建，为中国交建传播好声音和好故事。

B.6 华为终端品牌塑造与国际传播策略

王润珏*

摘　要： 2014年10月9日，国际咨询公司Interbrand发布2014全球TOP100品牌排行榜，华为成为首次名列其中的中国大陆品牌。华为在全球范围内进行的终端品牌的塑造和营销推广对华为品牌知名度和影响力的迅速提升发挥了不容忽视的重要作用。本文认为，华为从ODM到OBM的终端战略转型是其品牌战略提出的基础，以"产品"为核心的品牌设计与塑造和以"消费者"为核心的品牌营销与传播是过去四年来华为终端品牌塑造和国际营销传播获得成功的关键要素。

关键词： 华为　终端品牌　华为Ascend（Huawei Ascend）

华为是全球领先的信息与通信解决方案供应商，1996年华为踏上海外市场开拓之路，并将其作为公司发展战略的重点。到2010年，华为电信网络设备、IT设备和解决方案以及智能终端已应用于全球170多个国家和地区，海外市场收入总额达到1204亿元人民币，在公司总收入中占比超过65%。然而，此时的"华为"除了在电信、广电等特定行业的国际市场上拥有较高的知名度外，一般消费者，特

---

* 王润珏，博士，中国传媒大学广播电视研究中心科研人员。

别是海外消费者对它的了解却十分有限。

2011年,华为首次从战略层面提出"打造全球最具影响力的终端品牌"的发展目标。2014年10月9日,国际咨询公司Interbrand发布2014全球TOP100品牌排行榜,华为名列94位。这是该榜单在全球发布15年以来,首次出现中国大陆品牌。2015年3月18日,中国外文局对外传播研究中心联合华通明略和Lightspeed GMI在北京发布《中国国家形象全球调查报告2014》,华为在"海外受访者最熟悉的中国品牌中"位列第二,仅次于联想。华为在全球范围内进行的终端品牌的塑造和营销推广对华为品牌知名度和影响力的迅速提升发挥了不容忽视的重要作用。

一 从ODM到OBM:华为终端品牌战略的提出

2003年,华为在通信设备和解决方案供应之外开辟一项"副业"——移动终端生产,"小灵通"是华为最早生产的移动终端。由于此前华为已经通过通信设备、解决方案供应等业务与世界各国的多家电信运营商建立了合作关系,华为终端最初采用的ODM(Original Design Manufacturer)策略,即华为终端主要面向运营商市场,生产低成本的定制手机。在这一策略影响下,华为品牌一直低调地隐身于运营商品牌之后。2006年,华为为沃达丰提供的V710 3G手机上连华为的LOGO都没有出现。

依靠运营商的渠道,华为实现了终端产品的快速走量,但"运营商免费赠送的低端机"形象也随之形成。到2010年末,华为终端发货1.2亿台,智能手机全球出货超过300万台,为包括中国电信、沃达丰在内的多个国家的数十家电信运营商生产定制手机。但是华为手机的品牌知名度却并不高,在消费者心目中仍然是一个弱势品牌。

运营商补贴的持续降低、智能终端产业的快速增长是推动华为终端策略转型的两大动力。一方面,包括我国三大电信运营商在内的全球电信运营商对终端的补贴呈逐年下降趋势,本来就以低价策略依赖运营商渠道销售的华为终端利润空间被不断挤压。另一方面,移动互联网的普及带来了全球智能终端消费市场的迅速增长。据美国国际数据公司(IDC)统计,2010年第四季度,全球智能手机出货量首次超越个人电脑出货量,这意味着个人信息消费平台从个人电脑向手机的转变,个人手持电子设备市场机遇凸显。

为了适应这一革命性的变化,2011年,华为做出面向客户的战略调整,将企业的创新方向从电信运营商网络向企业业务、消费者领域延伸,并成立消费者业务部。在消费者业务领域,华为提出了"以消费者为中心,通过运营商、分销和电子商务等多种渠道,致力打造全球最具影响力的终端品牌,为消费者带来简单愉悦的移动互联应用体验"的战略目标。在终端领域,华为开始从幕后走到台前,其OBM(Original Brand Manufacture)策略也随之明确。

2013年2月24日,华为终端发布全新品牌理念:Make it Possible(中文名称"以行践言"),华为终端的品牌发展战略目标更加清晰。根据规划,华为将这一品牌理念作为其消费者业务群与全球消费者沟通的核心主张,以数字媒介传播为核心,在全球进行持续的品牌推广,以建立起华为终端与消费者之间的情感关联,最终将华为终端打造成为消费者喜爱并追随的品牌。

二 以"产品"为核心的终端品牌设计与塑造

作为一家长期面向运营商的企业,华为的终端品牌塑造存在两个短板:一是ODM策略下形成的"低端机"形象;二是缺乏对消费者偏好的了解和积累。为克服这两个短板,工程师文化浓厚的华为采用与"苹果iPhone"、"三星Galaxy"类似的策略,在全球市场将"华为Ascend"（Huawei Ascend）作为主打终端品牌，并细分为D（Diamond）、P（Platinum）、G（Gold）、Y（Young）四个系列，从细节处不断揣摩消费者的需求。D系列侧重科技，定位商务级别的用户；P系列侧重时尚，定位富裕但相对保守的用户；G系列侧重性价比，定位收入相对较低且保守的用户；Y系列侧重可获得性，定位年轻、收入相对较低但对新事物接受度高的用户。同时，华为还放弃了其他品牌常用的大规模广告投放策略，而是采用了"产品"先行的策略。即通过高调发布具有突破性的终端产品引发行业和市场的关注，发布的时间通常与全球性通信行业活动紧密联系。

2012年1月，华为国际在电子消费展上正式推出Huawei Ascend智能手机品牌及当时全球最薄的智能双核手机Ascend P1。该款手机机身最薄处仅有7.69毫米。2012年2月26日，华为在MWC2012全球移动通讯大会前一天举办发布会，发布了Ascend D Quad、Ascend D1和Ascend D quad XL三款首发产品。其中Ascend D Quad是华为推出的第一款四核手机，采用了华为自主研发的海思K3 V2四核处理器，是当时全球最快的智能手机。2012年4月，Ascend P1在北京全球首发，中国大陆官方指导价为2999元，从而一举突破"千元机"的区间，直接挑战华为此前从未碰触过的高端机价格区间。在实体渠道和网络渠道同步发售Ascend P1也成为华为首次直面零售市场的尝试。2012年内，Ascend P1在全球40多个国家全面上市。

Ascend系列智能手机一经推出，就以其极高的综合性能引起了行业和消费者的关注。此后，Ascend的每一代产品更迭，都会在产品的功能上进行突破性的创新。华为依托企业拥有的数千项专利和在射频技术、功耗、拍照、音频、极速分享等核心技术领域的积累，对产品的外观、娱乐性、安全性、稳定性等多个方面进行持续优化，从贴近消费者的需求逐步转向超出消费者预期，以产品的创新引领华为品牌向高端价格区间发起挑战。

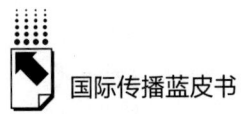

2013年2月，华为在MWC2013全球移动通讯大会发布Ascend P2，作为当时"全球最快"的手机，上网速率最高可达150Mbps，主摄像头配置提升至1300万像素，同时加入华为专利技术Quick Power Control（快速电力控制，QPC）与Automated Discontinuous Reception（自动非连续接听，ADRX）智能省电技术，欧洲地区官方定价为399欧元。2013年6月，华为在英国著名的圆屋剧场发布被称为"将创造奇迹的手机"Ascend P6，全金属材质的机身厚度降至6.18毫米，除了在外观、内存、摄像头等多项硬件上的提升外，还通过芯片、硬件和软件三级智能节电设计将续航能力提高30%，欧洲地区官方定价为449欧元，上市国家超过100个。2014年5月，华为在巴黎发布Ascend P7。Ascend P7配置5英寸1080P全高清屏幕、主频1.8GHz海思麒麟910T四核芯处理器以及2GB RAM + 16GB ROM的内存组合，支持CAT4 LTE网络，欧洲售价449欧元。2014年9月，华为在柏林国际电子消费展前发布Ascend Mate7[①]，在延续6英寸跨界大屏风格的基础上，从外观到硬件都有了突破性提升，特别是采用麒麟925处理器——4核A15 1.8 GHz + 4核A7 1.3 GHz + 微智核。Ascend Mate7分为高配版和低配版，在欧洲售价分别为499欧元和599欧元。

借助全球性通信业重大活动的影响力，以华为在通信行业长期积累的技术优势和不断革新的产品性能为依托，华为Ascend终端产品很快塑造起了技术领先、质量过硬、外观时尚的中高端品牌形象。

三 以"消费者"为核心的终端品牌营销与传播

1. 全球渠道战略性布局

长期以来，以运营商为主要合作对象的华为采用的是B2B

---

① Ascend Mate是华为的巨屏手机系列，此前推出的Mate1/2没有引起太多市场反响。

（Business-to-Business）的营销方式，终端产品通过运营商的渠道到达消费者手中。然而，终端品牌的经营与推广则要求华为必须直面消费者，学会与消费者进行沟通与交流。因此，"如何在全球范围内进行渠道的建设与布局"成为华为需要解决的首要问题。

总体来看，华为采用了以消费者为核心的多渠道整合式布局方式，即在每个国家和地区选择尽可能便利的方式让消费者接触和获得华为的终端产品及服务，主要包括深化运营商渠道建设、全面开展社会化渠道合作以及自有渠道建设等。

运营商方面，华为推出自有品牌中高端产品后，许多国外运营商都经历了从排斥到观望，再到接受的过程。在华为与全球运营商的密集谈判和过硬的产品品质、良好的市场反馈的共同作用下，运营商开始尝试接受全新定位的产品和品牌。2012年4月沃达丰首度通过其全球网络发售华为自有品牌智能手机Ascend G 300手机；11月，日本最大的移动运营商NTT DOCOMO正式发布Ascend D1；2013年3月，英国最大的移动运营商O2与华为一起独家发售Ascend W1。这也意味着Huawei Ascend正式获得全球一流运营商的认可。

社会化渠道方面，华为在全球同600多家渠道商建立合作关系，开放市场总销售同比增长23%，其中尤其注重电商渠道的建设。在中国，华为与天音、爱施德等分销商及国美、苏宁、迪信通等零售商建立战略合作关系；在俄罗斯则与核心零售商展开深入合作，公开市场销售收入2012年同比增长500%；在德国、英国、澳大利亚等国家与当地主流分销商建立合作伙伴关系，推进产品在社会化渠道的销售。

自有渠道方面，2011年初，华为位于北京、上海、深圳三地的首批三家体验店开业，拉开了华为零售渠道建设序幕。2012年3月18日，华为商场（Vmall.com）正式上线。2014年6月，自建了BTC网络销售平台（www.gethuawei.com），并作为第三方商家入驻亚马逊

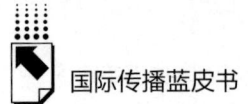

（美国）电商平台进行中高端手机的发布与销售。在95%的智能手机通过运营商销售的美国市场上，华为此举也是一次创新性尝试。截至2014年底，华为在全球范围内建立的品牌形象店已达630个。[①]

2. 深耕体育营销

在营销方式上，华为在终端品牌的推广时较为偏爱体育营销，尤其表现在欧洲市场的推广上。2011年，华为云手机独家冠名赞助2011TIM意大利超级杯比赛，这是华为首次冠名全球顶级体育赛事。2012年，华为先后赞助西班牙马德里竞技队和波兰跳台滑雪世界杯，并于伦敦奥运会期间在欧洲体育台投放Ascend P1广告。

2013年，华为进一步将体育营销的目光聚焦于欧洲的足球营销，借助足球在欧洲的广泛影响力和关注度进行品牌推广和品牌形象塑造。华为先后赞助西班牙足球甲级联赛，并与德国多特蒙德、意大利AC米兰、英国阿森纳、法国巴黎圣日耳曼以及荷兰阿贾克斯等足球俱乐部达成赞助协议。而这五家欧洲足球俱乐部平均获得过4座欧洲冠军杯、16次联赛冠军和11座国内联赛奖杯。益普索调研报告显示，2013年华为手机的品牌在德国、意大利、英国、西班牙的知名度较上年分别增长230%、213%、200%、140%。[②]

2014年4月，华为与巴黎圣日耳曼签订为期3年的合作协议，12月双方共同发布Ascend Mate7限量版巴黎圣日耳曼手机。2014年7月，华为与马德里竞技足球俱乐部开始为期两年的合作，华为的品牌标志将在该队队服、新闻发布会现场、主场围栏和大屏幕，以及所有比赛印刷物料、比赛海报和官网上得到全面展示，双方还将在手机内置APP等多个方面进行深入合作。

[①]《华为投资控股有限公司2014年年度报告》，http://www.huawei.com/cn/，2014年4月12日。

[②]《华为投资控股有限公司2013年年度报告》，http://www.huawei.com/cn/，2014年4月2日。

3. 发力社会化营销

华为在全球进行 Huawei Ascend 品牌营销推广时，十分重视对社交媒体的运用。华为在微博、贴吧、微信、Facebook 等国内外各类社交平台都开设了官方账号。新品上市前，华为会通过社交平台以小道消息的形式发布产品谍照、功能突破等信息，进行造势；举行发布会时，会在社交平台上进行发布会现场信息和趣味花絮等的预告；产品上市后，会继续通过社交平台与用户互动，交流关于产品及购买、使用的消息，并将社交平台作为新的客户服务平台，为用户提供便捷服务。

此外，华为还运用社交平台开展在线的营销活动。例如，2012年，华为波兰分公司在 Facebook 上举办了一系列欧洲杯、奥运游戏活动；保加利亚分公司在 Facebook 发起"最爱华为"有奖问答。2012年末，华为在全球45个国家同步举行华为终端圣诞新年大型营销活动，其中最重要的活动之一是"Ascend to New Heights"（新年新高度）全球互动社交游戏在包括北美、西欧、南美、俄罗斯、中国在内的45个国家和地区全面上线。在这一活动中，全球数百万消费者通过登录 Facebook 或新浪微博等社交媒体账号参与游戏。

4. 聚焦"粉丝"运营

华为将品牌粉丝称为"花粉"。华为认为花粉不仅是华为的忠实消费者，同时还是华为品牌发展和建设不容或缺的参与者。通过与花粉的交流与反馈，华为还能够及时得到关于产品和品牌的用户反馈，为产品的优化提供信息支持。因此，华为以"因为热爱"为理念组建了在线花粉俱乐部，并设有专门部门和员工负责花粉运营，包括花粉社区（花粉俱乐部、微博账号、百度贴吧等）的经营维护，组织线上线下的花粉活动等。

同时，华为还为花粉打造价值实现的平台，使之成为品牌发展的利益关联方。2013年9月，华为与共青团中央官方网站中国青年网联合主办的"明日合伙人——2013华为手机创意天团招募"活动，只要参与者的创意被预置、被用户认可，就能够成为华为的"明日合伙人"，参与销售分成。

　　由于华为品牌在全球范围内的营销推广，华为的花粉构成呈现突出的"国际化"特征。不同国家和地区的花粉在一定程度上成为华为在当地进行品牌传播的使者，而华为与他们之间的交流和互动又成为华为进一步了解当地市场和消费者特征的重要渠道。2014年12月17日，华为首届花粉年会在北京举行，吸引了来自世界各地的超过1000名花粉参加。截至2015年3月31日，华为花粉俱乐部的注册用户超过千万，微博账号粉丝数量突破410万。

B.7
互联网时代的海尔兄弟

——海尔的品牌建设与国际传播

姬德强*

摘　要：	本文从追溯海尔国际化的历史步伐出发，分析了统摄技术与市场的创新思维，以及"全球本土化"运作，对于海尔成长为一个知名国际企业的重要支撑作用。随后，本文分析了"互联网思维"对于海尔传统产业的重构，以及海尔对于"工业4.0"的相关实践。在上述背景下，本文讨论了海尔成功实现"走出去"与"走进去"的国际传播经验。
关键词：	海尔集团　品牌建设　国际传播

海尔集团首席执行官张瑞敏曾说过，"没有成功的企业，只有时代的企业。"及时适应不断变化的技术、市场和社会环境，成为海尔发展和创新的企业精神。这一与时俱进、开放包容的企业精神也贯穿在海尔的品牌建设和营销过程中。

作为一个全球性的白色家电和电子消费品企业，海尔的海外品牌建设与其市场的国际化拓展相辅相成。在张瑞敏看来，品牌之前是依

---

* 姬德强，中国传媒大学广播电视研究中心副研究员，研究领域包括国际传播、传播政治经济学、传播与社会变迁等，主持国家社科和教育部人文社科项目各一项。

附于产品和服务质量,如今却是创造客户需求和创新产品的前提①。"在创国际品牌的路程中,(海尔)提出并实施'三步走'的理念,即'走出去,走进去,走上去'。"② 由外而内、由下而上,是海尔经过自身探索,逐渐进入国际(尤其是主流)市场的渐进式发展路径。通过推出缝隙产品和差异化产品,进入国外主流销售渠道和力争成为国外主流市场的主流品牌,海尔不仅在复杂而多变的国内外环境中走出了一条独特的品牌发展道路,而且为中国企业进入国际(尤其是西方主流)市场积累了宝贵经验,比如不断被海尔所证明的,不管是产品、服务还是作为企业虚拟价值的品牌,只有成功地"地方化"(localization)才能真正做到"国际化"(internationalization)。

在基于历史分析的同时,本文将主要关注海尔在国际化品牌建设中所持有的理念、所借助的传播平台,以及所面临的结构性问题,尤其是海尔在"工业4.0"时代的一系列服务与传播创新,以及"互联网思维"所带来的多方面影响。文章最后,作者讨论了中国企业国际形象建设的主要挑战。

一 成绩:国际领先的品牌排名

从1985年的"砸冰箱"事件开始,张瑞敏领导下的海尔就开始将"质量"纳入品牌的建设当中。做质量好的产品和国内外知名的家电品牌,对海尔来说是一枚硬币的两面。如此海尔品牌精神也成就了如今国际领先的家电企业,并在互联网发展汹涌的大潮之中勇立潮头,生生不息。

目前,海尔的全球员工总量已经超过7万人,在160多个国家和地区拥有销售网络。2014年,海尔集团全球营业额实现2007亿元,

---

① 张瑞敏:《海尔的品牌之路》,《企业管理》2009年第10期。
② 张瑞敏:《海尔的品牌之路》,《企业管理》2009年第10期。

同比增长11%；实现利润150亿元，同比增长39%，利润增幅是收入增幅的3倍；线上交易额实现548亿元，同比增长2391%。① 与市场成功相伴随的，是海尔品牌全球认知的提升，海尔品牌在多个品牌机构的评比中名列前茅。

欧睿信息咨询（Euromonitor International）发布的报告显示，在全球白色家电品牌排名中，海尔已经连续六年名列首位。在其他电子消费品市场中，海尔也多元化发展，尽管有得有失，但依旧扮演着重要角色。而根据睿富全球排行榜资讯集团与北京名牌资产评估有限公司联合进行的"2014（第20届）中国最有价值品牌研究，海尔以1038亿的品牌价值连续13年居首，其后是国美742.52亿、五粮液735.8亿、中国一汽703.23亿、美的683.15亿、TCL668.59亿。"② 海尔成为首个价值超千亿元的国内品牌。全球最大的综合性品牌咨询公司Interbrand公布的第七届"2014最佳中国品牌价值排行榜"报告中，"腾讯、中国移动、阿里巴巴位居最佳中国品牌价值排行榜前三位，海尔则成为品牌价值最高的家电品牌。"③

可以说，经过多年的内生和外延发展，海尔不仅在国内白色家电市场拥有主导性的品牌认知，而且获得了国际市场的青睐。在这个意义上，海尔的品牌已经超越了国界，拥有全球影响力。

二 策略：素描海尔品牌的国际化之路

本文认为，海尔品牌成功走向国际市场，取决于对何为国际化企

---

① 《海尔召开互联网模式创新国际研讨会》，国际在线，http：//gb.cri.cn/44571/2015/01/08/7851s4834446.htm。
② 《2014（第20届）中国最有价值品牌揭晓海尔连续13年居首》，央广网，http：//finance.cnr.cn/gundong/201410/t20141023_516646567.shtml。
③ 《最佳中国品牌价值排行榜发布海尔品牌价值增长32%》，新华网，http：//news.xinhuanet.com/tech/2014-11/14/c_127209812.htm。

业的认知，依托于多样化的媒介手段，得益于对互联网时代的高度适应能力。

1. 地方化 = 国际化

中国企业"走出去"，一般会面临两个结构性问题：第一，成熟的国际市场不仅拥有完善而封闭的游戏规则，而且缺乏可以垦殖的新空间；第二，中国企业在资本、产品质量、管理水平等"效率"导向的市场标准体系中位居下风，在意识形态方面更不易被国际市场接受，在矛盾中探索，是唯一的选择。在这个背景下，海尔走出了一条中国企业成功的"走进去"国际化之路。

20世纪90年代末期，海尔在稳固中国市场的基础上开始向海外拓展。与单纯的中国企业和产品"走出去"（或者更精确地说，是对接国外低端产能的外围化趋势）不同，海尔在国际化之初就把"地方化"（localization）作为核心战略，也就是：地方化的设计、制作、销售和服务，以及最终成为地方市场认可的"地方品牌"（local brand）。这一探索在很大程度上避免了与国际市场"弱肉强食"的食物链逻辑的直接相遇，反而充分发掘出了多样的发展空间。以美国市场为例，海尔首先发现了两个细分市场的发展空间，即电子酒柜和供公寓或旅馆房间使用的小型冰箱（张瑞敏称之为"缝隙产品和差异化产品"①）。在这两个细分市场的初步成功成就了海尔品牌在美国市场上的消费者认知。基于此，海尔开始进军竞争激烈的主流产品市场，比如全尺寸高档电冰箱。1999年，海尔在美国南卡罗来纳州的卡姆登建立了首个海外制造基地，从而一步步成为以某个地方市场为重心的设计、制造、销售、服务和营销的家电品牌。

如今，海尔的研究和设计中心遍布亚洲、欧洲和美洲的主要市场。这一分布的态势表明，能否设计出更符合所在地区消费者需求的

---

① 张瑞敏：《海尔的品牌之路》，《企业管理》2009年第10期。

多样化产品，成为海尔能否真正国际化的核心考量，而众多地方化的市场空间构成了海尔的国际化网络。

2. 广告战（advertising campaigns）

尽管基于数据的精准投放已经成为广告网络化发展的未来，但借助各种传统媒体和传播手段的"广告战"，依然在传递信息和品牌含义方面，拥有不可否认的作用——虽然较为粗放。海尔根据不同国家和地区市场的传播环境，充分利用了多种媒介和合作伙伴，成功地向地方化的消费者传递了品牌的意义和产品的信息。

为了在英国和欧洲市场尽快地进入白色家电品牌的前五名，海尔在2011年投巨资发起了一个系统设计的"广告战"。这一"广告战"聚焦于海尔创新的"MyZone"产品——消费者可以根据自己需要设置冰箱的内部空间，多一个冷藏箱还是保鲜箱。以英国市场为例，为了更好地曝光品牌和产品，海尔的"广告战"持续了四个月，借助于一系列的媒介平台，如生活类杂志、全国性报纸，以及一系列数字媒体。除此之外，海尔英国公司还开辟了 Facebook 粉丝主页和官方宣传网址（www.myzonebyhaier.com）。与诸多国际品牌一样，海尔也借助在当地市场具有丰富操作经验和高端职业水准的公关或媒体公司，推行自己的广告策略。如时任海尔英国公司销售和市场总监杰夫·穆迪（Jeff Moody）所说，"为了实现广告战，海尔不仅要和 MPG Media Contacts 继续合作，在媒介设计和广告购买方面实现目标，更要和 Open2Europe 合作，完成公关方面的计划……当然，更重要的目标是，海尔要通过这一系列活动，向合作伙伴和英国消费者传递一个明确的信号，那就是海尔对英国市场的重视和对海尔品牌在英国发展的信心。"[1]

---

[1] Haier invests in a major consumer advertising campaign to support its growth ambitions for the UK market，http://image.haier.com/uk/newspress/pressreleases/201108/P020110803027030920797.pdf.

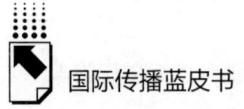

在美国,海尔成功地利用流动体验车,向各地消费者展示了一个来自中国,但致力于为地方市场服务的企业品牌。历史地来看,尽管"媒介化"(mediated)的传播环境已经成为现实,但商品的现场体验仍然在品牌建设和消费者选择方面扮演了重要角色。苹果和索尼等品牌体验店的成功便是例证。海尔也在产品体验方面进行了创新,以流动展示的方式,向以美国为代表的地方市场传递着地方化的亲和力。比如,海尔的流动体验车——海尔移动家庭(Haier Home Tour),多出现在全美的大型节日和展会上,以展示最新的家电产品线。这一创新举动可以追溯到2008年1月的海尔冰箱路演(roadshow)。之后,更全、更丰富的产品线流动展示开始出现。2009年7月,一个三居室,配备有海尔空调、电视、厨房和洗衣机等设备的流动体验车从芝加哥出发,途经印第安纳、加利福尼亚等多个州的商品展会,给美国消费者亲身的产品体验[1]。

3. 官方营销伙伴

不断的细分和合作是市场发展的进行时。任何一个企业想要在市场立足,必然需要在提升自身专业水准的同时,与多个细分领域合作,借力打力,寻找最优的杠杆。品牌建设也不例外。

作为一个"外来者"(outsider),如何更有效地进入目标市场消费者的视野,并获得其关注甚至喜爱,是一个智力而非体力的问题。首先,通过发展官方营销合作伙伴,海尔有效地增加了自身品牌在国际市场上的曝光率和美誉度。在美国,针对这一问题的"海尔之道"指向了NBA。

海尔成为美国职业篮球联赛(National Basketball Association,俗称NBA)的赞助商,首先,通过NBA的赛事活动将品牌形象推广至

---

[1] The Haier Home Inspired by You. Made by Us. Tour Hits the Highway, http://www.prweb.com/releases/_/12/prweb2575314.htm.

全美的受众。名为"海尔每日最佳"(Haier Play of the Day)的视频集锦在 NBA 官网上播出,已经成为该网站点击量最高的内容。其次,在一年一度的全明星周末(the NBA All-Star weekend)上,"海尔混合篮球比赛"(Haier Shooting Stars)也成为受关注度最高的节目之一。除此之外,海尔还加入了名为"NBA 全国"(NBA Nation)的流动篮球场计划。在全美的巡回活动中,海尔向各地民众现场展示最新的移动媒体设备和 LCD 电视机等产品,并邀请观众参与活动赢得奖品。

4. 互联网思维

早在 2000 年,"张瑞敏就抛出了一个当时看来耸人听闻的观点:'不触网,就死亡。'"[1] 可见,深谙制造业生产与管理,以及国内外市场之道的海尔掌门人,早就预测到了互联网以技术为先导,重组传统产业的巨大能量。2015 年,时隔十五年后,海尔在多年蝉联世界白色家电品牌榜首位置的同时,也快速驶上了"工业 4.0"的制造业升级快车道,并于 2015 年提出了颇具"互联网思维"的新规划和理念,即"企业平台化、员工创客化、用户个性化"。以打破自身发展传统的勇气,海尔再次将自身推向了改革的前台。

2014 年,海尔的网上交易总额达到了 548 亿元人民币,年均增长率高达 2391%[2]。为了进一步扩大互联网在生产、销售和服务链条中的重要作用,海尔为 2015 年设计了两个商业模式的突破点[3]:首先是被称为"网上工厂"(online factories)的用户定制化生产模式,强调大众用户通过互联网对生产过程的参与,从而满足定制化产品的消费需求;其次是被称为"途中电子商务"(e-commerce in transit)的服务创新,旨在为用户提供满足其所需的各种后勤服务,并将它们

---

[1] 《海尔变革:工业 4.0 中国版》,《南方周末》2015 年 4 月 8 日。
[2] http://www.haier.com/us/newspress/pressreleases/201501/t20150113_257960.shtml.
[3] http://www.haier.com/us/newspress/pressreleases/201502/t20150218_262016.shtml.

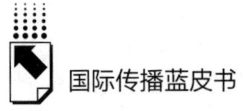

通过网络融合在一起，包括销售、配送、安装和售后等。在2015年，海尔将实施"用户－货车－商场－仓库"的无缝连接模式。可以说，这两个方面的突破目的在于创造一个海尔与用户双向交流的通道，从而减少信息不对称和互相不了解给双方带来的困扰。

上述这些战略规划凸显了海尔在"工业4.0"时代的互联网思维。通过技术和理念创新，海尔将把自身从一个制造商转化为平台企业（platform enterprise），从而充分利用互联网广泛的连接性，为全球提供大范围的定制化产品及服务。2015年将见证海尔向"智能工厂"（smart factory）迈进的重要一步。

借助互联网，海尔创新了基于产品质量的品牌建设思维，那就是生产端的"创客"精神，消费端的"与用户零距离"的核心能力，以及整个生态链的"开放"胸怀①。

5. 空间占领：从总部到社区公路

现代信息科技"以时间打破空间"的方式，拉近了传播的距离。但在持续加强的"连接性"之外，不同社会仍然生活在地理区域所限制的空间范围之内。因此，在企业的国际化拓展方面，如何让自身形象更好地被地方市场和消费者所熟识、接受和认同，是一个除了传统渠道"广而告之"之外，营销和品牌建设面临的重要挑战。就海尔来说，在一个具有高度文化和生活习惯敏感性的白色家电市场——或者借用跨文化传播研究的主要观点"高语境文化"（high-context culture），如何成为"邻家"品牌，是海尔成功突破文化差异获得市场成功的关键。

回顾历史，海尔从两个方面实施了这一"地方化"空间战略。以美国为例，首先，基于在美国市场的投资和良好表现，南卡罗来纳州开姆顿市于2000年4月5日，无偿将市里的一条大路命名为Hair

---

① 林文而：《海尔变革，真没那么复杂》，《中国企业家》2015年5月25日。

Blvd（海尔路）。这是美国唯一一条以中国企业名称命名的道路。① 对以社区为主要构成单元的美国社会来说，这无疑是给一个来自中国但致力于成为国际企业的海尔的重要认可，其潜在的扩散效应给海尔在美国的发展带来了巨大增益。其次，两年之后，"2002 年 3 月 5 日，海尔买下纽约中城格林尼治银行大厦作为北美的总部"②。如海尔官网所说，"这是一个质的飞跃，代表着海尔对美国市场的承诺，即海尔要在美国扎根下去。"③ 在这个意义上，空间并不是一个物理概念，而是涉及政治和文化意义。从社区道路到纽约总部，海尔的品牌建设已经超越了传统的"广而告之"式的宣传，而开始迈向"整合传播"。

在此之后，海尔在企业的各个构成链条上拓展地方化，比如在欧美和亚太地区的研发中心、工厂和服务网络等。这一显在的空间形象，无疑有助于海尔品牌的"落地"。

6. 组织国际会议，占领智力高点

在当下复杂的信息传播环境中，创新的品牌建设必然是以某种领先行业的理念所引领，如苹果前任 CEO 乔布斯的传布甚广的名言——"活着就是改变世界"，以及体育产业的耐克、汽车产业的宝马等总结提炼的品牌精神。海尔以 CEO 张瑞敏所提出的"海尔之道"为标志，也致力于占领行业甚至整个市场创新发展的舆论高地，具体的实施策略包括出版著作、组织高端研讨会、行业杂志报道和访谈等。

比如，2015 年 1 月 8 日，海尔在其属下的洲际酒店召开了"互联网时代的海尔商业模式创新"国际学术研讨会。以"变轨加速创

---

① 施卓敏、郑婉怡、张亦婷、曹文琪：《中国企业的国际化研究——以海尔为例》，《中山大学研究生学刊》（自然科学、医学版）2014 年第 2 期。
② 《海尔在美洲》，http：//www.haier.net/cn/about_haier/haier_global/america/。
③ 《海尔在美洲》，http：//www.haier.net/cn/about_haier/haier_global/america/。

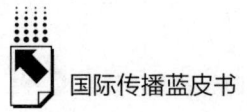

用户最佳生活体验"为主题,会议探讨了海尔在互联网时代的商业模式创新,并寻求中国企业应对互联网时代挑战的道路①。会议邀请了来自瑞士洛桑国际管理发展学院、北京大学新闻与传播学院等研究机构的知名商业和传播学者,为海尔和海尔所代表的互联网驱动商业模式把脉。借助这一非商业传播平台,海尔有效地抓住了制造业互联网转型的舆论主导权,并通过学术话语将海尔的国内外形象进行了有效提升。

7. 知识产权保护

低端制造业的大规模扩张是 21 世纪中国经济发展的基本特征。与此相伴随的,便是中国品牌发展的困窘,这包含两个方面:第一,不追求品牌,仅仅是 OEM,甚至是推出诸多的、游离于知识产权法律体系之外的"山寨"品牌和产品,尤以电子消费类产品为盛;第二,本土品牌建设投入不够,法律保护意识淡薄,从而导致国外品牌纷纷涌入国内市场,而本土品牌难以进入国际市场,使本就存在认知偏见和等级差异的国际市场"品牌金字塔"更加牢不可破。

基于多年在以欧美为代表的海外市场的运作经验,海尔在知识产权保护方面有了长足的发展:投入巨大的专利申请和维护费、不做无专利的产品和健全的专利情报工作等②使得在较长历史时期内,海尔获得了国际市场的信任,为海尔整体品牌的国际化传播奠定了坚实的法律基础。

三 经验:海尔品牌国际化传播的启示

作为中国民族品牌国际化传播的成功案例,海尔多年来在海外市

---

① http://www.haier.com/us/newspress/pressreleases/201501/t20150113_257960.shtml。
② 《海尔知识产权的全球保护与标准化战略》,国家知识产权局网站,http://www.sipo.gov.cn/zxft/haierjwjt/bjzl/200804/t20080407_371010.html。

场的拓展，为中国企业进一步"走出去"、"走进去"，甚至"走上去"，积累了宝贵的经验和多方面启示。

1. 品牌 = 质量 + 服务

符合地方消费者需求的、高质量的产品和服务是国际品牌价值的核心要素。海尔从"砸冰箱"开始所发展起来的质量监控体系，使得高质量的家电产品成为海尔走向国际市场的"硬通货"。如今，不断根据地方需求进行调整和设计的多元化产品线，根据国际市场布局的工厂、仓储、流通和服务体系，更使海尔品牌在多个中高端市场拥有坚实的物质支撑。在这个意义上，中国企业的国际化发展，尤其是品牌建设，首先需要回到做高质量的产品和服务这一根本起点上来，否则，任何品牌的形象和意义都将面临被抽空的风险。

2. 地方化与高端市场的溢出效应

如上文所述，对中国企业来说，单纯的"走出去"已经不是目的。如何更好地与区域化、地方化的国际市场互联，打通生产、流通和消费的地理和文化障碍，才是保持可持续发展的前提。在这个意义上，也许我们需要转换存在已久的以中国和世界为二元对立的"内外之别"思维，而是聚焦于对国际市场的地方化分析，才可能有的放矢地制定策略。

在承认国际市场的地方化和多样化的基础上，我们当然不可能否认不同区域市场之间的互联性，尤其表现在市场品牌的等级性和由上而下的"溢出效应"方面。正如中山大学施卓敏等人的研究认为，在海尔国际化的过程中，首先攻克发达国家市场的"先难后易"策略是有着重要战略意义的："在发达国家树立了品牌效应后，再开拓发展中国家市场会变得容易。"[①] 这既是对自身产品质量的高要求，

---

① 施卓敏、郑婉怡、张亦婷、曹文琪：《中国企业的国际化研究——以海尔为例》，《中山大学研究生学刊》（自然科学、医学版）2014 年第 2 期。

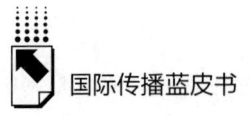

也是契合了国际市场中品牌认知的等级结构。

另外,海尔品牌多样化的创新(如主副品牌)也遵循了这一"地方化"的发展逻辑,使海尔拥有了密切联系而又各有特点的"品牌家族",契合了碎片化的国际市场。

3. 互联网思维主导下的品牌管理

在"互联网+"思潮领衔的当下,如何对接互联网成为任何一个产业不得不面临的战略问题。而传统制造业所面临的转型压力足以称之为"生死攸关"。值得注意的是,海尔当年砸了自己的不合格产品,如今,张瑞敏又领导全公司砸掉不符合互联网时代运营逻辑的公司等级结构:"企业平台化、员工创客化、用户个性化"的新精神拉平了公司的权力关系,让任何一个员工都成为公司的主体。

对互联网思维主导下的新市场来说,海尔不仅需要在生产流程上进行再造,在品牌管理和建设上更需要有所突破。如海尔品牌总监范建斌所指出的:"第一:如何把控扁平化后的品牌营销各自为政的局面,让成千上万种内部声音同归一道?第二:如何完成'海尔'主品牌形象的互联网变身?"①

4. 国家软实力

2015年3月底,"文化部副部长丁伟一行到海尔集团调研。他表示,海尔这样优秀的品牌企业是国家形象、国家软实力的重要组成部分。"② 历史地来看,海尔国际化和全球化的成功得益于中国"改革开放"的大背景。当年,"海尔,中国造"的宣传语也切中要害地表明了海尔品牌与"中国制造"的依存关系。在中国制造业升级的大背景下,海尔如何根据互联网思维、国内外市场和国家对外政策继续调整自身,将决定未来海尔作为中国企业如何被跨国消费者认知。

---

① 康迪:《海尔样本:互联网思维下的集团品牌探索》,《成功营销》2014年第6期。
② 《丁伟在海尔集团调研指出:海尔品牌已成为感知中国文化的重要载体》,《青岛日报》2015年4月1日。

四 未来：互联网时代，再谈"海尔之道"

当前的国际市场依然是风谲云诡：既有传统的"中心－边缘"等级关系，也有着"互联网时代"大家同处新的起跑线的机会平等——"后来者居上"已经被证明是一种可能。就中国企业形象的国际传播而言，有关"中国"作为一个政治实体（尤其是企业与政府的关系）的偏见依然存在，有关"中国制造"作为低端劣质产品的记忆犹新，有关中国企业未来发展模式的争论此起彼伏。如何在这一复杂而多变的舆论环境中，探索出属于自身的发展之路，处理好与多民族、多文化国际市场的合作关系，将是中国经理人的重要理论挑战。

鉴于这一考虑，我们不妨回顾一下张瑞敏在总结海尔"品牌之路"的时候，以如下这段话作为结尾："实施品牌战略，束缚我们的不是外在的压力，而是我们自己的内心。如果我们不战胜自己，不能挑战自我，就不能够去创造一个新的品牌；如果我们可以挑战自我、那么创造一个让全世界敬慕的中国品牌，就一定指日可待！"[1]

---

[1] 张瑞敏：《海尔的品牌之路》，《企业管理》2009年第10期。

专题篇
Special Reports

B.8
对外活动品牌的构建：
中国—东盟博览会的符号聚合与复诵*

吴玫 梁韵**

摘　要： 本文将美国传播学家欧内斯特·鲍曼提出的符号融合理论和幻想主题分析法用于品牌研究中，重点聚焦中国—东盟博览会的品牌形象设计中的幻想主题研究。本文认为品牌的设计与人们头脑中的符号现实紧密相关。中国—东盟博览会是一项以广西南宁为基地的面向东盟十国的大型经贸活动，如何将这个活动设计和

---

* 本文受到国家社科基金重大项目"中华文化的海外传播创新研究"（项目批准号：14ZDA056）的资助。
** 吴玫，澳门大学传播系副系主任，澳门大学传播系副教授；梁韵，澳门大学传播系硕士研究生。

包装成一个有影响力的品牌，符号融合理论和幻想主题分析法提供了一个新的可操作的路径。本文通过博览会官方视频的幻想主题分析和焦点组访谈等方法，发现并探讨中国—东盟博览会的推广者在形象品牌设计中的幻想主题和语意视野，并将其与海外受众（东盟留学生）的语义图景进行细致比对分析。研究发现宣传片中两个"宏观型"主题类型——"国家大事"、"中国历史悠久，文化源远流长"在受访者中并没有引起明显的共鸣。"中国引头人"的主题也没有在受访者中得到复诵。而宣传片中没有的"中国帮助我们发展"是留学生复诵的重要主题，明显代表了他们希望借助中国的帮助而实现自己国家经济发展的强烈愿望。宣传片中的南宁现代化图景也没有在留学生中引起更多的共鸣，相反，访谈中发现了"南宁是家"的这个非常正面、温馨的主题。文章是符号融合理论对国际活动形象品牌研究的一个有意义的尝试。

关键词： 符号融合理论 幻想主题分析法 中国—东盟博览会 国际活动形象品牌 南宁

一　绪论

广西壮族自治区地处中国南方，地理位置特殊，不仅是我国西

---

① Smith, A. (2005). Reimaging the city: the value of sport initiatives. Annals of Tourism Research, 32 (1), 217-236.

南、东南、中南的枢纽，还是我国与东盟国家在政治、经济、文化等各方面进行互动与交流的窗口。近年国家大力支持广西的经济发展，在2003年的第七次中国与东盟领导人会议上，中国国务院总理温家宝倡议从2004年起每年在中国南宁举办中国—东盟博览会。这一倡议得到了东盟十国领导人的普遍欢迎。中国—东盟博览会是中国境内唯一由多国政府共办且长期在一地举办的展会，它以展览为中心，同时开展多领域多层次的交流活动，搭建了中国与东盟交流合作的平台。从2004年11月以来，中国—东盟博览会已成功举办了十届，有效地促进了中国—东盟自由贸易区的成长与壮大。

广西南宁作为中国—东盟博览会的主办城市，它的形象、定位、口碑等会直接影响到来该市进行经贸活动的商人对广西、南宁，甚至对中国的整体印象，而中国—东盟博览会的形象品牌也会对南宁这个主办城市的经济发展产生影响。一个成功的对外活动品牌可以在很大的程度上对城市形象起到良好的传播效果。

中国—东盟博览会作为广西南宁的世界性、国际性会展活动事件，不仅可以扩大城市的知名度与影响力，还凸显了南宁"东盟之窗，风情之都"的城市品牌个性特征以及对南宁城市的认知与记忆，给南宁的发展带来前所未有的历史机遇。而中国—东盟博览会这一会展活动的形象品牌的设计是否迎合受众心理，特别是是否契合他们对这一活动的想象和解读是品牌设计的一个重要衡量要素。本文将美国传播学家欧内斯特·鲍曼提出的符号融合理论和幻想主题分析法用于品牌研究中，重点聚焦中国—东盟博览会的品牌形象设计中的幻想主题研究，以及这些主体是否在东南亚受众中引发想象与复诵。本文分为两个部分，前半部分以三个中国—东盟博览会的官方宣传视频作为研究文本，将符号融合理论，以及幻想主题分析作为研究方法，希望解决的研究问题是：

（1）中国—东盟博览会的形象品牌设计形成的幻想主题、幻想类型是什么？

(2) 这些幻想主题聚合形成了怎样的语义视野？

后半部分则结合幻想主题分析法与焦点小组访谈，探讨中国-东盟博览会这一形象品牌的海外消费者（东盟留学生）对宣传视频中符号主题的想象与解读，并将前后两部分结果进行比较，从而解决以下研究问题：

(1) 东盟受访者对"中国—东盟"的形象品牌形成了怎样的幻想主题？

(2) 这些幻想主题聚合形成了怎样的语义视野？

(3) 这些语义图景对中国—东盟博览会形象品牌设计的意义。

二 文献综述

（一）城市活动品牌

城市活动品牌是城市形象的一部分。在此之前，品牌只用于市场营销的领域里，后被用于旅游领域的城市形象品牌构建，包括城市活动品牌的构建。Smith 认为，一些特殊的活动被越来越多的城市形象策划者们通过策划与宣传，用于增加城市美誉度，并进一步为这个城市带来经济上的收益。[1] 李宗诚表示节事活动是一个能够集中展示城市风貌、多层次传播城市信息的媒介，具有独特的传播效应。国内有的学者研究分析了城市活动的构建、营销、影响、价值观等。[2] 如郑贵兰分析了北京奥运会与中国国家形象塑造之间的关系；[3] 何苇探讨了博鳌亚洲论坛如何将昔日人烟稀少的海南小镇博鳌变成了

---

[1] Smith, A. (2005). Reimaging the city: the value of sport initiatives. Annals of Tourism Research, 32 (1), 217-236.
[2] 李宗诚：《节事活动与城市形象传播》，《当代传播》2007 年第 4 期。
[3] 郑贵兰：《2008 北京奥运会与中国国家形象塑造》，《理论观察》2006 年第 2 期。

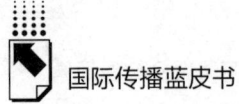

"会议城";① 吴喜雁研究了广州亚运会带来的城市品牌效应;② 朱方以北京奥运宣传为例,研究了文化传播与国家形象构建的相关问题。③

(二)符号融合理论(Symbolic Convergence Theory)

基于哈佛大学社会学教授 Robert Bales 关于小团体互动沟通的研究,美国明尼苏达大学的传播学者欧内斯特·鲍曼(Ernest Bormann)在 1972 年提出了"符号融合理论"(Symbolic Convergence Theory)④,并提出了与该理论相配的研究方法"幻想主题分析法"(Fantasy Theme Analysis)。

起初,Bales 对团队成员们在工作讨论的互动过程进行研究中,发现谈话中出现的小故事、笑话、隐喻、双关语等这些被称为戏剧化的信息(dramatized message)⑤ 可以改变谈话的氛围,使氛围变得忧伤、紧张,或者兴奋。团队成员们对这些信息进行复诵(chain out),随即情绪变得高涨,他们大笑、脸红、彼此间互相打断对方,或达到共鸣。受到 Bales 发现的这种戏剧化沟通方式的启发,Bormann 将它与语义学、修辞学结合,形成了符号融合理论与幻想主题分析法,并运用到群体传播、组织传播和公共演讲中去,以发掘团体的文化景观、动机、意识形态、价值观。

符号融合理论的核心在于人们会利用象征符号来构建真实,在互动过程中通过戏剧情节,赋予事物意义,产生真实的主观概念。而人

---

① 何苇:《会议目的地——博鳌亚洲论坛造就"会议城"》,《中国会展》2009 年第 6 期。
② 吴喜雁:《城市品牌的定位与亚运会效应:以广州为例》,《广东外语外贸大学学报》2011 年第 22 期。
③ 朱方:《文化传播与国家形象建构——以 2008 年北京奥运宣传为例》,《当代传播》2006 年第 5 期。
④ Bormann, E. G. (1972). Fantasy and rhetorical vision: The rhetorical criticism of social reality. Quarterly Journal of Speech, 58 (4), 396–407.
⑤ Bales, R. F. (1970). Personality and interpersonal behavior.

们对真实的主观概念在彼此的沟通交流中逐渐趋于共同性，达成意见或交流的分享，创造出属于团体成员们共享的真实，这也就是团队间共享的幻想主题。幻想主题将结合团体成员所了解的立场和经验，塑造大家都认可的符号框架，提供对真实世界可信的诠释[1]。

Bormann 提出的"符号的现实"（Symbolic Reality）更加贴切地描述了团体成员间符号融合趋同的情况。他认为幻想主题的形成就是符号间的互动和融合，即两个或多个人的符号世界，在沟通过程中通过共享戏剧情节，彼此接近、重叠，进而形成某个团体的共识载体。[2] 符号融合理论就是研究群体如何分享幻想主题、建构统一的符号现实的[3]。

（三）幻想主题分析（Fantasy Theme Analysis:FTA）

幻想主题分析是与符号融合理论相配合的研究方法，它包括幻想主题、幻想类型和语义视野三个阶段。

幻想主题（fantasy theme）作为分析的最基本单位，与戏剧相似，由场景（setting）、人物角色（character）、行为（plotline）和正当性机制（sanctioning agent）四个元素组成。它描述的不只局限于此时此地的事件，而是能一方面创造性、想象性地描绘过去的经验，另一方面则对未来进行客观的猜想与假设。其中，场景是该事件或戏剧里发生的主要地点和人物所在的环境。人物角色则指的是反复出现在事件或剧中的人或被赋予人的个性特点、动机的物件。行为主题即情节，人物参与其中的作为。正当性机制指的是使事件或戏剧变得正当

---

[1] 林纯如、林崇伟：《十八分钟的秘密——从语艺观点解析 TED 线上影音演讲文本里的说服元素》，数位创世纪学术实务研讨会，台湾政治大学，2011。

[2] Bormann, E. G. (1980). The paradox and promise of small group communication revisited. Communication Studies, 31 (3), 214–220.

[3] Wu, M., & Yang, J (2012). Yunnan's new strategy of media and communication with Southeast Asia . CSCEXV Macau Conference. Macau.

合法的机制，一般由来自较高层次的力量充当，例如上帝、正义、民主等。幻想主题也就是利用了故事性的描述方式，来进行情感凝结的互动式说服，并创造效果①。

多个相同或雷同的幻想主题聚集在一起，并产生链接时，幻想类型（fantasy type）就形成了。当团体中的幻想类型形成后，不再需要说出具体的幻想主题，只要提到植根于团体成员们脑海中的内部暗号（inside cue），例如手势、符号、内部笑话等，就能触动（trigger）成员们的共享的意义、情感或动机②。

Bormann 指出语义视野是由相关幻想主题构成，并集合成幻想类别的复合戏剧，它反映了群体共同信念的一种连贯的、统一的、整体的图景。在共同语义视野下的团体成员们有相似的情感、价值意义、动机。

（四）符号融合理论的应用

符号融合理论与幻想主题分析法至今已经沿用到多个领域。从最初的 Bormann 研究的组织沟通到个人之间的人际沟通甚至到政治议题的层面，其他学者们继承并发展了 Bormann 的观点，尝试运用到人们生活的各个方面的研究上。例如，在线上论坛等新媒体上，肖林佳和吴玫对新加坡及东南亚网络社群对北京奥运会所建构的幻想主题与语义视野进行细致的分析③。朱文博和吴玫研究和总结了海内外中文媒

---

① Foss, S. K. (2004). Framing the study of visual rhetoric: Toward a transformation of rhetorical theory. Defining visual rhetorics, 303–313.
② Bormann, E. G., Craan, J. F., & Shields, D. C. (1994). In defense of symbolic convergence theory: A look at the theory and its criticisms after two decades. Communication Theory, 4 (4), 259–294.
③ Xiao, L., & Wu, M. (2012). The Rhetorical Vision of China in Southeast Asian online communities: A Fantasy Theme Analysis on Southeast Asian Forums. China and East Asia Economic Collaboration in Post-financial Crisis (pp. 153–187). Hong Kong: Joint Publishing (HK) Co. Ltd..

体与网络论坛社群对中国作家莫言获得诺贝尔奖的讨论所折射出来的幻想主题与语义视野。①

幻想主题在对视频文本研究上的运用可以追溯到K. A. Foss& Littlejohn分析的电影"The Day After"（浩劫之后）中所构建的语义视野中。② 吴慧敏将幻想主题分析用于中外纪录片的语义视野研究中，分析了同样对中国故宫记录的题材，却在中美两国的播出视频中折射出不同的语义视野。③ 林纯如与林崇伟研究了女性形象在TED影音文本里的符号象征是什么，又是如何将符号、视频中表现出来的语义视野传播出去以说服观众的④。傅恒倩从幻想主题修辞视角出发，通过分析在美国纽约时代广场播出的中国国家形象宣传片，对中国国家形象进行探析。⑤

综上所述，幻想主题在团体成员中彼此分享故事与经验之间构建了成员认知中符号的现实，并反作用于团体情感与共同意识和价值观的形成。本文旨在用符号融合理论与幻想主题分析法来进行中国—东盟博览会的形象品牌研究。研究假设对外活动品牌的设计反映出一种传者建构的符号图景。通过符号融合理论与幻想主题分析法，我们试图解析这种传者建构的符号图景是否在国际受众中引发复诵与共鸣。

---

① 吴玟、朱文博：《修辞的攻心战：评普京〈纽约时报〉文章的说服技巧》，《对外传播》2013年第12期。
② Foss, K. A., & Littlejohn, S. W. (1986). The Day After: Rhetorical vision in an ironic frame. Critical Studies in Media Communication, 3 (3), 317-336.
③ 吴慧雯：《跨文化传播环境下纪录片文化差异研究——以中美全作故宫、中日全作新丝绸之路纪录片为例》，硕士学位论文，南昌大学，2010。
④ 林纯如、林崇伟：《十八分钟的秘密——从语艺观点解析TED线上影音演讲文本里的说服元素》，数位创世纪学术实务研讨会，台湾政治大学，2011。
⑤ 傅恒倩：《幻想主题修辞视角下对国家形象之探析》，《绥化学院学报》2013年第33期。

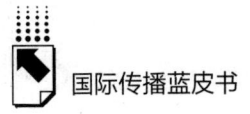
国际传播蓝皮书

三 研究方法

（一）研究对象

本研究有两部分。第一部分中，我们从中国—东盟博览会官方网站①上，选取了三个专门为宣传中国—东盟博览会而录制的对外宣传视频。该宣传视频可在中国—东盟博览会的官网上收看，并播放于东盟各国主要电视台和广西各大电视台，以及中国大陆的优酷视频网、土豆网等主要视频网站。中国—东盟博览会官网作为最权威的唯一宣传网站，是东盟国家了解该博览会，甚至中国的重要窗口，也是中国广西南宁扩大海外影响力的主要平台。

所选取的三段宣传视频是分别是2009年第六届宣传片"中原之春"、2011年第八届宣传片"相聚到永远"以及"中国—东盟博览会宣传片"。视频旨在展示广西的新风采、新气派和新发展，展示博览会对广西、中国与东盟的经济交流，以及不断深入的友好合作。这三部宣传片较之其他视频故事性强，更适合进行符合幻想主题分析，因为片中场景主题、人物主题、行动主题等元素明显，信息戏剧化、符号化的程度较高。

第二部分的焦点小组访谈对象为11位来自越南、泰国、老挝、印尼等东盟国家在广西的在读留学生。

（二）研究步骤

本研究采用幻想主题分析法以及幻想主题焦点组访谈法。

采用幻想主题分析法研究文本时，要做好相关的分析步骤。

---

① 中国东盟博览会官网，http://www.caexpo.org。

Bormann（1972）和 Foss（1996）总结提出：

（1）要先找出清楚的可分析文本，如录音、影片、采访稿或研究员的亲身观察和经历。

（2）了解文本对社会产生了怎样的影响。

（3）在所选择的文本上逐字细心地找出不断重复、复诵的字词句子或文字下的主题，也就是找出诠释现实的戏剧化信息与符号象征（包括明显和隐藏的）。

（4）记录下这些复诵的信息并与对照文本细心检查。

（5）尝试从场景主题、角色主题、行动主题出发组织信息，构建成幻想主题，再将重复的幻想主题归纳为幻想类型，进一步构建语义视野。

（6）从幻想主题、幻想类型、语义视野这三者中的联系界定其背后的动机。

（7）评估语义视野。

第一部分的研究严格按照以上幻想主题分析法步骤进行。第二部分在第一部分的研究发现基础上进行。有两个步骤：一是焦点小组访谈，二是访谈内容的幻想主题分析。焦点组访谈中，先将三部宣传片作为幻想刺激物，在观影后，其中一个研究员将以中国—东盟博览会、中国与东盟国家的关系、水、中国、中国—东盟博览会宣传片、南宁6个幻想对象作为依据，提前准备好的29个问题按不固定顺序对焦点小组组员们进行提问。另一个研究员则以关键词进行笔录的形式记录下访谈内容作为录音文本的补充。整个过程持续一个半小时，经组员同意全程录音。随后将录音整理为文字文本，从他们的讨论和回答中再次用幻想主题分析法找出"复诵"的关键词句，整理出他们共同的幻想主题与语义视野。

最后，再将第一部分视频的幻想主题研究发现与第二部分焦点组访谈内容的幻想主题研究发现进行比较。

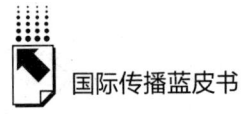

四 研究结果

在本章节中,研究结果将分为两部分呈现。

(一)第一部分研究结果

在三部"中国-东盟博览会"宣传片的幻想主题分析中发现,明显重复出现的有3个幻想类型,共13个幻想主题。其中以中国-东盟博览会为幻想对象的有1个幻想类型、4个幻想主题;以中国与东盟国家关系为幻想对象的有2个幻想类型、6个幻想主题。针对中国的有1个幻想主题;针对东盟各国的有1个幻想主题;针对广西南宁的有1个幻想主题。研究结果如下。

1. 幻想类型一:国家大事

在宣传片里可以频繁看到中国各级领导人出席中国—东盟博览会的镜头。出现的国家领导人有胡锦涛、温家宝、吴仪等,以及东盟各国国家领导人等。这个幻想类型的含义是:中国—东盟博览会是国际盛事,受到中国国家领导人和东盟各国领导人的重视,是国家大事。如宣传片中记录的国家主席胡锦涛在讲话中指出:"中国—东盟博览会作为国家层面的一个国际性展会,已经成为我国和东盟经贸合作的重要平台,中央将大力支持广西办好这个博览会……"

"国际性展会"、"我国重要平台"、"中央大力支持"成了不断复诵的关键词。

这个幻想类型一共包括三个幻想主题,如下所示。

(1)幻想主题1:国家领导参加开幕仪式。宣传片记录了每一届博览会都有重要国家领导人出席,而且记录下不同领导人在各届东盟博览会开幕式上所呈现的开幕仪式,从在博览会会馆外走红地毯、剪彩到进入会馆内手触玻璃球、红绸带,这些具有象征意义的动作镜头不断重复，成了符号。

（2）幻想主题2：国家领导人发表讲话。除了开幕仪式，宣传片记录了国家领导人在东盟博览会开幕会上发表了重要的演说，如国家领导人胡锦涛、吴仪等发表的演讲。还记录了温家宝在第七次中国与东盟（10+1）领导人会议上，最初提出的"从2004年起每年在中国广西南宁举办中国—东盟博览会，同时举办中国—东盟商务与投资峰会"的提议。

（3）幻想主题3：国家领导人表示肯定。国家领导人参加仪式、会议讲话、演讲之后，镜头记录下中方国家领导人与东盟领导人共同"签订合作条约"，彼此"握手"、"微笑"、"鼓掌"、"点头"的画面。这些都是人类交流的共同符号。它们在宣传片上下文中的含义是领导人代表各自的国家对东盟博览会的诞生与开展活动的肯定（见表1）。

表1 幻想类型一

幻想类型一：国家大事				
幻想主题	场景	人物	行为	幻想对象
主题1：国家领导人参加开幕仪式	东盟博览会会馆	领导人吴仪东盟国家领导人	①开幕式剪彩②开幕式手触玻璃球③开幕式手执红绸带④开幕式启动仪式⑤开幕式走红地毯	中国—东盟博览会
主题2：国家领导人发表讲话	东盟博览会会馆	胡锦涛温家宝	①开幕式发表讲话②对东盟的提议录入主席声明	中国—东盟博览会
主题3：国家领导人表示肯定	东盟博览会会馆	东盟国家领导人	①共同微笑鼓掌②签订签署条约	中国—东盟博览会

2. 幻想类型二：合作共赢

在这个幻想类型之下，它的含义是：中国—东盟博览会使得中国与东盟国家可以开展互惠互利的合作关系,共享繁荣美好未来。它具体表现在"合作伙伴"、"同舟共济,乘风破浪"这几个关键的复诵词语上。合作共赢这个幻想类型之下包括两个幻想主题。

(1)幻想主题4:同舟共济,乘风破浪。幻想主题由两组相似情节的画面组成,一组展现人们参加划龙舟比赛时,队员们齐声的加油呐喊声、整齐有力的划船姿势、队员们卖力的表情和为了争夺第一留下的汗水,在暗喻彼此间"团结一致"的同时呼应了"同舟共济"。另一组是运货船在海上乘风破浪、飞机起飞翱翔的画面。这两组镜头不断重复穿插在宣传片中,加强了符号的寓意。

(2)幻想主题5:合作伙伴。该幻想主题复诵的符号是:中国领导人与东盟领导人"握手"、"彼此拥抱"、"拍拍肩膀"这几个象征着兄弟、伙伴、好哥们的动作。比喻中国与东盟之间的合作伙伴关系(见表2)。

表2 幻想类型二

幻想类型二:合作共赢				
幻想主题	场景	人物	行为	幻想对象
主题4:同舟共济乘风破浪	大海上	参加划龙舟比赛的人们	参加划龙舟比赛	中国与东盟的关系
	中国—东盟博览会会馆; 大海上; 天空上;	东盟国家领导人	①运货船乘风破浪 ②飞机冲上云霄	中国与东盟的关系
主题5:合作伙伴	中国—东盟博览会会馆	中国领导人 东盟国家领导人	①签署条约后握手 ②签约长桌前握手 ③签约长桌前相互拥抱	中国与东盟的关系

3. 幻想类型三：源远流长，水到渠成

这个幻想类型是本研究的重要发现，它利用"水"这个自古以来，在中国文化中有着重要寓意作用的物体来将中国与东盟之间的关系具象化、符号化。"水"本是生命之源，有水的地方就会有生命、有发展。中国与东盟国家连接于承载着彼此依赖生存的重要物质——"水"的重要河流，澜沧江与湄公河。亲近友好的关系在这源远流长的历史里慢慢建立起来，彼此间同饮一江水，共享灿烂的区域文明与丰富自然资源。"水"也寓意着财富，在彼此有着丰富的物产资源、多彩的文化资源之上，追求经济上的新发展、新飞跃，让财富如水般"流入"中国以及东盟各国。"水"的意象贯穿于整个宣传片，将宣传片的主旨发挥得淋漓尽致，并成了复诵的符号。该幻想类型包含四个幻想主题。

（1）幻想主题6：一衣带水。"源远流长，水到渠成"是出现在宣传片中的一个主标题，也是幻想主题。它的含义是：中国和东盟从源远流长的历史开始直到现在，有着千丝万缕的联系，而中国－东盟博览会是大家紧密联系、多年合作、丰收结果的大好机会。如国家领导人李克强在2013年第十届中国—东盟博览会上的演讲上指出："中国—东盟战略伙伴关系经历了10年历程，这棵大树已经成长起来，枝繁叶茂，硕果累累，现在是收获果实、播种未来的时候。"宣传片中表现这个幻想主题的是一组由东盟各国妇女们具有各自国家民族特色的方式，用水罐子取水的动作串联组成。片中的各国妇女们来到流经她们国家并与中国河流相通的江河边，用各种不同的方式，如"跪着"、"蹲着"、"半身浸入"来取水，或将水罐"顶在头上"、"抱在胸前"，并"微笑"地看着镜头。"取水"这个带着寓意的动作和"水"的象征不断重复出现，成了揭示该主题的符号。

（2）幻想主题7：百川归海。此主题表现在宣传片中的镜头是来自10个东盟国家的孩子们拿着盛着水的罐子，彼此之间由一个人传

给下一个,每一个人都代表着自己的国家,以各国的主要景点为场景,如"印度尼西亚的雅加达"、"老挝的琅勃拉邦"、"马来西亚的布城"、"缅甸的曼德勒佛像"等。水罐子传到了最后一个国家——中国。中国的孩子开心地捧着传到自己手中的水罐,与其他东盟国家孩子们聚集在一起,手牵着手,望着天空,露出喜悦的笑容。片中同时配有一段文字:"从一滴水诞生……它汇成江河……奔向大海……它飞驰而去……到达整个世界。""大江东去,百川归海。""传递"这个动作与"水罐子"、"水"这些象征成了该主题的核心。此主题的含义是:水,寓意着各国的资源,从四面八方来到了中国,通过中国—东盟博览会进行各方面的资源整合,达到经济进一步发展、发挥各国经济潜力的目的。"水"更象征着财富,流动的财富,慢慢汇聚于中国—东盟博览会。

(3)幻想主题 8:滴水汇聚。幻想主题二与三相似,暗喻的是中国—东盟博览会提供了平台,东盟各国资源都汇聚到中国,整合并发挥优势。此主题在片中的表现场景不同于上一个幻想主题,但仍然使用"水"这个象征符号。带着不同东盟国家名字的水滴出现在各个国家著名景点的上方,最终每颗水滴都穿梭来到中国,汇聚成 10＋1＞11 的数字水滴状。

(4)幻想主题 9:友谊永久。宣传片中重复出现的还有中国与东盟各国的孩子们和人们"抬头看向同一片天空"、"手牵手微笑"、"汇聚一堂"的喜庆镜头,表达了彼此间是朋友的关系。如宣传片中所配的插曲"相聚在一起"所唱:"……相聚到永久,风雨并肩走;共患难,我们手牵手;永远是朋友;相聚到永久,风雨并肩走;看东方我们同声唱,我们永远是朋友……"

此主题与象征符号"水"首尾呼应。中国与东盟国家毗邻于湄公河、澜沧江,同饮一江水,犹如一家人。用"水"来比喻彼此间的亲近关系和长久以来的友谊(见表3)。

表3　幻想类型三：源远流长水到渠成

幻想主题	场景	人物	行为	幻想对象
主题6：大江东去 百川归海	东盟国家	身穿传统衣服的妇女	①码头边用绳子系着水壶取水；微笑 ②岸边一钵水；微笑 ③溪边取水；微笑 ④江边用银质水瓢取水；微笑 ⑤丛林间取溪水；微笑 ⑥江边头顶取来的水；微笑 ⑦跪地取水；微笑 ⑧半身浸入江内取水；微笑 ⑨临江取水；微笑 ⑩鱼身狮面石像喷泉取水；微笑	中国与东盟的关系
主题7：水从四面八方汇聚于此	中国与东盟国家	当地孩子与妇女	10国间的人们传递盛着水的罐子	中国与东盟的关系
主题8：每一滴水在此汇聚	中国与东盟国家	当地风景人物	带有国家名字的水滴汇聚成"10＋1＞11"	中国与东盟的关系
主题9：友谊永久	广西南宁	各国的小孩和大人	抬头看向同一片天空；手牵着手微笑；会聚一堂	中国与东盟的关系

4. 零散的幻想主题

在本文的研究方法中提及过，幻想主题、幻想类型和语义视野并不是渐进的三个阶段，并不是所有的幻想主题都能形成固定的幻想类型，也有可能直接形成语义视野。只有比较固定的有历史文化积淀的幻想模式才有可能从幻想主题上升到幻想类型。本研究中除了发现3个幻想类型之外，还发现零散的4个幻想主题，它们如下所显示。

（1）幻想主题10：寄托希望。该幻想主题的含义是中国-东盟博览会为东盟国家实现经济新发展提供了机会，揭开了新的合作篇章。场景跳出了中国—东盟博览会会场,来到了东盟国家如泰国、菲律宾、文莱等国家的一些景点。来自各个东盟国家的孩子们、妇女,还有演员们是这个幻想主题的重点人物。孩子们一同"手指着远方"同时带着天真的眼神"望着远处";穿着宗教活动表演服装的女演员在镜头前"双手合十";人们在广场上"放飞孔明灯"等这一帧帧的画面在宣传片中符号化、戏剧化地展示东盟国家人们对中国-东盟博览会寄予了美好的希望,暗喻着中国-东盟博览会寄托着为东盟国家人们带来实实在在利益的希望,也是东盟各国人们的殷切期待(见表4)。

表4 幻想主题10:共同梦想实现的机会

幻想主题	场景	人物	行为	幻想对象
主题10:寄托于希望	菲律宾;泰国;文莱;其他东盟国家	来自10国的孩子、妇女、演员们	①望向远方 ②手指远方 ③双手合十 ④放飞孔明灯 ⑤抬头看天空	中国—东盟博览会

(2)幻想主题11:现代化的南宁。此幻想主题凸显现代化的南宁,表现在两个方面,一个是南宁的城市发展,另一个是南宁的科技发展。第一个表现是一系列视觉画面,如"繁华的马路"、"摩天轮"、"高铁"、"飞机起飞"、"直升机盘旋"、"现代化建筑高耸"之上。第二个表现是"城市建筑工地上日夜兴建楼盘的人们"、"汽车制造厂中工人们在流水线上制造汽车"、"生产车间内工人们制造电子科技产品"、"农田中的高科技浇灌喷洒割麦技术"等。一幅幅带着以上这些场景的画面复诵着现代化南宁这个符号。

(3)幻想主题12:东盟各具特色的风土人情。东盟10国的著名特色景点、人们穿着民族服装参加民族特色活动的镜头描述了东盟各国独具特色的风土人情。

（4）幻想主题13：领头人。在此幻想主线下，宣传片中有两个寓意深刻的镜头不断重复出现，别有一番心意。"在天安门前中国女孩拿着水罐收集来自东盟10国的水"是其中一个镜头，另一个是"带着国家名字汇聚而成的10＋1＞11在中国长城上空出现"。它们共同表达的潜在的含义是：东盟各国的资源来到中国，在中国的带领和指导下，发挥各自资源的最大优势，促进经济新发展。中国在与东盟国家的关系中，充当领头人的角色。这个情节暗藏在"取水"与"传递水罐子"这两个情节之下，即多层符号相嵌，构建出深层的语义图景。

（二）第二部分研究结果

第二部分的焦点组访谈分析主要围绕东盟留学生对中国—东盟博览会、中国与东盟各国关系、水、中国、中国—东盟博览会宣传片、南宁6个方面展开，特别关注涉及经济发展、合作共赢、友好关系的幻想与语义建构，发现重复出现的有5个幻想类型，共21个幻想主题。其中在中国—东盟博览会方面有3个幻想主题；在中国与东盟国家关系方面有2个幻想类型和3个幻想主题。在中国形象方面有1个幻想类型和3个幻想主题；围绕着符号"水"有2个幻想类型和6个幻想主题；在中国—东盟博览会形象方面有3个幻想主题；针对南宁有3个幻想主题。研究结果总结如下。

1. 中国—东盟博览会形象

留学生观众对中国—东盟博览会形象的建构由三个部分组成："友好合作共同双赢"、"发展机会"、"经济启发"。他们认为中国—东盟博览会呈现给观众的感觉是一个寻求共同双赢、进行友好合作的平台；对他们国家来说，中国—东盟博览会是他们国家经济发展，甚至个人发展的大好机会；他们通过列举中国—东盟博览会上的特殊优惠政策说明参加该博览会给各国带来的好处，即"经济启发"（见表5）。

表5　中国—东盟博览会形象的幻想

幻想对象	幻想主题	幻想主题	幻想主题
中国—东盟博览会	友好合作、共同双赢	发展机会	经济启发

例：

中国—东盟博览会是中国与东盟合作的一个符号。

——范娜（越南）

我是因为知道了这件事（中国—东盟博览会），过来学习中文，然后准备2015年回去当老师。我就是为了准备这个来到广西南宁的。

——赵琪（泰国）

我觉得中国对东南亚的影响是，中国是个中心，我们东南亚国家把自己的物流（物品）拿到中国来，中国博览会来，然后再从中国这里散发出去。中国是贸易中心。

——林珊（缅甸）

2. 中国与东盟各国的关系

留学生观众从"共同发展"、"友好合作"两个幻想主题来构造中国与东盟的关系。"共同"、"合作"、"共赢"是形容中国与东盟的关系"共同发展"主题的复诵关键词。他们认为在中国与东盟的关系中，最实际的，首要的为"合作发展"。除此之外，"友好合作"、"永久伙伴"亦在讨论中形成幻想主题，是东盟观众共同的期望。他们坚信保持"友好"关系，成为彼此的"伙伴"对经济发展有着促进作用。"心连心"、"一条心"是该主题形成"复诵"的关键词（见表6）。

表6　中国与东盟关系的幻想

幻想对象	幻想类型	幻想主题	复诵关键词
中国与东盟国家的关系	共同发展	互相合作	共同发展；共赢
	友好合作	①友好关系 ②永久伙伴	心连心；一条心；友好合作

例：

中国和我们东盟国家是一个合作的关系。我觉得中国的经济发展会带动周边地区的发展。

——赵琪（泰国）

中国和老挝是很友好的，而且关系会越来越好。

——王马（老挝）

我觉得是伙伴的关系，因为伙伴和领导是相差比较远的。伙伴共同一起组织，是自由的。我不认为中国是领导的，控制的。为什么中国是最大的伙伴呢，单靠各自国家的投资资金是不够的，我同意中国和我们是伙伴的关系。

——罗杰（泰国）

3. 中国的形象

中国的形象与所扮演的角色在中国与东盟的关系中得以窥见。中国对于东盟国家，历史关系上是共饮一江水、对周边国家发展有积极影响的邻国；感情关系上是互相合作的朋友；利益关系上是共同发展、共赢的伙伴；道义关系上是帮助东盟国家经济发展的支持者。在焦点小组讨论中，东盟观众从不同的视角构建出对中国"强大"形象的语义视野。中国作为"最大的合作伙伴"、"最强的国家"以及"贸易中心"对整个东盟地区的经济发展有着巨大的积极影响。中国"有能力"支持并帮助东盟国家经济发展（见表7）。

表7 中国形象的幻想

幻想对象	幻想类型	幻想主题	复诵关键词
中国	中国强大	影响力	对周边国家发展有积极影响
		有能力	帮助东盟国家经济发展
		中心	贸易中心；最强的国家

例：

中国对周边国家有很大的积极影响。她是中心。

——林珊（缅甸）

中国发展很快。

——杜魏（越南）

中国是科技发达，强大的国家

——陈汉（印尼）

中国有能力帮助我们国家经济发展。

——陈汉（印尼）

4. 符号"水"的运用与寓意

"水"在我们研究的宣传视频中是一个重要的语义符号，承载着不同的含义与情感。这个符号刺激了留学生观众们对"水"这个符号源于各自不同文化背景的不同的幻想与语义图景。最先使他们产生共鸣的是"水"在他们生活中所起到的作用，如"种田"、"抵抗炎热的天气"和"人们维持生活"。他们更进一步从文化、社会、精神三个层面构建对"水"的共同幻想。在文化上，他们认为水是"祝福希望"、"钱财"的象征；宗教上则寓意着"神圣纯洁"；而在精神上"水"代表着"关联"、"联系",折射出"一家人"的语义图景(见表8)。

例:

水是最重要的嘛,我们不能缺水。

——波利(老挝)

泰国有泼水节。一是以前天气热,后来变成传统的东西。二是水能洗掉不好的东西,洗掉脏东西,在节庆的日子里,拿水泼一泼,洗掉污垢,互相祝福。

——罗杰(泰国)

我们很多东南亚国家都是湄公河流经的。它是连接几个东南亚国家的河流。

——王马(老挝)

表8 符号"水"的幻想

幻想对象	幻想类型	幻想主题
水	日常用途	农民种地
		抵抗炎热天气
		人们维持生活
	美好神圣	文化上:祝福希望,钱财
		宗教上:神圣纯洁
		精神上:共饮一江水,同是一家人

5. 中国—东盟博览会宣传片形象

首先,留学生观众们对中国—东盟博览会宣传片的核心复诵词语为"简单"、"明了"。其次,宣传片中运用东盟各国景点与人文景象,从情感联结上,与各国的东盟观众达成心理上的共鸣。他们认为宣传片中对东盟各国的大致介绍,有助于文化交流与互相了解(见表9)。

表9 中国—东盟博览会宣传片形象的幻想

幻想主题	幻想主题	幻想主题
简单明了	形象有代表性	有用的信息

例：

看了之后，就可以简单了解各个国家的文化。

——亚塔（泰国）

就是让人的第一印象，这就是印尼，这是对的。

——陈汉（印尼）

我觉得很好，简单明了，假如是给来参加中国，就是来中国的生意人，特别是可以很快简单地了解每个国家的那种情况啊，自然景点。因为这些都是每个国家比较著名的旅游景点，还有那些民族生活，社会的，生活习惯，风情习俗都能体现出来，所以给生意人，那些中国的，想和我们国家，印尼做生意，就是注意他们的习俗，很快地得到信息。

——陈汉（印尼）

当然，他们也发现一些问题，如印尼的学生认为爪哇岛比巴厘岛更有特色，更能代表印尼的文化传统。缅甸的学生发现宣传片中仍然在使用 Burma 这个称呼，而正确的对缅甸的称呼应该是 Myanmar。

6. 南宁的形象

留学生对南宁语义图景的构建首先是建立在"友好"的幻想主题之上。他们中的有些人是来到南宁后才知道有这个城市的。然而在南宁的学习生活给他们留下美好印象，他们更是把南宁这所城市当成"家"，从"家"中获得一种"温暖"与"舒心"。除此之外，他们同时从风光、文化两个方面构建南宁形象的语义图景。他们认为由广西南宁的"壮族"带给南宁"特有的自然风光"与"传统的文化背景"最能突出南宁的形象特点（见表10）。

表10　南宁形象的幻想

幻想主题	幻想主题	幻想主题
壮族传统文化	特有自然风光	家

例：

　　我觉得最能代表广西南宁的是壮族的习俗，因为中国—东盟博览会的会展中心的建筑形状是那个壮族的绣球，还有朱槿花。而且每次举办博览会的时候，草地上都有放绣球。介绍绣球，还有壮族自治区的生活习俗和服装。这样就又简单又深层次地了解广西的情况。

——陈汉（印尼）

　　如果我来介绍南宁的话，介绍它是新兴的城市，刚发达的城市它的绿化环境比较好嘛，那个绿城的美誉，还有旅游和观光等。

——范娜（越南）

五　对比

本文通过符号融合理论与幻想主题分析法，将上半部分对宣传视频的研究（传播方）与焦点小组访谈得出的研究结果（受众方）进行比较，旨在找出两方所持相同与不同的幻想主题与语义视野，寻求会展品牌传播更准确、有效的手段与方法。

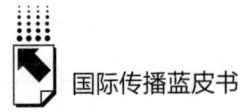

（一）对中国—东盟博览会的幻想主题与语义图景对比

"机会"、"友好合作"、"共同双赢"是两方一致达成的共享幻想。中国—东盟博览会宣传片构建出的中国—东盟博览会是一个给东盟各国带来经济改变的时机。同时，也是一个实现梦想的机会，特别是实现东盟各国"经济发展"的美好愿景。海外观众也认为，中国—东盟博览会也是一个不可多得的机会，特别是对毗邻中国的东盟各国的经济发展而言。而且，对于参展商，它是个拓宽海内外市场的平台，甚至对于东盟各国留学生的就业前景来说都是千载难逢的机会。

通过中国—东盟博览会这个"机会"，中国与东盟各国建立起"共赢"、"友好合作"的关系。"共赢"带来的不仅是经济上的收益，更是各国文化的交流融合、相互间理解上的促进。另一个幻想主题"友好合作"，亦成为他们语义视野中的中国—东盟博览会的代表形象。宣传片中构建的"共饮一江水的一家人"、"朋友"、"伙伴"等角色成为海外观众的"复诵"的对象，共同构建出双方相同的语义视野，形成共鸣。海外观众除了重视中国—东盟博览会带来的经济利益外，也期望国家之间建立起"友谊"，发展更进一步的"共赢"关系。

双方对中国—东盟博览会亦存在着不同的幻想主题与语义视野。

宣传片通过展示各国领导出席中国—东盟博览会开幕式的盛况，例如剪彩、发表讲话等呈现中国—东盟博览会是"国家大事"的幻想类型，也从各大新旧媒体报道中国—东盟博览会这个侧面表现"国际性"的一面。另外，"希望"也是主题之一。宣传片记录下东盟各国代表们出演宣传片的情景，如双手合十、放飞孔明灯、仰望远处等特具象征性的动作来表达"东盟各国人民寄托希望于中国—东盟博览会"这样一个幻想主题。不同的是，在焦点小组访谈中，海外观众对中国—东盟博览会的语义视野的构成还表现在"经济启发"

这一主题，表达了东盟观众希望能够从中国—东盟博览会，尤其是中国经济快速发展的成就上获得自己国家如何发展经济的启发，能够带动他们自己国家的经济发展（见图1）。

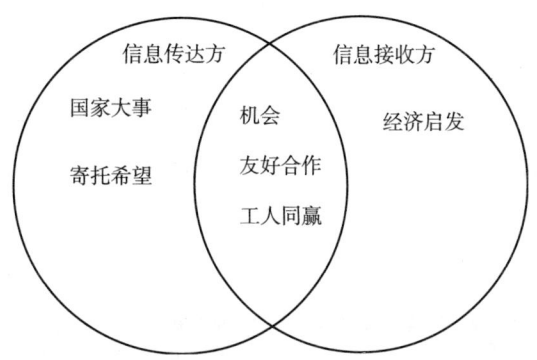

图1　传达方的语义图景与接收方的语义图景比较

（二）对中国—东盟关系的幻想主题与语义图景对比

在对中国—东盟关系的幻想主题与语义视野中，双方大部分的语义视野构建在相同的幻想主题之上。"共同发展"、"合作双赢"、"友好关系"、"永久伙伴"是双方共享的四大幻想主题。首先，"共同发展"、"合作双赢"是中国与东盟各国间长久保持关系的首要前提和本质，也是彼此间达成的共识。中国—东盟博览会作为一个贸易平台，提供各国平等合作的机会，最终也是为了服务于各国的经济发展。宣传片中表现出中国希望利用中国—东盟博览会这个平台将东盟各国集聚一堂，借助各国的合力，进一步促使中国经济的发展。同时，海外观众也希望借助中国经济快速发展的势头与广大的影响力带动周边地区的发展。这是一个互惠互利、"共同发展"、"合作共赢"的过程。除此之外，双方也在"友好关系"、"永久伙伴"上达成一致。长久稳定的关系是发展的前提，这种非商业化、友好的、伙伴式的关系比普通关系能更深入人心,引起共鸣。

双方对中国—东盟关系所持的语义图景所不同之处仅在于宣传片中,中国被塑造成一个"领导型"国家,中国—东盟博览会由中国组织,东盟各国在中国领导下,进行经济发展的努力。中国可谓是经济快速发展的模范与领头羊。这一幻想主题并没有在海外观众中引起共鸣。比起领导与被领导的关系,海外观众更倾向于各国之间是平等友好关系,"伙伴"、"朋友"、"共饮一江水的家人"是他们希望维持的关系(见图2)。

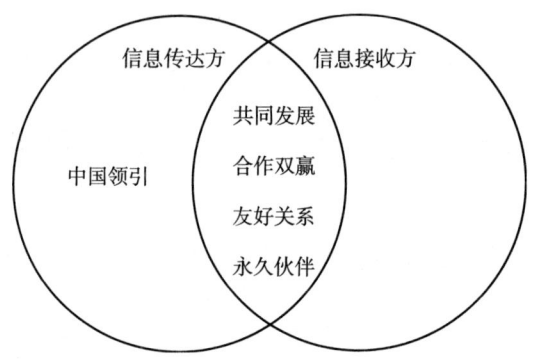

图 2　传达方的语义图景与接收方的语义图景比较

(三)对中国形象的幻想主题与语义图景的对比

宣传片中构建的中国形象与海外观众头脑中所想象的中国形象有相同之处,也有不同之处。宣传片中对中国形象构建的幻想主题与语义视野并不能很好地在观众中共享,达到共鸣的效果。

在宣传片中,如上文所说,中国被塑造成东盟各国的领头人,东盟国家是在中国的带领下参加中国—东盟博览会这个国际盛事。实力强大的中国处于中心地位。宣传片更是运用中国深厚的文化底蕴,包括中国传统名言名句如"共饮一江水"、"水到渠成"、"源远流长",特色景点"天安门"、"长城",寓意符号"水"、"10 + 1 > 11"等来堆砌构建出更深层次的语义图景。

相反,上述宣传片中试图构建的语义图景并不能在海外观众的头脑中形成复诵与共鸣。他们更加关注中国对东盟各国所扮演的实际的角色。中国被看作对东盟各国的经济、文化、政治等方面有着"巨大的正面影响",而且中国"有能力"帮助东盟国家实现经济发展,同时也是东盟国家背后强大的支持者,在其有困难之时,提供必要的帮助。

双方的幻想主题与语义视野的相同之处则表现在"国家强大"、中国的"中心地位"、中国是"友好伙伴"三个方面。双方共同认为中国是伙伴关系中实力最强的国家。宣传片通过表现中国—东盟博览会的成功、南宁现代化和快速发展来侧面表现中国的实力是不容置疑的。海外观众也认为中国的强大实力不可否认,同时,中国还是伙伴关系中的贸易中心,各国货物在中国聚集,并通过中国再次扩散到更大的市场。最后,东盟各国与中国成为"友好伙伴"是双方共同所希望的(见图3)。

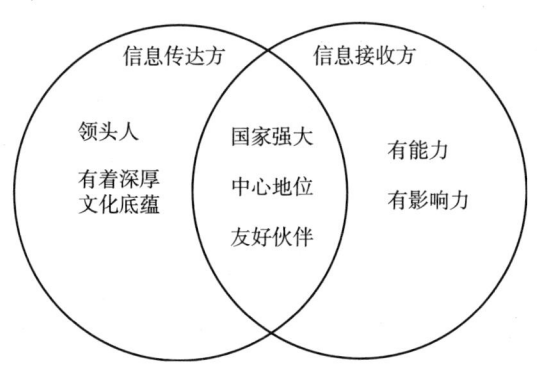

图3 传达方的语义图景与接收方的语义图景比较

(四)对"水"符号的幻想主题与语义图景的对比

"水"在中国文化背景下作为一种符号,在宣传片中承载着多种寓意，表现出多层次的语义图景。当"水"寓意着"各国资源"时，所构建成型的幻想主题为"水在此汇聚"，意味着各国资源在中国—东盟博览会上得以汇聚，发挥聚合作用。而当"水"作为"源头"之意时，用于构建幻想主题"水到渠成"，旨在说明各国的合作是历史的意志，是时代的要求，中国—东盟博览会是合作机会。"水"所构建出来的语义图景与中国文化背景紧密相连。

而海外观众在头脑中对"水"所形成的语义图景停留在他们的文化背景之上。他们更注重"水"在他们日常生活中，用于维持生活所扮演的角色，如农民种田、人们抵御炎热天气、"泼水节"节庆盛事等。或者，从宗教出发构建出"水"的"祝福"、"纯洁"、"神圣"、"希望"等象征意义图景。

双方唯一达成复诵的幻想主题为"一衣带水"，语义图景构建的基础为"水"作为"连接"的寓意。双方认为自古以来，中国与东盟毗邻于湄公河上下游，共饮同一江水，养育着历朝历代，孕育出相似又各具特色的文化。"水"是长久以来中国与东盟国家的连接点，"水"具有重要的历史意义和社会意义。"一衣带水"借助双方的文化背景，成功地勾起对"水"的复诵，形成相似的语义图景（见图4）。

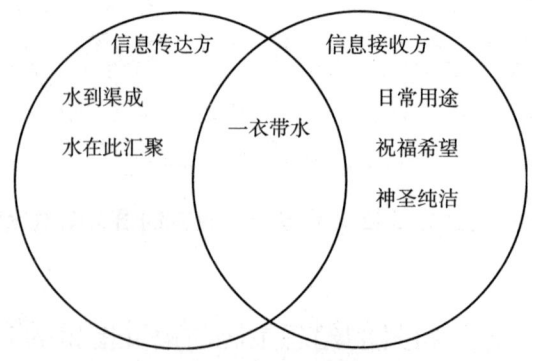

图4　传达方的语义图景与接收方的语义图景比较

（五）对南宁形象的幻想主题与语义图景对比

南宁"友好"的形象是双方共同的期望。友好的城市形象对整个城市的经济发展、旅游业增长乃至人文素质提升有着很大的促进作用。

在宣传片中，南宁被打造成是一个"新型的"、"现代化的"、"快速发展"的城市。而海外观众却表示南宁的风俗、饮食、生活习惯与他们家乡相似，给他们有"家"的感觉。他们认为南宁的形象应该建立在南宁特有的"传统文化背景"与"自然风光"之上，以突出南宁形象与众不同的特点（见图5）。

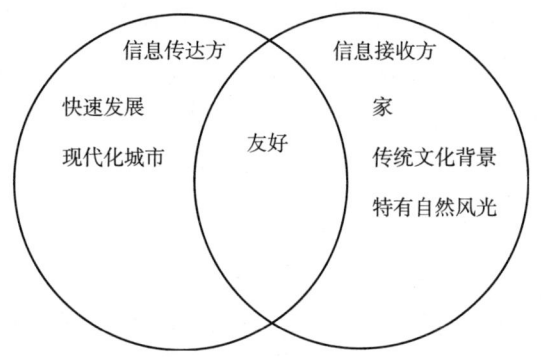

图5　传达方的语义图景与接收方的语义图景比较

通过与宣传视频主题比较，我们有如下发现和建议。

宣传片中两个"宏观型"的、我们对外宣传惯用的主题类型，"国家大事"、"中国历史悠久，文化源远流长"在受访者中并没有引起明显的共鸣，从而激发想象和复诵。相反，这些留学生对中国历史文化的了解非常薄弱。而这批人应该是东南亚国家中最接近中国和中国文化的人群，他们目前在中国学习，同时希望回国从事中文教育。他们对中国历史文化的认知尚且如此，中国历史文化在东南亚的影响力就可想而知了。

"中国引头人"的宣传片主题没有在受访者中引起共鸣。比起领导与被领导的关系，受访者更倾向于各国之间是平等友好的关系，"伙伴"、"朋友"、"共饮一江水的家人"是他们希望维持的关系。如何避免对外宣传中的"等级观念"，用对方感觉舒服的符号主题来表达相同类似的观点是一个高标准的要求。

"中国帮助我们发展"是留学生复诵的重要主题，明显代表了他们希望借助中国的帮助而实现自己国家的经济发展的强烈愿望。如何将这个主题与中国—东盟博览会官方品牌建构中的"合作共赢"等主题融合起来，设计和讲述更加有说服力、影响力的"共同发展"主题和故事是一个挑战。

受访者中并没有"东盟共同体"的概念，他们都是从各自国家的角度来看待与中国的关系。因此，中国在对东南亚的宣传中，需要根据每个国家的特殊情况而设计有针对性的宣传主题和故事。没有什么"东盟"受众，有的只是各个国家的受众。

宣传片中的南宁现代化图景并没有在留学生引起更多的共鸣，相反，访谈中发现了"南宁是家"的这个非常正面、温馨的主题。受访者对南宁和在广西的留学生活的感觉非常正面。如何发掘"家"的语意图景，将"家"这个温暖感人的人文主题加入南宁的形象设计中，从而超越目前的单纯"现代化"形象，也会是一个有价值的尝试。

六 结语

在中国—东盟博览会会展品牌构建的过程中，传播信息传达的有效性在很大程度上决定该会展品牌的构建。中国—东盟博览会宣传片作为最重要的宣传载体，其中包含的信息需要准确有效地传达到受众方，以发挥打动人心的作用。特别是在对外活动的品牌设计中，侧重点都在"我想表达什么",而忽略了"你怎么想"、"我怎么表达才能打动你"。研究案例显示宣传片中常见的"宏观"话语,如中国—东盟博览会宣传片的"国家大事"、"中国历史悠久,文化源远流长"的主题,因为缺乏对受众思维图景的了解,流于自说自话,缺乏打动人心的力量。案例研究同时显示东南亚留学生既可以是中国与东南亚人民交流的桥梁,也可以是我们了解东南亚人民的最贴近的窗口。在我们对外活动品牌设计中,应该充分利用这种资源,通过他们使品牌的设计和传播更具有"民心相通"的魅力。

B.9
中国企业国际形象塑造：
问题、成因与对策*

姜飞 黄廓**

| 摘　要： | 本文在分析了传播心理"前见"、文化传播欠佳和社区传播乏力等中国企业国际形象欠佳的主要原因的基础上，结合中国企业形象塑造的规律，提出了体系化等提升中国企业国际形象的建议。 |

| 关键词： | 中国企业国际形象　传播心理　文化传播　社区传播 |

中国企业国际化首获政策支持是1979年国务院提出的"出国办企业"，规模性发展则有赖2001年"十五"计划提出"走出去"战略。十八大报告提出要"加快走出去步伐"，培育一批世界水平的跨国公司；十八届三中全会将"走出去"作为构建开放型经济新体制的重要举措之一列入了《中共中央关于全面深化改革若干重大问题

---

* 本研究是中宣部"四个一批"人才工程项目"中国对英国之传播战略研究"暨国家社会科学基金重点项目"提高我国文化软实力的中国道路研究"（14AZD040）的阶段性成果。

** 姜飞，中国社会科学院新闻与传播研究所研究员，博士生导师，中国社会科学院世界传媒研究中心主任、传播学研究室主任、"中国跨文化传播研究与实践基地"主任、新闻与传播研究所创新工程项目"全球化时代的跨文化传播：理论研究与成果应用"首席专家，主要研究方向为国际/跨文化传播、新媒体、文化研究等；黄廓，中国国际广播电台英语中心副研究员（副教授），中国社会科学院世界传媒研究中心特约研究员，主要研究方向为国际传播、战略研究、媒体技术、文化研究等。

的决定》，为中国企业跨越式发展提供了战略指导与保障。2014年中国企业国际化树立了里程碑，中国对外直接投资首次超过外商来华投资，成为对外投资净流出国。① 迄今，中国企业已逐步为海外公众所熟悉；中国制造也在朝中国"智造"努力。然而，中国企业、品牌、产品和服务的国际传播能力比较弱，在获得国际民众的认可、好感和信任方面，仍有较大的提升空间。

《2014中国企业海外形象调查报告》显示，海外受访者对中国企业的整体印象评价偏低：以世界前五大经济体为评价框架，中国企业排名第五，5分制下与排名第一的德国企业相差近1分，也落后于日本、美国、法国企业。② 《2015爱德曼信任度调查中国报告》表明，全球27个国家/地区的有识公众信任中国企业能做"正确事情"的比例仅为38%。在世界前五大经济体框架下，德国（75%）、日本（68%）、美国（65%）、法国（62%）企业受信任度都远远超过中国企业。但是在新兴经济体框架下，中国企业则略次于巴西（38%），高于俄罗斯（35%）、印度（34%）和墨西哥（31%）。③ 由此可见，一方面中国企业的国际形象与中国经济的发展速度、中国所取得的全球经济地位尚不相称，提升中国企业的国际形象迫在眉睫；另一方面，对如何提升中国企业国际形象，要结合中国作为新兴经济体的特点、企业国际形象的型塑规律、中国企业国际传播能力和跨文化融合能力进行综合分析。

---

① 王辉耀：《中国企业国际化报告（2014）》，社会科学文献出版社，2014。
② 中国报道杂志社、中国外文局对外传播研究中心：《华通明略：2014中国企业海外形象调查报告》，2014。调查于2014年8月在线实施，样本国家为美国、韩国、俄罗斯、马来西亚、墨西哥5国，有效问卷2544人。
③ 爱德曼国际公关公司：《2015爱德曼信任度调查中国报告》，2015。爱德曼国际公关公司（Edelman）将"有识公众"界定为年龄25~64岁，受过高等教育，家庭年收入在该国家该年龄组前25%，有阅读或收看商业新闻，并持续关注新闻中的公共政策信息的习惯。样本在中国和美国分别为500名，其他国家各200名。整个调查在全球27个国家和地区执行，在线访问33000个样本。

本研究旨在分析中国企业国际形象欠佳的主要原因基础上，结合中国企业国际形象的塑造规律，对如何提升中国企业的国际形象提出建议。

一 中国企业国际形象欠佳的主要原因分析

（一）传播心理"前见"：海外公众存在"中国企业威胁感"

基于历史原因以及国际传播能力问题，中国作为新兴经济体，在走向国际市场的过程中，国际信用建构的天然障碍依然存在。例如品牌熟悉度低，因中国企业与政府之间的特殊联系而产生国家敏感性，在供应链管理、知识产权保护等具体运营行为中存在不规范行为等。① 调查发现，近七成海外受访者认为中国企业的进入给当地带来了挑战。54%的受访者主观认为中国企业会冲击当地企业的生存发展，超过三成的公众认为中国企业可能会掠夺当地优势资源，打破当地原有的产业链平衡，并破坏当地的生态环境。② 这种普遍存在的宏观印象会形成海外公众对中国企业的"前见"，因此中国企业海外发展的起点不是从零开始，而可能要先减掉"负积累"。

（二）文化传播欠缺：中国企业对国外本土文化认知、理解功课不足

中国古语"知己知彼，百战不殆"，但《2014中国企业海外形象调查报告》表明，33%的海外受访者认为中国企业对当地文化、历

---

① 爱德曼国际公关公司：《2013爱德曼新兴市场信任度调查》，2014。
② 中国报道杂志社、中国外文局对外传播研究中心：《华通明略：2014中国企业海外形象调查报告》，2014。七成海外受众中，六成受访者认为中国企业的进入给当地带来的机会和挑战并存，还有近一成认为以挑战为主。

史、消费者等缺乏了解；在主动融入当地社会文化方面的力度不够。基于服务中国远洋运输集团和华为等企业的经验，美国安可顾问有限公司创始人 Margery Kraus 认为，中国投资者可能不常犯商业错误，但是更容易犯文化错误，因为无论做事还是在解释事情的时候，多数时候中国企业不是依照当地文化，而是从国内经验出发，这样就会产生理解鸿沟。因此，"如何与人相处，如何与社区相处，如何面对当地的文化……需要花费和财务问题同等的精力"①。企业的跨文化能力提升迫在眉睫。

（三）社区传播乏力：中国企业的本土卷入、社区融入程度偏弱

《2014 中国企业海外形象调查报告》显示，31% 的海外受访者认为中国企业吸纳当地员工就业的力度不够；30% 的海外受访者认为参与社区公益活动的力度不够。《中国企业国际化报告（2014）》发现，中资海外公司员工国际化程度、管理层国际化程度、董事会国际化程度都普遍较低。中国的大型国有企业多数从国内派遣技术人员和工人，中小型企业海外发展时"老乡情结"明显，这样容易给当地公众留下自我封闭、小团体、神秘、不可沟通的印象，甚至会导致与当地公众的冲突。② 中国企业重视与本地政府或业务相关机构的沟通，缺乏对融入、服务本土社区的重视。本文作者在澳大利亚悉尼的社区调研中发现，中国企业无论在赞助还是参与社区活动方面，都鲜有作为，远不如韩国企业。③

---

① 江玮：《中国企业在美国的最大挑战是如何更好地被理解》，《21 世纪经济报道》2013 年 11 月 18 日。
② 刘冰：《中国海外企业的社会责任战略刍议》，《人民论坛》2013 年第 29 期。
③ Fei Jiang & Kuo Huang. Community Media in China: Communication, Digitalization, and Relocation. Journal of International Communication 19, No. 1 (2013): pp. 59–68.

（四）国际传播：中国企业的国际传播能力偏低

28%的海外受访者认为中国企业本土宣传活动少、知名度低。①调查显示，发达国家海外消费者对中国品牌的平均熟悉度为9%，发展中国家海外消费者对中国品牌的平均熟悉度为24%。②《2013爱德曼新兴市场信任度调查》显示，能被超过半数发达国家公众瞬时识别出的中国品牌仅有联想、中国国际航空公司和中国银行。爱德曼国际公关公司全球总裁兼首席执行官理查德·爱德曼（Richard Edelman）称，"随便问一个美国人，能说出来的品牌就是联想和海尔。我们也根本不认识中国的CEO们，现在大家知道的可能就李彦宏、马云。"他认为中国企业家"只顾内不管外"，要加强针对"面向全球如何做"进行传播的能力。③《中国企业国际化报告（2014）》指出，部分中国企业在平衡东道国各种关系上存在较严重的误区，如过度依赖当地政府高层关系，不重视反对派、NGO组织以及媒体的声音。

（五）消费体验误区：中国产品的消费体验对提升企业形象助力有限

中国产品的优势是购买便利、价格低廉，然而《中国国家形象全球调查报告2013》显示，54%的海外消费者认为中国产品质量较差，70%的海外消费者认为部分中国产品存在使用安全隐患。《2014

---

① 王辉耀：《中国企业国际化报告（2014）》，社会科学文献出版社，2014，第11页。
② 于运全、黄廓、张楠：《中国国家形象全球调查报告2013》，《对外传播》2014年第1期。调查由中国外文局对外传播研究中心、察哈尔学会、华通明略（Millward Brown）合作开展，2013年9月至10月开展在线调查，覆盖英国、美国、南非、印度、俄罗斯、巴西、中国七国，访问样本共计3017人。
③ 罗绮梅：《缺乏国际范儿的中国式企业公关》，http://finance.sina.com.cn/zl/international/20130809/094116397600.shtml，2015年2月12日获取。

中国企业海外形象调查报告》进一步验证了此观点的普遍性。多数海外民众对中国产品给出了质量不过硬、安全问题多、售后服务不好、不够环保等评价。负面评价最集中的是假冒名牌产品过多，高达67%的受访者持此观点。

二　中国企业国际形象型塑规律分析

（一）企业国际形象存在三维评价体系

企业形象具有客观存在和主观构建两种属性，因为企业形象的核心是建立在客观存在基础上的个体主观意识，主要依据个人所获得的信息而确定。① 根据企业国际形象的评价主体划分，企业存在自我评价、舆论评价、公众评价三个维度的国际形象。

在企业、媒体、公众三个主要相关主体中，企业兼具形象建设、评价和被评价三重身份。企业一方面持有自我期待形象，即"希望"自己所具有的社会形象；另一方面产生自我评价形象，即对外部可能对自己形象的认知、对自我形象建设的成功程度所产生的判断。企业的理想状态是自我评价形象与自我期待形象完全重合，即企业愿景与战略目标得以全面达成。在合理评价的条件下，二者重合度越高，企业的自我形象实现越好。对企业而言，因为语言、渠道、文化、社交等原因，同国内形象相比，其自身国际形象在自我期待、自我评价方面的难度都大大增加。同时就企业的国际形象而言，相对于企业的自我评价形象，舆论评价形象、公众评价形象更为重要。

媒体在企业形象建设与评价方面具有双重身份。为企业做广告、公关建设的媒体，主观上参与了企业形象建设；刊播企业相关信息的

---

① Boulding. K. E. 2002. TheImage, Life and Society. Ann Arbor: University of Michigan Press.

媒体，则通过评价企业的理念、产品、举措等客观上参与了企业形象建设。在企业形象的国际传播方面，媒介环境由本地媒体、当地的中国媒体和西方媒体共构而成，因此距离更远、变数更大。对海外公众来讲，媒体塑造的企业形象是形成其对企业形象综合评价的重要组成部分。

海外公众对中国企业的印象来源于直接体验和间接资讯两个渠道。企业根据国内国际政策、周围环境以及企业目标所制定的发展规划与实际运营状况等非物质特征，①公众难以直接接触或了解，通常要企业通过广告、公关等手段告知公众，对公众来讲属于间接资讯。提供给消费者的产品或服务，公众则通过消费、体验而直接了解到、感受到。基于直接体验和间接资讯两种信息，公众主观形成对企业的发展、企业的现状、企业的产品以及企业所持品牌的整体性评价。

如图 1 所示，企业国际形象要从企业自我、舆论和公众评价三维体系框架下出发，进行顶层设计。基于前文分析，企业的自我评价形象与其期待形象、舆论形象和公众形象之间存在差别；中国企业型塑国际形象的难度大大高于其塑造国内形象。因此，在形象的国际传播中，中国企业不但要重视其行为与产品，更要重视国际媒体及公众对其形象的认知、对其产品与服务的体验，重视媒体在形象评价三维体系中的作用。

（二）企业国际形象具备功能性和情感性双重属性

企业国际形象同时具备功能性和情感性。企业形象功能性对应企业的产品与服务等；情感性则是指公众在购买、使用产品或接受服务的过程中，由于企业的内外部因素所触发的一系列情感反应、公众对企业的态度等系列心理活动。功能性是企业产品或服务能满足公众的

---

① 刘婧：《企业形象塑造研究》，硕士学位论文，山东师范大学，2013。

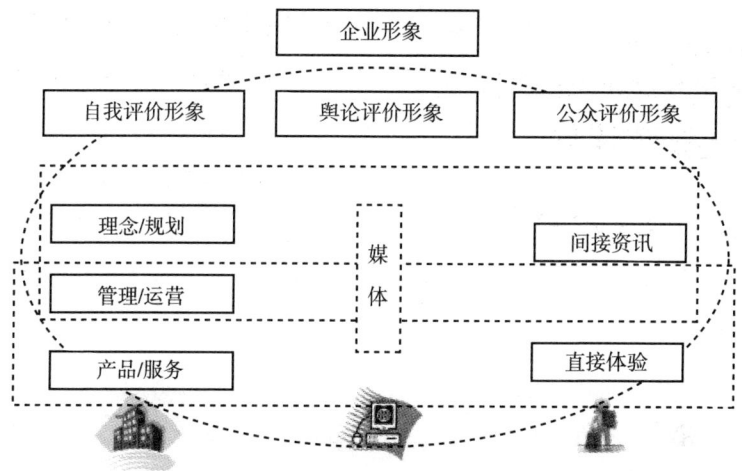

图 1　企业形象三维评价体系模型

使用需求的能力，因此不但是公众形成企业形象感性认识、生成情感的基础，也是产生对企业的整体形象的重要组成部分。置放于国际语境下，公众对企业缺乏直接了解，因此其功能性需求得到满足的程度是决定公众评价该企业形象最直接、最基础的因素。随着中国商品遍布全球，其被识别度最高的仅仅是便宜的价格，《2014 中国企业海外形象调查报告》显示，超过 70% 的受访海外公众都认为中国商品在质量、安全、售后服务、节能环保、假冒品牌等方面都存在问题。中国企业与海外公众之间，存在着空间、语言、文化等天然沟通障碍，因此，可以通过国际传播设计，通过中国商品和服务作为核心载体，建构海外公众对中国企业及其品牌形象。

研究发现，公众的情感性反应对其评价企业形象起到更重要的作用。因为作为基础的功能性认知会受到情感性反应的影响，即最后，公众对企业形象的认知是由情感性反应以及被情感性反应过滤后的功能性反应所共同构成。① 舆论在公众产生情感性反应过程中产生重要

---

① Martineau, P. (1958). Sharper Focus for the Corporate Image. Harvard Business Review, 49–58.

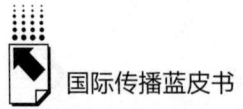

作用,大众媒体补足公众缺失的中国企业的信息,社交媒体扩散公众的消费体验以及因此产生的情感性评价。因此,媒体在中国企业的国际形象构建中起到非常重要的作用,尤其在情感性方面。

(三)企业国际形象具有动态性、过程性特征

企业的国际形象一直处于构建与被构建的动态过程中。企业的广告、公关活动是目的明确的自我形象构建,是自塑过程;商品、服务、媒体舆论等是企业形象的客观构建以及被构建,是他塑、共塑的过程。从理论层面看,构成企业国际形象的基础如果发生改变,其形象也定然会随之变化,因此企业的国际形象一直处于动态的塑造过程中。

在企业力的框架下企业形象可以被视作形象力,并且与商品力、销售力共同构成企业力。在全球化、买方市场的条件下,形象力对增加市场占有率、增强重复购买率、提高企业效益等颇有助力。良好的企业形象可以起到承认、缓和、竞争三重效果,即易于获得较高评价的承认效果,犯错时容易得到谅解的缓和效果,以及赢得顾客青睐、促进产品销售的竞争效果。①

实践层面看,企业的国际形象塑造过程贯穿海外公众的整个购买过程,同时受到购买产品的环境影响。② 企业的国际形象是企业通过媒体、产品等信息与海外公众心理进行契合的过程。

如图2所示,海外公众在消费前会对企业以及企业产品或服务对其需求的满足程度进行预期性评价,该期望决定了海外公众后期的消费决策和满意度评估。海外公众购买企业产品或服务的过程形成对企业产品、品牌的直接感知,并产生消费情绪,即海外公众短期的外向表现特征;包括喜爱、满足、高兴、兴奋等正向情绪,以及生气、失

---

① 加藤邦宏:《企业形象革命》,台湾艺风堂出版社,1994年。
② Martineau, P. (1958). The Personality of the Retail Store. Harvard Business Review, 36 (1), 47–55.

望、沮丧、担心等负向情绪。① 海外公众在购买产品或接受服务后，会生成进一步行动的倾向以及方法，即购后行为，包括重复购买、关注产品或企业的信息、给出好评或向他人推荐等积极购后行为，以及投诉或抱怨、给出差评或建议他人不购买同一产品甚至同品牌或厂家产品的消极购后行为。因此，塑造中国企业的国际形象具备动态性、过程性思路，有必要充分考虑海外公众的心理特征和消费反馈，减少对孤立的广告、公关推广活动和一成不变的营销思路的依赖。

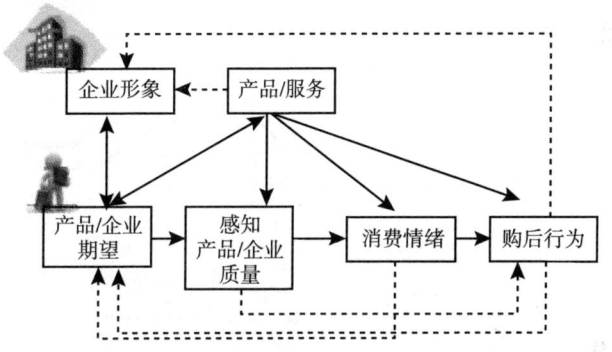

图2　企业形象与公众购买企业产品或服务行为关系模型

三　提升中国企业国际形象的建议

（一）中国企业国际形象塑造必须体系化

中国企业的国际形象建立在其产品、服务、管理、社会责任、诚实性、可信性、创新能力等基础之上。中国企业一方面要做好内部生产管理，另一方面要加强国际形象建设，两者相辅相成，必须在一个

---

① 雷登平：《企业形象、服务质量、购后行为的关系研究》，硕士学位论文，东北师范大学，2011。

统一的、有机的国际形象塑造体系指导下进行，如图3所示。中国企业要缩小与国际公众期待之间的差距，重视市场调查和消费者的感受、评价。要充分考虑企业形象动态性、过程性特征，重视产品售后服务。增强企业和产品的视觉形象，形成统一的企业形象识别系统（CIS）①。要借力政府推广和媒体推广，与企业的自我推广形成合力。在重视企业产品与服务功能性的同时，要重视情感性作用，添加产品和服务中的精神与理念因素，如资源节省、环境保护、社区公益、慈善等。

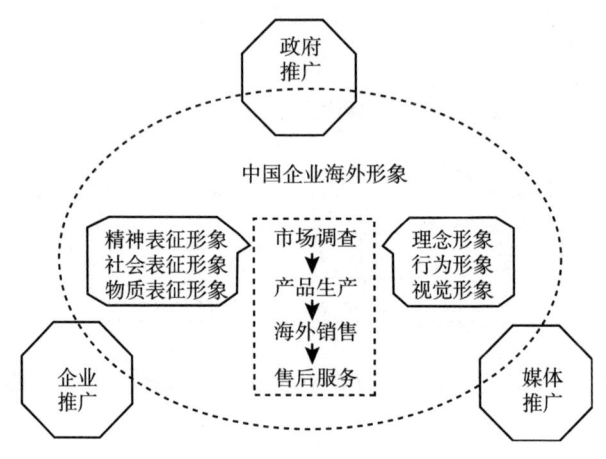

图3　中国企业国际形象塑造体系

（二）中国企业国际形象塑造必须具有跨文化意识

中国企业在进入国际市场之前要充分考察当地的情况。本土化或在地化（localization）一直与全球化（globalization）相伴生，中国企业的国际形象深受其本土化程度的影响。企业本土化要"与生活或居住的土地相连接，熟悉与了解自己居住地的社区，产生对地方的情

---

① 黄廓：《IBM公司的CIS分析》，《中外企业家》2005年第5期。

感,并产生归属感"①。中国企业的产品和服务要规避文化禁忌。中国企业的员工在派出前要进行跨文化培训。中国企业要带着很强的跨文化意识,在雇佣本土员工、参与本土社区建设、开展公益活动方面,要增强跨文化管理能力。

(三)中国企业国际形象塑造必须增强国际传播能力

中国企业要重视媒体在塑造其国际形象中的重要作用,形成良好媒体合作关系,尤其是我国走出去到当地的媒体。外媒对中国企业的报道中常常缺失中国企业的声音,并且以"记者尝试与××企业取得联系,但无法得到回应"进行解释。如果属实,这是中国企业放弃发言权、放弃形象自我塑造的机遇。因此,中国企业必须增强自身的传播能力,提高公关部人员的素质与沟通能力,开设英语和本地语言的网站,主动在当地的社交媒体上开设账户,以求将国际形象的塑造权尽可能多地控制在自己手中。

---

① 汪琪:《迈向第二代本土研究:社会科学本土化的转机与危机》,台湾商务出版社,2014,第4~5页。

B.10
"一带一路"战略语境下中国企业品牌国际形象传播：理念、对象与方式

宫宇坤*

摘　要： "一带一路"战略构想提出至今始终占据国际舆论热点，政府决策出台之后，未来经贸合作过程中的主体将以中国企业为主，因此在国际社会上塑造良好的品牌形象对"走出去"的企业至关重要。本文试图从企业品牌与国家形象之间的关系、目前中国企业品牌国际形象传播过程中存在的问题以及"一带一路"战略下中国企业需如何应对等三个方面逐一探讨，以期从理念、对象、方式三个角度对中国企业在全新语境下的品牌国际形象传播提出建议。

关键词： "一带一路"　中国企业品牌形象　国际传播

自 2013 年末习近平主席在出访中亚和东南亚期间首次提出"一带一路"战略构想到 2015 年初国家发展改革委、外交部、商务部联合发布《推动共建丝绸之路经济带和 21 世纪海上丝绸之路的愿景与行动》，"中国版马歇尔计划"始终占据国际舆论热点。

"一带一路"作为目前世界上跨度最大的经济走廊，覆盖 26 个

---

* 宫宇坤，中国传媒大学传播研究院 2014 级博士研究生。

"一带一路"战略语境下中国企业品牌国际形象传播：理念、对象与方式

国家和地区，贯穿亚欧非三个大陆，连接东亚和欧洲两大经济圈，且沿线大多是处于上升期的新兴经济体和发展中国家，总人口约44亿，经济总量约21万亿美元，分别约占全球的63%和29%，[1]市场规模巨大、经济发展潜力前所未有，将开启泛亚和亚欧区域合作的全新时代。中国政府分别投资400亿美元和1000亿美元设立丝路基金，筹建亚洲基础设施投资银行，为沿线国家的基础设施建设提供直接资金支持，积极推进"一带一路"战略构想。亚投行作为发展中国家首次尝试引领的一个国际性金融机构，在世界范围内反响热烈。根据财政部消息，截至2015年4月15日亚投行已有57个意向创始成员国，包括37个域内国家和20个域外国家，涵盖亚洲、大洋洲、欧洲、拉丁美洲、非洲五大洲。[2]亚投行的成立不仅将推动人民币的国际化进程，促进亚太地区金融贸易合作，而且将直接挑战二战后以美元为中心的布雷顿森林货币体系。

这一创新构想旨在令沿线广大发展中国家在合作共赢理念的指导下通过资源互补、经贸合作、共同发展等方式推动亚洲区域经济一体化，改变以美国为主的西方国家在当前世界经济体系中的主导地位，而经济力量的变化必将带来国际话语权的转换甚至世界秩序的重构。因此，国外专家普遍质疑中国政府此举背后的地缘政治目的和外交需要。

"一带一路"倡议以"和平合作、开放包容、互学互鉴、互利共赢"[3]为核心的理念，是中国古代以"互惠贸易"为主的朝贡体系和现代社会"去中心化"的互联网思维的有机结合。倡议以经贸合作为基础，将基础设施互联互通作为建设的优先领域，契合沿线国家共

---

[1] 高虎城：《深化经贸合作共创新的辉煌》，《人民日报》2014年7月2日。
[2] 中华人民共和国财政部官网。
[3] 《推动共建丝绸之路经济带和21世纪海上丝绸之路的愿景与行动》，国家发展改革委、外交部、商务部（经国务院授权发布），2015年3月。

同需求。古代丝绸之路首先是通商之路，今天的"一带一路"战略在本质上也是经贸合作计划，所以未来担当重要角色的并非作为国家主体的政府，而是作为社会主体的企业。正如《愿景与行动》中所提出的"坚持市场运作。遵循市场规律和国际通行规则，充分发挥市场在资源配置中的决定性作用和各类企业的主体作用，同时发挥好政府的作用"①。

日本前首相中曾根康弘曾讲过："在国际交往中，索尼是我的左脸，丰田是我的右脸。"可见，在国际事务中企业与所在国家之间的密切关系。按照以往惯例，以 NGO 和企业等非政府组织主导的公共传播、公共外交更容易得到国际社会的普遍认同。全球化时代下，企业已真正成为国家软实力的推动者和国家形象的建构者。因此，"一带一路"战略对中国企业品牌的国际形象建设和海外传播提出全新挑战。下文试图从企业品牌与国家形象之间的关系、目前中国企业品牌国际形象传播过程中存在的问题以及"一带一路"战略下中国企业需如何应对三个方面逐一探讨。

一 企业品牌形象与国家形象

品牌（Brand）的概念由奥美创始人、广告大师大卫·奥格威于20世纪50年代首次提出，"品牌是一种错综复杂的象征——它是产品属性、名称、包装、价格、历史、声誉、广告方式的无形总和，品牌同时也因消费者对其使用的印象以及自身的经验而有所界定"②。这是一个从品牌的信息整合功能角度出发的相对比较完整的综合概念，其他主流概念包括以美国市场营销协会（AMA）为代表的从品

---

① 《推动共建丝绸之路经济带和21世纪海上丝绸之路的愿景与行动》，国家发展改革委、外交部、商务部（经国务院授权发布），2015年3月。
② 舒咏平编著《品牌传播教程》，北京师范大学出版社，2013，第2页。

牌的视觉表现和识别功能角度出发的"符号说"定义，以汤姆·邓肯等人为代表的强调品牌与消费者之间沟通和互动的"关系说"定义——"真正的品牌存在于关系利益人的想法和内心中"和从品牌在市场运营中的作用和经济学价值角度出发的"资源说"定义等。①

从属性的角度来看，品牌可以分为产品品牌、企业品牌和组织品牌。②"企业品牌指为受众广为知晓与接受的企业名称"③，通常与企业自身的知名度、美誉度密切相关。

美国著名品牌研究专家 Kevin L. Keller 提出品牌资产净值（brand equity）概念，从消费者对品牌的心理反应去衡量品牌的价值，认为品牌资产价值主要包括品牌知晓和品牌形象两个要素。品牌形象是指透过品牌而联想到所有的事物组合出一些有意义的印象。④

综上，本文所探讨的企业品牌形象是指公众通过不同渠道的信息获取和自身经验对企业所形成的总体评价和印象，相应地，企业品牌国际形象则是指国际社会公众对企业的认知，这包括企业在世界各地的声誉、大众传媒中的形象以及在全球消费者心目中的印象。

国家形象则是一个相对宽泛而模糊的概念。较早对此进行研究的是美国制度经济学家 K. E. Boulding，他从哲学层面提出一个比较负面的定义："事实上，国家形象基本上是一个谎言，或者至少是从某种程度上歪曲事实，以便于为野蛮和罪恶辩护。"⑤ Boulding 在其论文中探讨了国家形象与国际体系之间的关系，他的定义主要强调国家形象是主观形象（image）而非客观事实（truth），因此，国家形象会受到许多因素的影响且可以被人为塑造。大量西方学者随后从心理学层

---

① 余明阳、杨芳平编著《品牌学教程》，复旦大学出版社，2005，第1~5页。
② 余明阳、杨芳平编著《品牌学教程》，复旦大学出版社，2005，第13页。
③ 舒咏平编著《品牌传播教程》，北京师范大学出版社，2013，第24页。
④ 济康：《品牌原动力》，珠海出版社，2006，第33~37页。
⑤ K. E. Boulding, National images and international systems, Journal of Conflict Resolution, 1959; 3; p. 122.

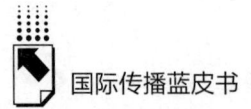

面研究国家形象的内涵,认为它是一个"概念体系",也有学者从政治学、市场营销、旅游业等不同维度对这一概念进行界定。①

20世纪90年代以来,我国学者主要从传播学、国际关系等角度讨论国家形象,提出的概念相对中立和综合。比较权威的定义是管文虎教授等认为:"国家形象是一个综合体,它是国家的外部公众和内部公众对国家本身、国家行为、国家的各项活动及其成果所给予的总的评价和认定。国家形象具有极大的影响力、凝聚力,是一个国家的整体实力的体现。"②而本文更希望从国际公众对国家的总体评价和舆论导向等方面来探讨国家形象,故采用两位本校学者的观点,杨伟芬教授认为国家形象是"国际社会公众对一国相对稳定的总体评价"③,李寿源教授认为国家形象是"一个主权国家和民族在世界舞台上所展示的形状相貌及国际环境中的舆论反映"④。

伴随国际贸易的发展和经济全球化,许多学者开始探讨企业形象与国家形象之间的关联性。1965年Schooler R. D. 等西方学者开始对"品牌来源国效应"(country of origin)进行大量实证研究,发现正面的国家形象有利于消费者对来自该国家的企业或产品做出有利的评价,而负面的国家形象则对消费者的产品评价产生不利影响。⑤近年来的研究则更多注意到企业对国家形象的影响和反作用,认为企业在一定程度上(主要从国际知名度和市场认可度两个层面)可以塑造

---

① 刘朋:《国家形象的概念:构成、分歧与区隔》,《2008第六届亚洲传媒论坛——国家形象传播论文集》。
② 管文虎主编《国家形象论》,成都科技大学出版社,2000,第23页。
③ 杨伟芬主编《渗透与互动——广播电视与国际关系》,北京广播学院出版社,2000,第25页。
④ 李寿源主编《国际关系与中国外交——大众传播的独特风景线》,北京广播学院出版社,1999,第305页。
⑤ Bilkey, W. J., Nes, E., Country-of-Origin Effects on Product Evaluations, Journal of International Business Studies, 1982, 13: 88 – 89.

所在国家的国际形象。① 美国知名投资顾问乔尔·巴克勒在《人民日报》刊文写道:"全球品牌是一个产品的无形资产,是一个企业走向世界的通行证,也是一个国家展示自己形象的名片——实践证明,很多国家的国际形象正是通过其声名远播的产品而得到大幅提升。"②

二 中国企业品牌国际形象传播的问题

改革开放以来中国产品走出国门畅销全球,"中国制造"一度被贴上"质劣价廉"的标签,价格优势成为国外消费者选择中国产品的主要原因,这样的品牌形象使中国企业在国际上毫无美誉度、消费者忠诚度和影响力可言。中国加入 WTO 之后与世界经济联系更加紧密,许多中国企业纷纷加速国际化进程,联想收购 IBM、吉利收购沃尔沃等类似的商业行为却给国际社会留下中国企业"土豪"的印象,因此至今我们依然缺乏真正具有国际影响力的企业来代表中国国家形象,帮助政府履行公共外交职能。

美国《财富》杂志2014年7月发布的世界500强企业排行榜中,中石化取代埃克森美孚排名第三,上榜的中国企业达到100家之多。③《福布斯》杂志2014年5月发布的全球最大上市公司百强名单中,中国工商银行、中国建设银行和中国农业银行位列前三名,前十名中中美企业平分秋色,各占半数;④但同年11月《福布斯》统计的世界最具品牌价值公司百强名单中却无一中国企业上榜。⑤ 国际著

---

① Carmen Lopez, Manto Gotsi, Constantine Andriopoulos, Conceptualising the influence of corporate image on country image, European Journal of Marketing. Vol. 45 No. 11/12, 2011pp. 1601 - 1641.
② 乔尔·巴克勒:《中国品牌塑造国家新形象》,《人民日报》2015年4月3日。
③ 财富中文网, http://www.fortunechina.com/fortune500/c/2014 - 07 - 07/content_ 212535. htm。
④ Forbes 官方网站, http://www.forbes.com/global2000/list/。
⑤ Forbes 官方网站, http://www.forbes.com/powerful - brands/list/。

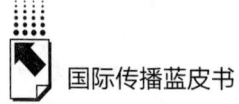

名品牌价值评估机构 Brand Finance 发布的 2015 年度全球最具品牌价值公司百强名单中仅有 10 家中国企业,[①] 世界品牌实验室（World Brand Lab）2014 年发布的世界品牌 500 强企业名单中也仅有 29 个中国内地品牌入选。[②] 根据国际货币基金组织 2014 年发布的最新报告，中国再次超越美国成为世界第一大经济体,[③] 而鲜有具备品牌价值和国际影响力的本土企业与世界第一大经济体的国际地位形成强烈反差。

造成目前中国企业普遍缺乏品牌价值、国际形象差的原因是多方面的。首先，从品牌形象传播理念来谈，大部分中国企业由于在国际市场上的发展周期较短，轻视产品研发或服务推广等基本问题，普遍缺乏品牌建设意识和相关经验，对企业品牌形象在国际竞争中重要性的认识尚不充分。早期"走出去"的大型企业又以国企居多，"共和国的长子"因巨额资本和政府支持成长迅速，在商业操作中经常忽略其自身企业本质，而以国家机关自居，不屑同媒体打交道，也不擅在国际社会上"讲企业自己的故事"，对外传播时生硬刻板地输出本土价值，不考虑其他国家的接受程度，品牌形象本就不容乐观。另外，由于国企的高管由政府直接任命，国外商界和媒体普遍认为，中国国企的商业决策经常会受到政治因素的左右，而非经济利益的需求，这对于企业品牌的国际形象塑造来说更是巨大障碍。可以说，态度上的轻视和错误的"强推"本土价值理念是造成目前困境的根本原因。

其次，就传播对象而言，中国企业过度重视欧美等发达国家，"当前，我国企业品牌的国际传播主要还是集中在欧美等和我国贸易量比较高的发达国家和地区。企业界流传着一种概念：只要你的产品

[①] Brand Finance 官方网站，http://brandirectory.com/league_tables/table/global-500-2015。
[②] 世界品牌实验室官网，http://www.worldbrandlab.com/world/2014/。
[③] 《IMF：中国超越美国成为世界第一大经济体》，《环球网》2014 年 12 月 8 日。

能够成功地打入美国市场，那么再要开拓其他市场便轻而易举"①。这与改革开放前30年我国企业主要依靠大量出口、巨额顺差的盈利模式有关。然而，这种重视并未收到良好效果，根据中国外文局和国际领先的市场调研机构Millward Brown共同发布的2014年《中国企业海外形象调查报告》，在亚太地区与中国贸易来往较多的5个国家中，同属发达国家行列的美国和韩国民众对中国企业形象的评分最低；美国民众对中国企业了解程度最低，仅为4.9%；且有约30%的美国民众表示并不了解中国经济目前发展状况和未来发展趋势，对中国经济形象持相对保守态度。②

最后，就传播方式而言，中国企业以往在海外市场的传播力度不大，营销投入较少，推广方式主要以单一的广告投放为主，缺乏与媒体和消费者互动的公关等其他方式。国内外语言文化的差异导致中国企业缺乏信心而忽略与海外媒体的沟通，信息匮乏是中国企业国际知名度低的重要原因之一。2014年《中国企业海外形象调查报告》指出，有28%的海外民众认为中国企业宣传活动少、知名度低。③

三 "一带一路"战略下中国企业品牌国际形象传播

根据前文梳理出的问题，今后中国企业需要从这三方面进行相应调整，塑造良好的品牌国际形象传播全球，以适应"一带一路"战略的发展要求。

首先，传播理念方面，从"强推"本土价值转向"巧推"共同价值。互联网的普及加速了全球范围内信息共享的进程，文化多元性

---

① 丁彬：《中国企业品牌的国际传播研究》，硕士学位论文，暨南大学，2006。
② 《2014亚太版中国企业海外形象调查报告》。
③ 《2014亚太版中国企业海外形象调查报告》。

最大程度得以保留。"在新媒体时代，国际传播呈现出一个最为直接的传播特质，即人类共同的文化认同初步形成，而传统以民族、国家为符号的政治认同开始衰落。"① 因此，企业品牌国际传播时应主动淡化自己的民族身份，采取符合目前多文化生态圈的"全球公民"战略，使用超越民族国界，符合全人类共同认知和基本需求的理念，即"作为文化多元基础的'共同的底线'"②；同时选择符合对方文化习惯的策略进行"软传播"，正如秦晖谈到的"一些基督教学者倡言以孔子说的'己所不欲，勿施于人'为基础，建设'全球基本伦理'"③。"巧推"的方式则体现在国新办副主任崔玉英提出的"中国企业'走出去'更要'融进去'"④，指的是中国企业应考虑到驻与国的文化风俗习惯，实现企业本土化，更好地塑造其海外品牌形象。

总体看来，践行共同价值传播理念较好的多是新兴互联网公司，美国的苹果公司和中国的百度、阿里巴巴、腾讯都是具有较好品牌形象和全球知名度的企业代表，这当然与互联网自身开放、共享的特点有关，但企业对品牌形象的重视亦是重要原因。其他传统行业中也不乏运用共同价值理念塑造品牌国际形象的成功典范。

荷兰皇家壳牌集团是目前世界上第一大石油公司，作为荷兰和英国两总部共同控股的大型跨国企业，公司在品牌形象塑造时并未刻意体现任何国家属性或民族情怀，而是选择从全人类共同关注的且与企业自身经营范围相关的环境能源问题入手。公司官网（www.shell.com）主页左栏的第一部分就是"Environment & Society"，环境与社会板块下内容丰富，主要体现壳牌集团对全球环境的关注和

---

① 谭峰：《"一带一路"话语体系建构的两大转变》，人民论坛网，http://theory.rmlt.com.cn/2015/0130/370502.shtml。
② 秦晖：《共同的底线》，江苏文艺出版社，2012，第III页。
③ 秦晖：《共同的底线》，江苏文艺出版社，2012，第IV页。
④ 《聚焦：中国制造"走出去"需注重形象塑造》，《国际在线》2014年10月16日。

社会责任的承担。这部分的主要内容包括:为了满足明天的能源需求,壳牌集团致力于对今天负责……我们通过可持续发展的方式运营着一个安全、高效、负责、盈利的企业,同时与我们运营的地区分享利益,我们通过低碳技术投资和合作互助,帮助打造一个可持续化程度更高的未来的能源行业。这一板块下更以图文并茂的形式强化企业对负责二字的认识,主要阐明负责任意味着发布报告、合理使用水资源、增强意识和支持他人。由此,一个信息公开、环境友好、合作互助的品牌形象得以建立。另外,官网上关于企业核心价值观的介绍仅有简单的一句话:诚实、正直、尊重所有人和我们所做的每一件事。这同样是任何文化或种族背景的人们都无可争议的道德准则。可见,无论是所关注的问题还是企业的核心价值观,壳牌集团选择的都是放诸四海皆准的、超越民族国界的"共同价值"理念。合适的传播理念帮助壳牌塑造了良好的品牌形象,使集团在全球超过130个国家成功投资。

其次,传播对象方面,从发达国家转向我们已经具备品牌传播优势和市场发展潜力的"一带一路"沿线国家。转变传播对象的主要原因有两点,其一是在这些国家中,中国企业已经拥有相对较好的国际品牌形象和较高的民众认可程度,从历史优势入手更容易取得显著效果。2014年《中国企业海外形象调查报告》的数据表明,马来西亚、墨西哥和俄罗斯等发展中国家相对于美韩等发达国家而言有更多民众曾经购买或使用过中国产品,在这些民众中更有高达89%的人表示会考虑继续购买中国产品;三国有高达90%的民众对中国目前和未来的经济发展持乐观态度;这三个国家的民众对中国企业形象的评价相对较高,达到3分以上(5分为满分),高于中国企业海外形象的平均得分2.93分。①

其二是我国与这些国家的合作基础较好,市场潜力更大。"目前,

---

① 《2014亚太版中国企业海外形象调查报告》。

我国是不少沿线国家的最大贸易伙伴、最大出口市场和主要投资来源地。过去10年，我国与沿线国家贸易额年均增长19%，对沿线国家直接投资年均增长46%，均明显高于同期我国对外贸易、对外直接投资总体年均增速。2013年，我国与沿线国家贸易占我国对外贸易总额的1/4，对沿线国家直接投资占我国对外直接投资总额的16%，在沿线国家承包工程营业额占我国对外承包工程总额的一半。"[1]

需要特别强调的是，"'一带一路'沿线各国文化各异，民族宗教复杂，经济发展水平差异显著，各国人民利益诉求不一，要针对千差万别的情况，做深入细致的舆论工作，争取民心"[2]。因此，"走出去"的中国企业需要综合考虑沿线65个国家的国情背景、文化习俗、宗教信仰等多方面因素，在尊重东道国法律和风俗的基础上进行企业品牌形象推广，与沿线各国实现长远合作，互利共赢。另外，与以往中国企业海外推广品牌形象以输出商品、增加销量为主要目的不同，未来中国企业在"一带一路"沿线国家主要以投资共建为主，这就要求企业在盈利的同时，树立为对方服务的意识，主动承担更多的社会责任，包括对当地环境和劳工权益的保护，积极参与公益事业有所回馈，与其他非政府组织合作等。"商务部提供的涵盖165个国家和地区的《对外投资合作国别（地区）指南》就专门设有有关社会责任的内容，对各国社会责任的具体要求予以说明。"[3] 关注各方利益将帮助中国企业赢得社会美誉，全面提高品牌国际形象。

最后，传播方式方面，从单一的传统广告方式转为互联网思维下的新媒体传播方式。2014年《中国企业海外形象调查报告》指出，互联网已成为海外民众了解中国企业的第一大渠道，在五个亚太地区

---

[1] 高虎城：《深化经贸合作共创新的辉煌》，《人民日报》2014年7月2日。
[2] 蒋希蘅、程国强：《国内外专家关于"一带一路"建设的看法和建议综述》，《中国经济时报》2014年8月21日。
[3] 周密：《探索中西文化融合塑造企业国际形象》，《对外传播》2014年第5期。

国家中，除俄罗斯外，互联网均为接触率排名第一的渠道，平均有60%的民众通过互联网了解中国企业，其中比例最高的马来西亚为75%，而比例最低的俄罗斯也达到了43%。[①] 互联网时代来临后，新媒体已成为全球范围内人们获取信息资源的最常用平台。因此，中国企业进行国际品牌传播时必须重视新媒体平台，根据这一平台碎片化、视频化等主要特点，"走出去"的中国企业可以考虑委托专业新媒体公关机构进行整合营销理念下的网络宣传，例如完善企业官方网站的信息、加大网络广告投放力度、制作能够代表企业文化与核心价值的短视频投放互联网、在增加视频内容故事性和趣味性的基础上突出企业品牌形象，等等。

同时，企业也不能忽视社交媒体这一新兴平台，信息爆炸造成今天"酒香也怕巷子深"的时代背景，所以沟通对企业的营销活动和品牌形象传播更加重要。中国企业可以考虑在"一带一路"沿线各国民众使用较多的社交网络上开通企业公共账号，与网民及时分享信息，通过互动建立传播圈，以增强民众对企业品牌形象的认知和了解。另外，由于本地媒体更符合对象国民众的认知习惯，传播效果更好，企业应积极与当地媒体建立有效沟通机制，避免误会，借此提高企业本土化程度，寻求长远发展。

四 结语

本文通过梳理目前中国企业品牌国际形象传播过程中存在的问题，从理念、对象、方式三个角度探讨了在"一带一路"全新战略语境下，中国企业应如何转换思路，传播品牌国际形象。总体而言，传播理念的改变是重点，对象、方式次之，也有待进一步研究。

[①] 《2014亚太版中国企业海外形象调查报告》。

B.11
中央企业的国际传播：现状与问题

钟新 黄超*

摘　要： 本文认为中央企业承载着国际传播使命，在国际化的过程中也取得了不少成就，不过目前其（国际传播）存在着三种状态："会做不会说"是长期状态，"敢做不敢说"是突出问题，"学着做学着说"成为新的常态。

关键词： 中央企业　走出去　国际传播

随着中国超过日本成为世界第二大经济体，中国在世界政治、经济格局中的地位牵一发而动全身。然而，中国在政治、经济领域的大国地位，并没有为中国赢得相匹配的大国形象。在这个现实面前，我们往往忽略了中央企业在走出国门过程中所承载的国际传播使命及潜力。一方面，中央企业"走出去"时往往面临全球化背景下政治危机、文化冲突、社会责任缺失等影响企业发展、中国形象的挑战；另一方面，中国政府也逐渐意识到国际传播不能只依靠政府"单枪匹马"，还需要"社会各界普遍参与"，尤其是人力财力资源丰富、海外经济网络渐成的中央企业有着得天独厚的优势。对于为外国政府建设基础设施、为外国企业提供工程服务、为外国消费

---

* 钟新，中国人民大学新闻学院教授、博士生导师，国际新闻传播硕士项目负责人，察哈尔学会高级研究员；黄超，中国人民大学新闻学院博士生。

者提供商品的中央企业来说,如何在"走出去"的过程中发挥国际传播效应是中国政府、中央企业以及研究国际传播的学者所不能忽视的重要问题。

一 中央企业"走出去"与国际传播

从20世纪末到21世纪初的这段时间里,经济活动、国际关系、信息传播已经成为联系越来越紧密的三种力量。[①] 而中央企业在"走出去"的过程中,一方面通过跨国经营活动实现自己的经济利益,另一方面也可以通过国际传播活动承担起一定的政治使命。然而,中央企业"走出去"所面临的国际传播环境却较为恶劣。宏观上,已经成为世界第二大经济体的中国在主要发达国家公众眼中的国家形象仍然堪忧。[②] 微观上,制度差异、政治偏见导致的信任鸿沟对中央企业的"走出去"提出了重大挑战,让中央企业的跨国经营雪上加霜。[③]

对此,中国共产党、中国政府围绕中国国际传播能力建设提出了很多建设性的发展目标,也愈加正视我们目前面临的困境。第一,中国国际传播的主体还应该更加多元。在十八届中央政治局第十二次集体学习时,习近平总书记指出:要提高国家文化软实力,就"要加强提炼和阐释,拓展对外传播平台和载体,把当代中国价值观念贯穿于国际交流和传播的方方面面"[④]。我们以往所理解的"对外传播平台和载体"大多集中于以报纸、杂志、广播、电视为主体的大众媒

[①] The U.S. Advisory Commission on Public Diplomacy (1995). Public Diplomacy for the 21st Century. 检索于 http://www.state.gov/pdcommission/reports/176127.htm.

[②] U.S. Public, Experts Differ on China Policies: Public Deeply Concerned about China's Economic Power (2012). 检索于 http://www.pewglobal.org/2012/09/18/u-s-public-experts-differ-on-china-policies.

[③] 林家彬、刘洁、卓杰等:《中央企业走出去发展报告2013》,社会科学文献出版社,2013,第8~10页。

[④] 习近平:《习近平谈治国理政》,外文出版社,第161页。

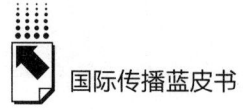

体,把《人民日报》、中央电视台、新华社等具有国际传播实力的中央重点新闻媒体作为传播中国声音的主力军。大量财力、物力、人力投入的效果短期内难以有明显体现。第二,中国国际传播能力建设的具体工作还需要不断创新。习近平总书记在全国宣传思想工作会议上表示:①外宣思路要创新,面对世界的新形势、新事物和新变化,要"创新对外宣传方式,着力打造融通中外的新概念新范畴新表述";①②部门协作要创新,搞好宣传工作,还要动员各条战线各个部门一起来做,把宣传思想工作同各个领域的行政管理、行业管理、社会管理更加紧密地结合起来;②③传播方式要创新,要提高对外文化交流水平,完善人文交流机制,创新人文交流方式,综合运用大众传播、群体传播、人际传播等多种传播方式展示中华文化魅力。③第三,中国国际传播能力建设的顶层设计还要加强。习近平认为,我们"还要努力提高国际话语权,加强国际传播能力建设,精心构建对外话语体系,发挥好新兴媒体作用,增强对外话语的创造力、感召力、公信力"④。我们的根本目的在于提高国际话语权、创新对外话语体系,要把传统媒体与新兴媒体结合起来,更要考虑在国际话语权、对外话语体系建构的具体工作中纳入新的有效元素。从习近平总书记的一系列谈话中,我们可以得出以下三个信号:①中国国际传播的行为主体比较单一,还停留在以大众媒体为主的战略实施阶段;②搞好国际传播不能只依靠宣传部门,应当与国际传播有关的文化、商务、外交等各条战线、各个部门联系起来;③中国国际传播能力建设应当融入中国的总体外交和外事工作中,而不是漫无目的地对外发声。2014年,习近平主席在德国科尔伯基金会演讲说:"相互了解、相互理解是促进国

---

① 习近平:《习近平谈治国理政》,外文出版社,第156页。
② 习近平:《习近平谈治国理政》,外文出版社,第156页。
③ 习近平:《习近平谈治国理政》,外文出版社,第161~162页。
④ 习近平:《习近平谈治国理政》,外文出版社,第162页。

家关系发展的基础性工程。"① 可见，中国国际传播的本质还是为了促进中国（人民）与其他国家（人民）之间的了解和理解，是服务于国家关系发展的重要工作。这才是这项工程的发展定位。由此，我们应当考虑把中央企业纳入中国国际传播能力建设的广义范畴之内。

在笔者看来，中央企业的国际传播就是一个（或一组）面向外国公众、体现了国际关系及经济贸易的影响过程，并且产生了跨地理区域、虚拟区域的信息扩散网络的企业传播现象，是经济活动、精神交往以及权力实施交织在一起的传播活动。在内涵方面，中央企业的国际传播在于通过多种方式向外国公众表达本国国情，说明本国政策，解释外国对本国的不解之处，同时在国际交流中了解对方的有关观点。在外延方面，中央企业在"走出去"的过程中，在日常经营管理、品牌及公关活动、企业文化建设、企业社会责任履行、企业领袖言行等方面都与其国际传播活动有着紧密的联系，一定程度上产生了国际传播效应。

二 中央企业积极参与国际传播

在经济全球化的浩浩大势中，中国政府一直积极推动中国的跨国企业走出国门。从体量上看，"走出去"的中国跨国企业以中央企业为主，是中国与世界沟通联系的重要国际传播主体。中央企业在海外发展的过程中除了谋求明确的经济目标，在一定程度上还承担了维护国家利益及非传统安全的战略任务，具有一定的政治效应。中央企业在有意和无意间与外国政府、政党、媒体、企业、非政府组织、公民等国际行为体产生了相互交接的互动关系，深刻影响着外国舆论对中国国情、政策、利益的认识和理解。

---

① 习近平：《习近平谈治国理政》，外文出版社，第264页。

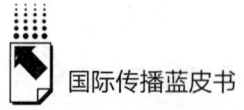

在日常经营方面，2014年5~6月，中国国旅总社在美国承办了完美（中国）有限公司6000名代理商海外研讨会。这次团组规模创下了中美建交以来中国单一团组赴美国旅游规模最大、人数最多的纪录。① 对国旅总社这家中央企业来说，主要做了以下两方面工作：第一，注重跨国文化沟通。不论是在旅游前，还是在美国的旅行途中，国旅总社都对中国游客进行了全方位的培训和劝导，从风土人情到文明行为。这让6000人大团所到之处展现出中国人良好的风貌和素养。第二，精挑细选传播渠道。对"people to people"的国际传播活动来说，选择适合的传播渠道极为重要。如果只是在地广人稀的地方，面对的外国公众较少，很难形成大范围的传播效应。国旅总社选择的各个旅行线路和景点（迪士尼乐园、环球影城、比弗利山庄等），都是极负盛名，又有生活气息的地方。那里外国居民、外国游客众多，是体验、感知、增进了解的绝佳场所。

在品牌传播方面，2014年春节，美国纽约时报广场纳斯达克大屏上，一列中国造CRH380A高铁列车精彩亮相，在这个有"世界十字路口"之称的地方展示中国高端装备的最新形象。该视频由中国南车制作播出，介绍高铁诞生以来，以其快捷、安全、舒适的特性，给人们日常生活带来的巨大变化。2014年春运期间，有36亿人次完成大迁徙，相当于13亿中国人人均出行2.8次，火车依然是人们出行最重要的选择，高铁则是它们的明星代表。② 中国南车作为第一个在纽约时代广场做广告的中央企业，可谓具有开拓精神。在广告片中，除了介绍高铁的性能，尤其是安全性，还展现

---

① 《中国国旅6000人赴美大团创新纪录文明旅游获赞赏》（2014），检索于http://www.citsgroup.com.cn/Html/? A201469105673936766.html。
② 齐中熙、樊曦：《中国高铁亮相纽约时报广场》，检索于http://news.xinhuanet.com/world/2014-02/03/c_119208536.htm。

了中国特色的春运盛况，是一种间接向外国民众讲述中国故事的方式。

在企业文化方面，2014年7月，蓝星集团第25届国际夏令营的22个分营在全国21个城市同时开营，来自全球11个国家950名蓝星外籍员工子女将在20天时间里，开始一段奇妙的夏令营"梦想"之旅。北京第一分营的营员135名，其中有46名是来自法国、澳大利亚、挪威、英国等蓝星海外企业员工子女。[①] 这是中央企业文化建设与国际传播一次成功的结合，而且年年搞，年年有新意。国际传播的发生地不一定非要在外国，只要目标是面向外国公众就可以。在蓝星夏令营中，蓝星集团把外国员工子女邀请到中国来，与中国员工子女进行互动交流。在游玩中，让海外员工子女亲身接触中国人、中国城市和中国的发展。这看似是一个中央企业建设企业文化的个案，实能起到很好的国际传播效应。

在社会责任方面，就目前的具体实践来看，中央企业在海外履行企业社会责任是最直接、最基本的一种可以塑造国家形象的国际传播活动。2014年3月，中国石油技术开发公司（后简称中油技开）针对当地民众展开了主题调研。结果发现：一些民众对管道项目不支持，一个重要原因是对项目造福民生的意义不理解，同时受到一些别有用心的势力的煽动，便对该项目以及中央企业产生误解甚至抵触。"让民众知道真相。干出来同时还要说出去。"这是中油技开坦桑项目部分析调研后得出的结论。中石油坦桑项目在首船钢管发运仪等多个工程时间节点，都举行了庆典活动，不仅邀请坦桑政府各界人士、周边民众出席，还邀请当地相关媒体参加，让民众了解项目的重大意义和中央企业对当地的贡献。统计显示，在坦桑

---

① 蓝星国际夏令营，检索于http：//www.china-bluestar.com/lanxing/zrygh/shzrdt/A040403web_1.htm。

尼亚，包括国家电视台 TBC、独立电视台 ITV、公民报 THECITIZEN、新闻日报 DAILYNEWS、SAFARI 电台等多家媒体进行了正面报道。此外，中油技开坦桑项目建设者还开展了向当地学校捐赠学习用品和捐建教学设施、为饮水困难村庄打水井等多项公益活动，并在古尔邦节、圣诞节、新年等重要节日，开展对管道沿线村民的慰问活动。①中油技开在此次国际传播活动中采取"边干边说"、"干出来就要说出去"的原则，顶住当地公众一开始的质疑之声，全身心地投入与当地民众的交流。首先，通过民间渠道在当地社区与公民展开直接面对面的交流，解释中石油在建工程对当地老百姓的实惠所在，分析了西方媒体对这项工程的不实报道和偏见。其次，准确地选择了当地公众关心的教育、饮水问题，展开了面向青少年及社会弱势群体的公益传播。再次，利用当地重要的节日展开走访和慰问活动，很好地创造了眼球时代的关注度。最后，通过大众媒体积极向公众释放利好信息。

三　中央企业国际传播存在的三种现状

目前，中央企业的国际传播活动与中央企业在海外的跨国经营之间有着一定联系。在改革开放以前，中央企业的海外发展主要是以新中国成立以来对第三世界国家的经济、技术援助为主。20世纪末，中央企业在国家"走出去"战略的大背景下拉开了真正实现海外盈利的大幕。总的来说，中央企业的国际传播存在三种现状：第一是"会做不会说"，第二是"学做学着说"，第三是"敢做不敢说"。那么，什么是"做"，什么是"说"呢？这里的"做"在于中央企业

---

① 李新民：《"边干边说"：中油技开坦桑项目受赞誉》，检索于 http://dz.jjckb.cn/www/pages/webpage2009/html/2014-04/14/content_88962.htm?div=-1。

是如何"跨国经营"的，而这里的"说"则表示中央企业是如何在国际传播中表达自我的。

（一）"会做不会说"是长期状态

中央企业国际传播呈现的运作机制大多还是停留在"老实做事"的层面，往往不懂得去表达自己，让外国公众走近自己。这在新中国成立初期尤为明显，中央企业的跨国经营在一定程度上并不是盈利的，而是"企业爱国主义"的体现。在中国决定援建坦赞铁路时，西方国家不仅怀疑中国的承接能力，而且通过各种负面舆论阻挠中国与非洲国家建立这样的经济关系。以英国《每日电讯报》为代表的外国媒体发表了一系列评论，指责中国的这些做法都是为了向非洲国家的经济领域渗透，企图为自己谋取利益。"中国将派遣成千上万的红卫兵进入非洲"等很多歪曲事实的报道让很多第三世界国家担心中国借由中央企业的经济援助"输出革命"。①虽然，坦赞铁路最终顺利完工为中国发展对非经济合作创造了良好的舆论基础和话语权，中国筑路工人和技术人员以实际行动向世界宣示了由周恩来总理提出的中国政府对外提供经济技术援助的八项原则；但中央企业的国际传播运行还面临着许多问题。比如，毛泽东曾在关于某中央企业外援飞机上喷刷毛主席语录的请示报告上写道："不要那样做，做了效果不好。国家不同，做法也不能一样（一九六八年三月七日）。"②毛泽东在审阅某中央企业援外工程问题的请示报告时，删去其中的一段文字，并批示"这些是强加于人的，不要这样做"③。可见，在针对不同国家、不同意识形态的文化实体时，中央企业还没有掌握国际传播在具体

---

① 文君：《公共外交与人文交流案例：第1辑》，世界知识出版社，第77~87页。
② 刘建明：《马克思主义新闻观经典读本》，清华大学出版社，第227页。
③ 刘建明：《马克思主义新闻观经典读本》，清华大学出版社，第228页。

实践中的技巧，把国内的"宣传思维"带进了对外交往的信息传播过程。这种"会做不会说"的毛病是中央企业国际传播长期以来就存在的状况。

（二）"敢做不敢说"是突出问题

由于中国在世界范围内还没有建立强有力的国际传播体系，加之西方发达国家在国际舆论环境中对中国政治、经济体制的责难，近年来中央企业的国际传播"敢做不敢说"的问题——"生怕说多了出问题，不说还没事情"已经成为中央企业国际传播最突出的问题。诟病最多的就是"走出去"的中央企业在东道国地区四个领域的争议话题，即人权、环保、劳资、雇工。比如，中央企业不少拍脑袋的决策遭到了非洲世界内外观察家的很多批评，而中国对此进行反驳。中国国际问题研究院王莹萍表示："中国国有企业在非洲加工厂或开矿时非常注意保护自然环境。"① 然而，塞拉利昂驻华使馆大使指出："中国中央企业就是来了就蛮干。他们不会举行任何有关环境影响评估、人权、治理的各方面的会议进行沟通。我认为这是不正确的。中国国有企业的成功是因为他们没有较高的商业道德标准。"此外，西方国家开始关注"流氓国家"、"邪恶轴心"、"极端主义"，而中国对此认识则有很大分歧。一位中国驻厄立特里亚的外交官说："没有所谓的流氓国家。中国过去曾被贴上这种标签。其他国家没有资格评说。"② 在实际中，很多中央企业已经能够做到按照东道国的法律法规进行经营治理，也开始学会进行国际公关、品牌建设，尤其是能积极履行企业社会责任。但是，中国人天生内敛、低调的处事风格，往

---

① 国务院国资委宣传局，国务院国资委新闻中心：《国企热点面对面》，中国经济出版社，第946页。
② Ian Taylor. (2006). China's oil diplomacy in Africa. International Affairs, 82 (5), 937 - 959, 945 - 946.

往不愿意"多说什么",也缺乏国际传播的经验。很多中央企业在面对经营危机、政治危机、舆论危机的时候,往往选择保持沉默,"敢做不敢说"。这一点已经让中央企业吃了不少苦头,吸取了教训。2014年,西非国家爆发了埃博拉疫情。在相关国家有经营项目的中水电不仅为当地非洲籍员工讲解各种防范措施,而且积极通过当地的社区媒体疏导项目周围社区居民的心理问题。① 然而,这样的成功、正面的案例还是很少。如果能加强与当地媒体的沟通,将这些行动与举措公布于众,无疑是让国际舆论关于中央企业利益当先、无视人权等论调不攻自破的最佳时机和途径。

(三)"学做学着说"成为新的常态

近年来,中国政府大力推行"走出去"战略,中央企业的国际传播也崭露头角——"学做学着说"成为新的常态:虽然存在的问题很多,但中央企业一直在恪守经营之道的基础上,积极做好国际传播工作。这一时期,中国政府改革外援方式,中国与第三世界国家的合作主体由政府转向企业,对第三世界国家的无私国际援助转变为市场化的企业行为。各种类型的企业,尤其是中央企业,对经济利益的追逐也成为首要目标,从而造成了这些国家和公众的心理落差。② 此外,中央企业的海外发展对西方老牌发达国家来说也是一种威胁。一位中央企业高管表示,确实存在一种现象,西方发达国家跨国公司通过跨国媒体,借助各种负面个案渲染、突出中国中央企业的弊端,从软实力方面削弱中国的竞争力,破坏其在国际社会中的形象。③ 因

---

① 郭佳:《埃博拉危机与中国在非洲的软实力建设》,检索于 http://cpc.people.com.cn/n/2014/1212/c187710-26197548.html。
② 林家彬、刘洁、卓杰等:《中央企业走出去发展报告(2013)》,社会科学文献出版社,第84页。
③ 国务院国资委宣传局、国务院国资委新闻中心:《国企热点面对面》,中国经济出版社,第96页。

此,中央企业也开始主动学着边做边说。原中国石油天然气集团公司总经理蒋洁敏(后任国务院国有资产监督管理委员会主任、党组副书记,并于 2013 年 9 月 1 日因涉嫌严重违纪接受组织调查)每天早上一定要通过媒体简报了解全球、全国、中石油的新闻大事,掌握国际社会中有关中石油、中央企业的舆情与舆论走向。① 中央企业不仅学着说,还在学习人家怎么说,知己知彼方能百战不殆。美国学者凯文·莱恩·凯勒(Kevin LaneKeller)认为,随着人类和商业的流动性逐渐增强,旅游业、文化产业蓬勃发展,省市、地区甚至国家都可以通过广告、邮件和其他传播方式积极向外界推销自己,以提高知名度,塑造品牌形象,从而吸引个人、机构参与到有利于该地区发展中来。② 因此,随着 2008 年北京奥运会、2010 年上海世博会的成功举办,中央企业在奥运上的各类赞助和曝光,也成为中央企业不出国门就可以展开国际传播的重要实践。可见,中国政府、中央企业都在"走出去"的过程中不断摸索国际传播的核心理念与基本方法,但就实践操作来看,还存在不少问题。

---

① 国务院国资委宣传局、国务院国资委新闻中心:《国企热点面对面》,中国经济出版社,第36页。
② 钟新、黄超:《国际体育盛会与国家品牌战略——2012 伦敦奥运会开幕式分析》,《成都体育学院院报》2012 年第 12 期;许静:《论公共外交中的国家品牌化策略传播》,《南京社会科学》2012 年第 9 期。

B.12 中央企业的海外传播

罗霆

摘　要： 中央企业是我国对外开放"走出去"战略的实施主体，加强海外传播是塑造企业形象和国家形象的迫切需要。本文梳理了中央企业海外传播的基本现状和面临的风险与挑战，分析了中央企业在传播观念、传播能力、传播机制上存在的不足，并从国家层面和企业层面，提出了系统的、有针对性的对策建议。

关键词： 中央企业　海外传播　舆论风险

改革开放以来，伴随着经济的快速崛起，中国企业逐步迈上国际化发展道路，成为参与国际市场竞争的重要力量。尤其是进入21世纪以后，在中国加入WTO进程的推动下，"走出去"战略在2001年正式写入国民经济和社会发展"十五"计划。2002年党的十六大报告指出，要"坚持'引进来'和'走出去'相结合，全面提高对外开放水平"。中国企业的国际化进入了快速发展的阶段。2012年党的十八大报告进一步提出要"加快'走出去'步伐，增强企业国际化经营能力，培育一批世界水平的跨国公司。"推动企业"走出去"成为中国新一轮对外开放的重大战略部署。

国有企业是我国国民经济的重要支柱，中央企业是国有企业的主体，在经济运行中发挥着基础性的支撑作用，为发展经济、增强国力

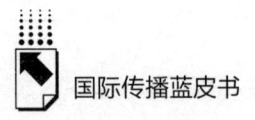

做出了重要贡献，也是我国企业加快实施国际化战略、参与经济全球化的骨干力量和重要依托。2013年以来，随着"一带一路"国家战略从顶层设计走向逐步落实，中央企业的国际化发展也将再次提速。

海外传播与企业的国际化进程相伴同行。随着中央企业国际化的经济规模和影响力不断扩大，东道国和国际社会对我中央企业的关注度日益提高，舆论环境也越来越复杂，舆论风险，海外传播成为中央企业不可忽视的重要工作日程，并日益与"走出去"的各项经营管理工作融为一体。

当前，不同企业的海外传播，同一企业在不同东道国、不同海外项目上的传播状况可谓喜忧参半。"一带一路"的战略给中央企业提供了广阔平台，也让央企面临更多的跨文化冲突，央企面对沿线国家迥然不同的政治形势、经济基础、文化、宗教、媒体、民众素质等，必定要承受包括舆论风险在内的各种考验。从问题导向出发，加强海外传播已经成为中央企业国际化战略的题中应有之义。

一 中央企业加强海外传播的意义

（一）中央企业国际化发展概况

相对其他所有制企业和地方企业而言，中央企业无论从总资产、营业收入还是实现利润等方面，都具备较大的规模体量。大型跨国企业的发展状况是衡量一个国家科技水平、产业实力和国际竞争力的重要因素，决定着一个国家长期持续发展的能力。在当前的全球竞争中，资本向少数大型跨国公司集中的趋势十分明显。国务院国资委将"国际化经营"确定为"十二五"时期推进中央企业改革发展的五大战略之一，明确要求中央企业加快"走出去"步伐，积极开展海外业务，提升国际市场份额，优化产业链和价值链，制定切合实际的国际化经营战略，从根本上提升企业的实力和竞争力，参与更高水平的国际竞争，融入世界经济主流。

"十二五"以来，我国中央企业境外资产总额从2.7万亿元增加到4.9万亿元，年均增长16.4%；营业收入从2.9万亿元增加到4.6万亿元，年均增长12.2%。[①] 截至2014年底，共有107家中央企业在境外设立8515家分支机构。目前，中央企业的境外投资额约占我国非金融类对外直接投资总额的70%，对外承包工程营业额约占我国对外承包工程营业总额的60%，央企在"走出去"中已成为名副其实的国家队和主力军。[②]

此外，中央企业入选《财富》杂志世界500强的数量逐年递增。在2014年世界500强企业名单中，中国上榜企业数量创纪录地达到100家，其中中央企业47家。入围前十名的中央企业有3家，分别是中国石化、中国石油和国家电网。

（二）中央企业加强海外传播的重要意义

中央企业有义务、有责任带头执行国家战略，在"走出去"实施国际化经营中发挥"领头羊"的作用，通过加强海外传播，树立国家和企业的良好形象。

首先，加强中央企业的海外传播工作是企业自身提高国际化经营水平的现实需要。目前，我国企业在国际产业分工体系中大多处于价值链的中低端，缺少国际话语权，全球资源配置和开拓国际市场的能力亟待提高。中央企业作为参与国际竞争的主力军，只有通过增强传播能力，提高品牌的国际知名度和美誉度，努力构建起与经济实力、

[①]《国资委：央企境外资产总额4.9万亿元 营业收入4.6万亿元》，人民网，2015年6月19日。
[②]《前5月我国对外投资增长近五成央企成走出去主力军》，《人民日报》2015年6月19日，第1版。

技术实力相匹配的文化传播软实力，才能带动我国成熟的产品、技术和标准走出国门、走向世界，在更广阔的领域和更高层次与跨国公司开展竞争合作。

其次，加强中央企业的海外传播工作，也是中国国家形象建设的重要组成部分。国家形象关系到其他国家和民族对本国的接受与认同度，影响着一个国家在国际政治经济舞台上的地位。国家形象的塑造并非一朝一夕，也不仅仅是各国政府的职责，需要整合市场和社会领域的各种力量，通过政府外交、国际贸易、境外旅游、对外宣传以及各种跨国文化体育交流活动的方式来实现。伴随着经济全球化的浪潮，跨国企业的经济活动在塑造国家形象中的地位与作用日益凸现。中央企业海外传播更高层面的战略使命，是服务党和国家的对外战略，塑造国家良好形象，维护国家根本利益，传播中华优秀文化，阐释好中国特色，营造于我有利的国际舆论环境。

二 中央企业海外传播面临的舆论环境

（一）中央企业在海外面临的整体舆论环境

从国际舆论整体环境来看，对中国的发展存在着四种基本的论调，分别是中国威胁论、中国责任论、中国机遇论和中国崩溃论。一直以来，机遇论和崩溃论始终是比较边缘化的，占主导地位的是中国威胁论。但是，伴随着中国自身综合国力以及在国际事务中的影响力不断提升，有关中国责任论的话题在国内外持续升温，并很可能成为未来中国将面临的主导性国际舆论环境，这对中央企业的国际化发展势必产生各种直接和间接的影响。

实际上，中央企业所面临的国际环境与过去发达国家全球扩张时期已经发生了巨大的变化。过去发达国家全球扩张曾依靠殖民统治、掠夺资源等各种手段而不受国际社会监督和国际舆论压力，那个时期没有全球可持续发展的呼声和气候变化谈判的压力。我国对外投资是在经济全球化和区域经济一体化的国际大背景下进行，既不可能用发达国家曾采用的方法，又要面对保护生态环境、应对气候变化、企业履行社会责任和国际舆论的巨大压力，特别是对于中央企业海外投资较为集中的能源与矿产资源开发、基础设施建设等领域，这些问题尤为突出。

一个时期以来，世界各国，尤其是发达国家对我国海外投资高度警惕，并散布中国新殖民主义和中国威胁论、中国企业不履行社会责任的负面舆论，试图遏制我国的海外投资和全球化运营战略。有专家学者认为，中国企业海外投资面临的最大挑战并非经营风险，而是政治风险、环境风险和社会风险，而这些风险往往集中表现为舆论风险。尤其对于中央企业，其"体量巨大"、"国资背景"的印象与"中国威胁论"等标签连在一起，对海外传播造成了不利的影响。

同时，由于语言沟通、风俗习惯、宗教信仰、价值观等方面的明显差异，中央企业与当地社会的文化融合过程面临着不同程度的碰撞。另外，中央企业对当地市场的进入，不可避免地打破了原有的利益格局，由此也引发了一系列的利益冲突。

（二）中国企业海外形象调查的主要发现

2014年7~8月，中国外文局中国报道杂志社、中国外文局对外传播研究中心和市场调研机构华通明略共同在亚太地区实施了"中国企业海外形象调查"工作，并发布了《中国企业海外形象调查报告（2014亚太版）》。[①] 这次调查考虑了亚太不同地理区域和经济发展程度，选择了与中国贸易往来较多的美国、韩国、俄罗斯、马来西

---

① 王哲：《独家发布〈中国企业海外形象调查报告〉》，《中国报道》2014年10月号。

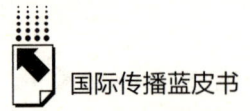

亚、墨西哥等五国。关于中国企业的海外形象，主要有以下发现。

1. 与主要发达国家相比，海外民众对中国企业的整体印象评价仍然偏低

以5分为满分，受访者对世界前五大经济体的企业打分显示，中国企业平均得分为2.93分，而德国企业、日本企业、美国企业和法国企业的得分分别为3.83分、3.64分、3.63分和3.28分。其中，马来西亚、墨西哥和俄罗斯的民众对中国企业评价相对较高，美国与韩国民众的评价较低。

2. 海外民众认可中国企业对当地经济发展的贡献，但同时也认为中国企业带来的机遇与挑战并存

整体来看，有54%的受访者认为中国企业对本国经济做出了一定的贡献，其中将近20%的人认为做出了很大的贡献。马来西亚民众最为认可中国企业，75%的受访者肯定了中国企业对当地经济的促进作用，这一数据在墨西哥和俄罗斯分别为55%和53%，而在美国及韩国只有40%左右。

58%的受访者认为中国企业带来的机遇与挑战比例相当。机遇主要体现在资金投入和就业机会方面，其次是带来先进的技术，创造税收收入；对于挑战，海外民众主要担心的是中国企业会对当地企业造成威胁，有54%的受访者认为中国企业可能会冲击当地企业的生存发展，30%左右的民众认为中国企业可能会掠夺当地资源，打破原有的市场平衡，破坏当地的生态环境。

3. 互联网是海外民众了解中国企业的首要渠道，海外民众认为本国媒体对中国企业的报道较为中肯

在五个调查的国家中，60%的受访者通过互联网了解中国企业，是最主要的信息渠道，其中比例最高的马来西亚为75%，而比例最低的俄罗斯为43%。除了媒体渠道外，和他人交谈、使用中国企业的产品以及工作商务合作也是海外民众了解中国企业的重要方式。

在受访的民众中，21%的人认为本国媒体对中国企业的报道比较正面，40%的人认为关于中国企业的报道正负面基本持平，只有14%的人称中国企业形象比较负面。在对媒体报道的信任度上，56%的人认为本国媒体对中国企业的报道是非常客观或比较客观的。

4. 对于中国企业如何提升海外形象，海外民众给出的建议是融入当地社会，增强社会责任，增强宣传力度

调查发现，受访者认为中国企业在"本土化"、提升企业形象方面主要存在的五大问题分别是：对当地文化、历史、消费者等的了解不够；主动融入当地社会文化的力度不够；吸纳当地员工就业的力度不够；参与社区公益活动的力度不够；企业宣传活动少、知名度低。

以上调查的地域范围虽然仅限于亚太五国，中国企业的范围也涵盖了国企、民企等不同的企业，但其反映的国际舆论环境仍然是具有普遍性的。对于中央企业而言，其国际化经营行为往往被外界质疑为包含国家战略意味，而非纯粹市场行为，甚至被过多地意识形态偏见所掣肘，因而海外传播的任务更加艰巨。

三 中央企业海外传播现状

在中央提出关于提高国际传播力的背景下，国际化经营的中央企业如同中国的一张名片，正在以更加开放包容、文明进步的姿态融入世界，并努力把中国和中国企业真实客观地介绍给世界。

（一）海外传播概况

近年来，中央企业围绕国家对外工作大局和企业的国际化战略使命，积极拓展海外传播媒体和各类公关渠道资源，努力提升企业品牌形象，为企业的国际化发展营造良好的国际舆论环境。

为提高品牌建设水平，培育具有国际竞争力的一流企业，国务院国资委于2013年底印发了《关于加强中央企业品牌建设的指导意见》的通知,要求"拓展品牌营销传播渠道。要抓住各种有利时机,充分利用各种媒体媒介,特别是有效运用新媒体,做好形象公关,讲好自己的故事,广泛传播品牌形象,传递品牌价值。要紧跟市场变化,增强品牌传播的及时性、有效性,凝聚品牌传播的正能量。要通过建立品牌联盟、借助国际媒体资源和主动参与具有全球影响力的活动,提升品牌的全球知名度。在加强品牌本土培育和推广的同时,要根据国外文化习俗、市场竞争状态、消费者习惯及法律法规等特点,开展品牌国际化工作,要自觉遵守当地法律法规,善于融入当地社会,承担相应社会责任,有效提高品牌的知名度和美誉度"。

1. 拓展媒体渠道资源

在中宣部、国新办等国家外宣部门的指导和支持下,与中国外文局、人民日报社、中国日报社、新华社、中央电视台、中国国际广播电台、中国新闻社等中央外宣媒体开展合作,是中央企业开展海外传播的重要媒体渠道。中央企业积极利用中央外宣媒体政治优势、不断拓展的覆盖渠道和影响力,对企业的发展理念、海外投资项目的情况、履行社会责任的各种活动进行报道,回应国际舆论中的各种误解和质疑,为企业"走出去"创造良好的国际环境和舆论氛围。

同时,中央企业从自身的特点和需求出发,推出各种形式的自办媒体,并且根据传播效果,调整优化传播内容。针对越来越多的集团企业借用电商平台及网站走向海外市场,中国化工集团开展了网站群和英文网站建设回头看工作,中国化工集团及时总结经验,查找不足,制定了集团公司网站群管理办法。2015年以Newsletter改版为契机,中国化工集团对Newsletter和Bluestar Communication两份英文通讯进行差异化定位,前者以传播中国形象和集团声音为主,后者以企业文化和互动交流为主。由集团企划部负责的Newsletter设置"美丽中国"、"封面文章"、"社会责任"、"人物与团队"等栏目,拓展报道层面,丰富报道内容。

伴随着新媒体传播渠道的兴起,跨国企业传播和营销的重心开始向互联网和新媒体转移,SEO(搜索引擎优化)、SEM(搜索引擎营销)、社交媒体、内容营销、活动流(Activity Stream)、F – Commerce(基于 Facebook 的商业)等成了热门话题。中国石化等企业计划在 2015 年推出 Twitter、Facebook 账号,将社交媒体作为海外宣传阵地,配合公司品牌形象的海外传播,策划主题活动,主动回应负面舆情,消除海外对中国企业的不良印象,树立公司品牌开明务实风范。

2. 建立公关交流平台

根据不同的传播目标建立公关交流平台,是提高中央企业海外传播针对性、提升企业美誉度的必要手段,具体的方式包括选择主办或者参加具有影响力的行业性和综合性国际会议、展览,增加品牌曝光度;利用好国际体育赛事机会,充分使用合作权益,提高知名度;结合海外业务,主动策划海外社会责任、跨文化交流方面的活动;等等。

中国南车集团公司紧密围绕跨行业发展和国际化经营两条战略发展主线,做好展会策划,发挥好展会的传播平台和商业平台作用。针对主攻产业和主攻市场,中国南车制订并落实 2015 年海内外展览展会参展计划。国内重点做好北京城轨展、上海城轨展,海外重点做好米兰世博会、巴西、印度、南非和澳大利亚等主攻区域展览。中国南车总结推广 2014 年柏林展成功经验,创新参展形式,策划参展主题,通过论坛发言、客户访问、新闻发布、产品发布、媒体传播等配套活动,充分与市场联动,扩大参展效果,提高参展水平。

三峡集团在 2014 年举办了"世界儿童眼中的三峡集团清洁能源"画展。活动共收到 13 个具有代表性的水电项目部收集的百余幅儿童绘画作品,不仅展现了中国三峡集团在海外业务上取得的成绩,也突出了集团公司的品牌实力,提升了集团的国际影响力;同时,活动也进一步促进了项目公司更好地融入当地,加深了中国同项目所在国的友谊。2015年,集团全力筹备世界水电大会,通过大会在中国的举办,提升我国在国际水电领域的影响力,促进清洁能源合作,为中国水电走出去营造良好条件。

同时,三峡集团在海外重要活动中注重与国际组织和东道国非政府组织(NGO)的互动,增加互信、增进感情,传播三峡集团开放自信、重视环保、积极履行社会责任的国际形象。在对缅甸宣传中,三峡集团通过掌握的NGO网络渠道,收集整理了缅甸有影响力的NGO情况,对三峡集团孟东项目如何更好地应对NGO的质疑、更好地融入当地社会提出建议并形成调研报告,为集团领导的决策提供了重要的参考。

3. 重要时机借机造势

在海外传播活动中,善于抓住机遇,顺势而为,借机造势,往往能够取得事半功倍的传播效果。

2014年1月,中国北车股份有限公司公告H股上市计划获国资委原则性同意,引发了海内外资本市场的广泛关注。为配合H股上市,中国北车开展了一系列有针对性的宣传,聚焦企业"以轨道交通装备为核心、跨国经营、全球领先的高端装备系统解决方案供应商"这一主题,以企业改革发展为主线,全面推进对外新闻宣传。一是面向资本市场做宣传,抓住股份公司收入迈上新台阶、轨道交通装备市场订单饱满、高附加值核心技术效益明显、企业核心竞争力突出等展开新闻宣传,引导市场确立对企业改革发展的良好预期。二是紧扣铁路市场做宣传。持续聚焦中国北车铁路市场产品优异表现,介绍企业严格规范的质量控制体系和细心周到的售后服务,努力在铁路用户心中树立口碑。三是面向重点区域和城市做宣传,不仅要聚焦城市轨道交通产业这一重点,持续推介中国北车城轨产品安全、舒适、先进、适用、环保的特性,更要进一步宣传企业致力于产融结合,实现产业链合作、提供系统解决方案的能力。四是要面向海外做宣传，积极关注企业海外市场的表现，着力拓展与海外主流媒体直接联系的渠道，抓住中国北车产品服务巴西世界杯、进入美国，以及李克强总理访问非洲推行"高铁外交"等新闻热点，全方位开展海外宣传报道，提升企业国际知名度，为"高铁走出去"增色。中国北车的宣传片完成了六种语言版本的制作，同时还制作了中国北车手机版和IPAD版电视宣传片文件，提供给公司总部各部门和所属企业，方便其对外交往中使用。

4. 企业社会责任的海外传播

2008年，国务院国资委发布了《关于中央企业履行社会责任的指导意见》，正式将履行社会责任纳入中央企业的日常工作范畴。在国际化经营的过程中，中央企业也日益重视在海外践行企业社会责任。例如，中石油2011年在哈萨克斯坦项目投入过亿元支持当地公共设施建设和文化教育发展，为当地提供就业岗位3.1万个。该项目在保持良好经营业绩的同时，企业积极履行社会责任，与哈国政府、社会团体及社区建立了良好的关系，先后获得哈国"可持续发展企业"奖和"企业社会贡献总统金奖"，被称赞为"中哈油所合作的成功典范"。

截至2012年底，所有中央企业都发布了社会责任报告或可持续发展报告，越来越多的企业通过发布地区社会责任报告或海外专题，与东道国当地社区积极沟通。从报告语言看，国家电网、中国建筑股份、中钢集团等80余家企业发布了多语种报告；从报告内容看，中石化、中国五矿、中国电科等企业发布了海外社会责任报告或设置海外专题，供国内外相关方了解其海外业务；从报告参考标准看，除了日益重视参考全球报告倡议组织的《可持续发展指南》外，国内领先企业也越来越重视与一流跨国企业报告的对标分析，以推动自身社会责任管理水平和信息披露质量的提升。

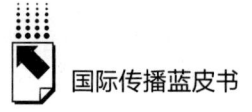

（二）海外传播案例分析

近年来，中央企业的海外传播实践中产生了一些比较有代表性的案例，这些案例值得其他企业了解借鉴，并从中吸取经验和教训。

1.《感知中国企业》形象片在纽约时代广场等地播出

2014年9月29日起，《感知中国企业》形象片在英国伦敦希思罗机场、法国巴黎戴高乐机场、德国法兰克福机场、美国旧金山机场等多家欧美机场，以及被誉为"世界十字路口"的纽约时代广场等地播出，每天180次，为期一个月。这是国务院国资委新闻中心制作的中国国企形象片首次在海外播出，是展示中国国企集体形象的一次尝试。形象片以"感知中国企业"为主题，片名用"感知"二字，是为了更贴近片子意图，一个在海外公共场所播出的短片，主要目的是让受众感性地了解中国企业的能力与贡献。①

形象片确定了"中国速度、中国品质、中国创造"三个关键词，为海外民众提供了观察中国企业的三个维度。形象片中最终选择的形象包括高铁代表的速度、桥梁代表品质、特高压电网代表的创造，具体内容为中国南车集团和中国北车集团研制的世界最快动车组，中国交通集团承建的东南亚地区最大的桥梁工程——马来西亚槟城二桥，国家电网公司建设的世界运营里程最长的特高压电网。

新华社国内部编委李斌表示："央企'亮相'纽约时代广场，在展示中国发展一面的同时，也展示和世界共享发展的一面。"2014年10月8日，新华社以《中国国企形象片亮相纽约时代广场》为题报道此事，报道中提到，此番国企形象片一经播出，即引起关注。一位美国观众说："我个人觉得这部短片让我对中国制造有了一个全新的认识，中国真的已经成为世界级的工业大国，这三十秒的短片是对

---

① 本案例资料由国资委新闻中心提供。

此完美的诠释。"

广东省社科院国有资产监督管理研究中心主任梁军说："《感知中国企业》的拍摄与传播策略，表达了大国崛起的自信，也体现东方文明的智慧。除了文化输出以外，敢于表达，善于表达，也是非常重要的一环。唯唯诺诺的民族永远不会成为世界的焦点。中国企业要走出去，中国产品要走出去，是时候向全世界展示中国力量、中国文化了。《感知中国企业》以国企为表达主体，以高铁、路桥建设等具有世界竞争力的产品和技术为表达诉求，并且是在纽约时代广场等全球瞩目之地亮相，高举高打，中心开花，其传播效果非同小可。"

2. 中国北车"开往世界杯的中国地铁"品牌传播活动

2014年6～7月，第二十届足球世界杯在巴西举行，国际国内众多品牌都希望搭乘这一顶级赛事开展品牌推广和营销活动。中国北方机车车辆工业集团公司所属的长客股份公司为巴西里约热内卢提供的电动车组和地铁列车，承担了里约热内卢80%以上的城市轨道交通运营任务，连接始建于1858年的中央车站，并抵达世界杯决赛场地、世界著名的球场马拉卡纳体育场。这是中国高端装备首次服务世界杯，中国北车以这一重大赛事为契机，策划了系列品牌传播活动。[①]

中国北车在各种传统媒体和新媒体当中持续不断地立体呈现"开往世界杯的中国地铁"和中国北车品牌形象，向公众和投资者展现中国北车在国际高端装备制造领域的能力和风采。2014年6月11日，中国北车组织德国世界报、香港凤凰卫视、台湾东森电视台、韩国中华TV、中国国际广播电台、新华社对外部等中外媒体组成联合采访团，深入长客股份公司探寻中国地铁踢进"世界杯"背后的故事。在此后的两周内，有关中国地铁服务世界杯的报道在国际上得到传播，并获得了良好评价。

---

① 本案例资料由国资委新闻中心提供。

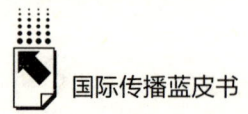

中国北车在世界杯期间的强力推广也直接引发了巴西媒体的注意,巴西媒体于2014年9月主动组团前往中国北车,报道中国高铁和中国地铁的生产制造情况,探访世界杯地铁是如何制造出来的。中国地铁在世界杯期间赢得的国际口碑进一步扩散至其他国家和地区,有效地推动了中国北车出口业务的增长。2014年中国北车出口签约额比上一年增长73.5%,在美国、阿根廷、泰国等地区的市场上取得了空前突破。

3. 中电投缅甸密松水电站建设中的舆论危机

密松水电站是中国电力投资集团与缅甸第一电力部及缅甸亚洲世界公司共同投资开发,在缅甸的"母亲河"——伊洛瓦底江上游干流流域投资兴建的7个梯级电站中的第一座。该电站总投资约36亿美元,采取BOT(建设—经营—转让)的方式建设,建成后由中电投负责运营50年,然后再将经营权转交给缅甸政府。

2011年9月,缅甸政府在事先未与中国政府和中电投进行沟通的情况下,突然单方面宣布搁置水电站的建设。这一举动在中缅两国国内引起很大轰动,两国关系也因此蒙上了阴影。导致这一事件发生的原因是比较复杂的,既有国际因素的影响,也与缅甸国内复杂的政治因素有关。从传播和公共关系的角度来看,主要有以下几个方面。[①]

第一,没有向公众及时公布环境评估报告。中电投在2009年就组织中缅专家对密松水电站建设项目进行了环境评估并出台了环评报告书,但并没有将环评报告的内容公布。后来该报告被泄露,缅甸的反坝人士依据被泄露的报告内容,认为大坝的修建将会带来严重的生态破坏。

---

① 张伊川:《大型国有企业在缅投资面临的公共关系问题研究》,《法制与社会》2012年10月(中)。

第二，对大坝修建将给缅甸带来的收益宣传不够。缅甸人普遍对水电站的利益分配有疑虑。根据协议，在中电投的特许经营期间，90%的电力将输往中国，缅甸政府将通过股权分利、税收和免费电量等方式获利，但在定价和财务方面，没有很清楚地向公众进行说明。密松大坝被认为是一个只是中国受益的项目，其建设和生产都只会让中国公司和消费者得到好处。

第三，与地方势力的关系处理不当。在缅甸国内，政府军与克钦独立军的冲突一直存在，中电投在大坝建造初期就对坝址附近的克钦势力关注甚少，尽管克钦独立军提出了利益分配的要求，但是中电投认为已经与缅甸主权政府签订了协议，无须再与克钦独立军进行谈判。对这一矛盾的忽视导致了企业巨大的损失。

第四，与非政府组织的关系处理不当。有关资料显示，2003年以来，以联合国或国际人道主义援助机构的名义在缅甸开展工作的非政府组织日益活跃。他们的经费大部分来源于美国或其盟友的援助，在日常工作中为当地民众提供医疗卫生、文化教育和日常生活等方面的援助，取得了民众的信任与支持。这些国际非政府组织与缅甸本土的非政府组织有着密切联系，在缅甸宣传西方思想，宣扬修建密松水电站有百害而无一利的言论，使公众对电站的修建产生了严重的负面情绪。"维基解密"曝光的部分资料显示，美国政府暗中支持部分非政府组织在缅甸国内实施"反对密松水电站建设"行动计划。中国企业在事件的传播过程中一直处于被动局面，被批评为只注重走上层路线，没有充分团结缅甸的非政府组织、民主自由人士、知识分子和广大民众，因而造成了民众很深的误解。

四 中央企业海外传播存在的不足

经过改革开放三十多年来的发展，中央企业的海外传播逐步从自发、随机的状态向自觉、主动转变。但是从整体上看，海外传播仍然处于初级阶段，传播策略水平参差不齐，传播效果也不尽理想，尤其缺乏传播战略的指引。如何针对国际舆论的现状和东道国的政治制度、文化习俗、市场状态和法律法规等环境特点，更好地融入当地社会，讲好央企故事、传播好央企声音，仍然面临着来自各方的压力和挑战。

（一）海外传播的思想观念有待提高

目前，我国的中央企业大多数在能源、资源、交通等关系国计民生的重大基础设施领域布局，其行业特点决定了较少直接面对广大消费者，较少出现在公众视线中，具有一定的神秘感，缺少足够的透明度。企业缺乏与媒体沟通的主动性和传播自身的能动性，相关领导对海外传播的认识不足，以其固有的思维处理企业发生的各种突发事件，对企业的海外传播产生了一定的阻碍。

近年来，中央企业海外投资在矿产开发、房地产开发、水电站建设、交通设施建设等领域面临日益严峻的政治、环境与舆论风险的挑战，主要表现在中国企业习惯于走上层路线，缺乏与当地居民和社区的沟通交流，在履行企业的环境与社会责任方面受到很多批评；东道国的土地纠纷、拆迁安置等矛盾通过中国投资或建设项目呈现国际化、复杂化趋势，对中国企业构成很大风险。

缅甸密松水电站、莱比塘铜矿、中缅输油管道等一系列事件的出现是这方面问题的集中体现。缅甸舆论认为："中国带来的项目是巨大的，但对环境的破坏也是巨大的；由于中国企业只愿意与拥有实权的缅甸官员沟通，与有特殊背景的缅甸企业合作，很少顾及普通缅甸民众的利益和意愿，结果从中获益的往往只是官员权贵，而留给民众的却是不尽灾难。"①

---

① 《中企缅甸莱比塘铜矿再起纠纷》，《凤凰周刊》2015年第4期。

（二）海外传播的能力水平需要改进

由于行业特性、海外投资区域、具体项目运作等的差异，在海外传播实践中经历各种磨炼和检验的机会也各不相同，不同企业的海外传播能力参差不齐。从整体传播效果来看，当前中央企业的海外传播能力与营造良好国际舆论环境的要求仍有差距。

正如前文引用的《中国企业海外形象调查报告（2014亚太版）》中的相关发现，与主要国际一流跨国企业相比，海外民众对中国企业整体印象评价仍然偏低，对中国企业进入当地产生的影响仍然是喜忧参半，认为"中国企业对当地历史、文化、消费者的了解不够，主动融入当地社会的力度不够，吸纳当地员工就业的力度不够，参与社区公益活动的力度不够，企业宣传活动少、知名度低"的比例仍然较高。

从对企业的调查来看，中国企业在海外传播中融入当地社会方面的能力较差。中国国际贸易促进委员会2012年4月发布的《中国企业海外投资及经营状况调查报告》显示，在海外发展中获得当地政府支持的能力、海外发展中获得当地社会支持的能力、获得当地资源的能力等与投资所在地环境密切相关的能力方面，有近一半的企业认为是自身能力的薄弱环节，而这些都与海外传播能力息息相关。以上调查反映出的普遍性问题，同样也是中央企业存在的不足。

（三）海外传播的保障机制需要完善

海外传播对企业的传播资源和传播能力提出了更高的要求，但是相对国内宣传而言，中央企业的海外传播工作从机构设置、人员配备、经费保障、统筹协调等方面都相对薄弱。

受国务院国资委委托，中国传媒大学媒介与公共事务研究院2013年承担了"中央企业公共关系管理体系研究"课题。课题研究发现，我国中央企业大部分都建立了基本的公共关系组织架构，承担着新闻发布与媒体关系管理、舆情监测与分析研判、危机传播管理、官方网站与社会化媒体平台建设等方面的基本职能。但是由于跨文化传播人才、传播资源的缺乏，公共关系体系的覆盖范围多数仅限于国内，难以承担国际传播的工作任务，海外传播人才培训和培养机制方面存在较大的空白。

五　中央企业加强海外传播的对策建议

海外传播是中国企业国际化发展中的重要一环，更是在国际上塑造国家形象和企业形象的重要方式。提升中央企业的海外传播能力，也需要从国家和企业两个层面采取措施。

（一）国家层面

第一，提升我国外宣媒体的国际传播能力。当前，国际传播中"西强我弱"的舆论格局尚未根本改变，全世界每天传播的国际新闻中，绝大部分仍然由西方五大通讯社发布。

一些西方媒体基于自身价值观与利益诉求，对中国的快速发展和中国企业的国际化有着种种负面评价。提升国际传播能力，讲好中国故事，传播好中国声音，为中国企业的国际化提供新闻宣传的支持是我国外宣媒体责无旁贷的使命。一是提升外宣媒体的内容竞争力，根据争夺国际舆论主导权的需要，开放必要的外宣报道空间和报道口径，进一步增强对外宣传的客观性和权威性；要根据目标区域受众的接受方式和习惯，搭建不同的平台，找到最有效的对接方式，在保证受众准确、有效理解传播内容的同时，逐步形成不同于西方媒体的中国媒体传播特色。二是大力开拓新兴传播平台，丰富全媒体传播手段，提升传播的参与性和互动性，加强新媒体技术的研发和利用，重点研发社会化媒体与大数据技术，拓展与国外受众交流、互动的渠道。三是大力拓展国际合作，通过项目、资本等多种合作方式，整合国外传播资源；加强国外本土人才的开发和管理，做好外宣的本土化工作，在报道中国事务的同时，以中国立场报道国际事务和当地事务。

第二，建立中央企业海外传播的统筹协调机构，打造海外传播资源共享平台。由于缺少海外传播的统筹协调机构，中央企业的海外传播往往是各行其是，信息沟通不充分，传播资源难以共享，资源缺乏与资源浪费同时存在。建议由国务院国资委牵头组建相关机构，按照"资源共享，优势互补，协同合作，互利共赢"的原则，积极推进全国外宣资源的多层面、多形式合作，避免重复建设，提高外宣资源的投入产出效率；进一步整合中央政府、地方政府、新闻媒体、国有企业、民营企业、国际公关公司、城市和民间人士等相关资源，搭建中央企业海外传播的公共平台，策划组织实施系列"海外形象公关"活动，使中央企业成为中国政府之外最具影响力的海外传播主体。

第三，建立中央企业海外传播的咨询服务体系。由国务院国资委牵头或引导，推动贸促会、有关行业协会或者商会、智库机构和外事民间组织，组建专门服务于中央企业海外传播的综合性服务平台和网络体系，打造专业化的企业海外传播智库。一是研究央企国际传播的特殊规律，形成理论基础和操作方法，指导、协助、规范中央企业的国际传播工作；二是以智库为桥梁，搭建各国政府、非政府组织和企业沟通交流的平台，定期就海外工作中的重要问题开展政策研讨和专业培训；三是逐步建立起全球，特别是重点国家和地区的企业传播风险评估系统，为更多走出去的中央企业出台重大政策、上马重大项目、提供前期的相关咨询服务。

（二）企业层面

中央企业要将全球视野、国家站位和自身的国际化经营战略有机结合，因地制宜、因时制宜、因人制宜，创新方式方法，增强海外传播的针对性和有效性。

第一，拓展中央企业海外传播的对象范围。以往企业海外传播的对象主要是东道国政府及政府官员，但是伴随着全球政治民主化的发展，企业、非政府组织、公众纷纷参与国家的政治议程，并对国家的各项政策产生影响。因此，中央企业海外传播的对象必须突破传统，拓展到针对利益相关的各类机构和人群，开展的制度性的沟通交流活动。

按照传播对象和对外关系的性质，可以将中央企业海外传播的形式划分为三种类型：一是政治游说，指企业在遵守法律和社会规范的前提下，为了实现自身的目标，通过与政府机构和官员之间的交流沟通，影响相关政策的一系列活动；二是商务沟通，指企业之间为了实现共同的经济利益在生产、流通等领域所进行的促进资源要素优化组合的交流沟通活动；三是社会沟通，指企业为了改善经营环境，与其他相关社会行为主体进行的交流沟通。

第二，创新传播载体，打造海外新媒体平台和民间传播渠道。实施"五个一工程"，即每个企业必须用东道国语言建立一个网站、一个社交媒体、制作一本宣传册、拍摄一部宣传片、主办一项年度大型活动。相关调查显示，互联网已经成为海外民众了解中国企业的重要渠道，而社交媒体占据的注意力份额日趋扩大。中央企业应适时推出Twitter、Facebook账号，将社交媒体作为海外传播的重要阵地。

要研究国际上和东道国民间组织的发展状况，有针对性地选择其中有影响力、自身运作能力较强的民间组织进行资助。一方面，通过民间组织开展公益活动，树立企业的正面形象；另一方面，对一些可能产生争议的中央企业投资项目的评价，可以委托负责任的民间组织进行调查，通过转换传播主体，第三方发声，增强传播的公信力。

第三，建立和完善海外新闻发言人制度，管理媒体关系，设置媒体议程，引导舆论走向。遴选能够领会国家和企业的战略意图，能够研究分析国际政治经济发展变化形势，具备较强的跨文化表达沟通能力的人才担任海外新闻发言人，并配套相应的工作条件。新闻发言人要与国际主流媒体和东道国当地媒体建立日常联系，以接受媒体采访、召开新闻发布会等多种形式，保证与媒体的沟通渠道畅通。要建立各海外业务部门与新闻发言人的信息沟通机制，确保新闻发言人了解企业在海外的重大动态，以便于加强主动策划，设置媒体议程，引导舆论走向，同时，在突发事件当中做好海外舆情的沟通与处置工作。

第四，加强跨文化传播复合型人才与智力资源。一方面，注重从企业内部培养人才，招聘掌握多种语言、具备相关专业知识、拥有海外生活经验的人才入职；加强对东道国本土人才市场的开发，招收外籍员工参与对外传播的本土化工作。另一方面，鉴于国际传播的复杂性和专业性，在大型活动举办、境外媒体报道组织、新媒体平台建设与创新推广等领域提倡与国内外知名公关公司和传播机构开展合作，在全球范围内通过招投标的形式，选定在不同国家和地区、具有不同专长的传播服务机构，为中央企业提供专业服务。

第五，履行企业社会责任，加快与当地社会的融合。企业社会责任的海外履行情况已成为评价跨国企业的重要指标，受到国际社会和东道国的高度关注。中央企业应该坚持互利共赢、共同发展的基本原则，进一步完善海外社会责任治理机制。一是要遵纪守法、诚信经营，在不涉及政策和商业机密的前提下，保障经营活动公开透明，对外树立良好的形象；二是与当地各种利益集团和相关部门人员和谐相处，实现本地化经营管理，保障当地员工的合法权益，化解中外矛盾纠纷，降低针对我国企业和人员的安全事件发生概率；三是积极参与公益事业，有策略地加强正面宣传，妥善处理公共关系，加速与当地社区、当地文化的融合。

参考文献

王辉耀主编《中国企业国际化报告（2014）》，社会科学文献出版社，2014。

李智编《中央企业国际化报告（2012）》，中国经济出版社，2013。

刘明著《当代中国国家形象定位与传播》，外文出版社，2007。

中国国际贸易促进委员会：《中国企业海外投资及经营状况调查报告》，2012。

B.13

互联网时代，新国货如何走向世界

——小米品牌的国际化研究

张建军　刘菁*

摘　要：	本文在梳理小米品牌国际化现状的基础上，分析了其存在的问题。
关键词：	小米　新国货　品牌国际化

2015年初，IDC亚洲的统计，小米超越三星成为国内销售量第一的手机品牌。从2010年4月创建至今，小米的发展速度成为众人称道的奇迹。在国内市场迅速成长之时，小米也开始走出国门，开启品牌国际化之路。

小米是较多被提及的中国互联网时代快速成长的品牌，其国际化的意义代表新的中国制造如何走向世界。我们有必要从其国内品牌成长特征、国际化现状、问题以及建议等方面来研究小米品牌的国际化之路。

一　满足用户需求的网络品牌

2010年中国有4.57亿网民，1.3亿人花2670亿元在网络购物。

---

* 张建军，博士，天津师范大学新闻传播学院讲师；刘菁，天津师范大学经济学院2013级国际经济与贸易专业本科生。

截至2015年6月,网民6.8亿,3.74亿人在网购。五年的时间,中国网民增长近五成,网购人数翻三倍。

小米正是诞生在中国互联网最快速发展的时代。已经在软件行业奋斗多年的雷军,尽管有金山WPS、词霸、毒霸等声名远扬的软件产品,但它们没有变成真金白银。用户习惯以及盗版等因素,国产软件大多步履维艰。多年软件产品的积淀,在后来小米上得以爆发。小米手机、MIUI操作系统、小米电视、手环等产品无不以迭代快速推出,不断更新升级。小米产品的开发是标准的软件产品模式。身处互联网时代,小米利用网络实现了品牌构建的变革。

(一)品牌的逆袭:从美誉度到知名度

传统品牌的成长之路是先打知名度,再建美誉度,最后实现用户忠诚度,完成品牌的理想成长之路。打造知名度要通过大众传媒等的广告投放来实现。有了知名度,有了用户,好的产品产生美誉度,赢得用户的信任,这些用户才能成为品牌的"死忠粉"——高忠诚度用户。

小米品牌的成长则是不走寻常路,通过设计、生产追求极致理念的产品,先建立美誉度,赢得用户,在追求规模的过程中,提升知名度。如在央视的春节联欢晚会等大众传媒投放广告提高知名度。

这种品牌构建过程的逆袭,源于小米让用户通过互联网与企业充分互动,用小米自己的话讲是"用户参与"。

(二)网络时代的品牌构建:用户参与

小米联合创始人黎万强说,构建参与感,就是把做产品、做服务、做品牌、做销售的过程开放,让用户参与进来,建立一个可触碰、可拥有,和用户共同成长的品牌。

小米在构建品牌的过程中,通过自己网络论坛与用户互动,让用户参与到产品的设计、研发、销售等环节。

小米的开发过程，周一到周三是开发时间，周四内测，周五的下午更新版本，用户可以反馈、投票。买手机之后，有意见可以跟开发商沟通。产品功能设计放到论坛上用户投票决定。用户的需求得到了充分的体现。

（三）满足用户需求的品牌

小米品牌的第一款产品是基于安卓系统的 MIUI 手机操作系统。该系统通过互联网论坛听取用户意见，不断迭代满足用户需求。相对乔布斯的依靠工程师的颠覆式创新，小米基于安卓体系的开放用户参与开发、生产和销售模式是一种创新。通过免费的手机操作系统软件，建立良好的用户口碑，也就是美誉度，在推出硬件产品时实现了低成本迅速销售。

2015 年 6 月雷军提出"新国货运动"，小米在手机、电视乃至其他工艺领域，作为一名颠覆者带动国内其他企业共同进步，对原有产品进行升级改造，让同行随自己共同起飞，驱动中国工业整体水平的提升。

二 小米品牌国际化的现状

（一）小米品牌国际化的现状

小米品牌的国际化战略，从人才、品牌传播、域名、社交媒体使用等方面着眼布局。

1. 国际化团队，产品国际化的基础

小米看起来是中国品牌，实际上其基因中包含了众多国际顶尖公司的高端人才。从其联合创始人的背景，我们就可以知道小米不

是简单的中国制造。它的创始人中，雷军是金山软件的董事长，林斌原是谷歌研究院的副院长，洪锋是 Google 高级工程师，黄江吉是微软工程院首席工程师，黎万强是金山软件人机交互设计总监、金山词霸总经理，周光平则是摩托罗拉北京研发中心总工程师。这个创业团队基本是由来自谷歌、微软、摩托罗拉等国际著名公司的高级人才组成。在小米的发展过程中，吸收更多的国际化人才。2013年10月谷歌 Android 全球副总裁雨果·巴拉（Hugo Barra）被挖角出任小米全球副总裁。这有利于小米国际业务拓展，以及与谷歌的合作。2015 年 6 月来自国际主要硬件厂家高通大中华区总裁王翔也加入小米。

在人才国际化中，小米基本上邀请国际相关大公司的大中华区高级人才加盟。这些人既有大跨国公司的工作经验，又有华人的文化背景，便于融入公司。

2. 软件先行，口碑、种子用户的培养

截至 2014 年底，MIUI 系统有 29 种语言版本，其中印度语、马来语、印尼语和菲律宾语等版本全部是由论坛的发烧友翻译并参与制作。随着小米的国际化，来自不同国家的用户自发参与，软件产品的传播与扩散相比硬件产品要迅速、便捷，少了各种壁垒。MIUI 是小米国际化的先锋部队，积累种子用户，便于日后小米产品的销售。

3. 国际化域名，提升网民体验

2014 年 4 月 22 日，小米为国际化正式启用新域名 mi.com，取代原域 xiaomi.com。新域名简短、易记、输入方便，提高全球网民的使用体验。靠互联网起家的小米深知域名的重要性，为这个新域名花费了 360 万美元（约为 2244 万元人民币）。

迄今为止，小米已经在全球 8 个国家和地区开通响应版本的网站销售产品（见表1）。

表1　小米进入国家（地区）与网站域名、销售产品

2013年4月	香港 台湾	全线产品 全线产品	http://www.mi.com/hk/ http://www.mi.com/tw/
2014年2月	新加坡	全线产品	http://www.mi.com/sg/
2014年6月	菲律宾	小米3、4i，红米1s、2，平板，部分配件	http://www.mi.com/ph/
2014年7月	印度 越南	小米、红米、平板、部分配件 手机	www.mi.com/in/ 商店进口并发布销售通报，以邮寄的方式出售
2014年8月	印度尼西亚	小米、红米、平板、部分配件	http://www.mi.com/id/
2015年5月	马来西亚	全线产品	http://www.mi.com/my/
2015年7月	巴西	小米、红米、平板、部分配件	http://br.mi.com/

4. 进驻主流国际社交媒体，与用户对话

深谙社交媒体影响力的小米，在国际化的道路上，进驻全球主要社交媒体网站（见表2），与用户沟通交流，让用户参与到品牌的构建中来。

表2　小米在各国的社交媒体使用情况

国别	MIUI论坛	Facebook	Twitter	Instagram	YouTube
新加坡	√	√			
马来西亚	√	√			
菲律宾	√	√	√	√	
印度	√	√	√	√	√
印度尼西亚	√	√		√	

（二）小米国际化的第一站印度

印度有12亿人，按人口增速，未来可能超过中国。根据IDC的报告，2014年印度手机出货量2.75亿部，占全球市场的14%，是全球第二大移动手机市场。不过其中智能手机出货量仅8100万部，智

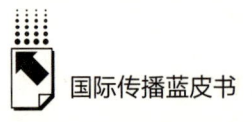

能手机的普及率仅为30%。相对于国内智能手机市场的日趋饱和，印度有巨大的市场空间。

小米将印度选为突破国际市场的第一站。雷军在印度接受媒体采访时说，相较中国市场的大量同质化竞争，印度智能手机市场竞争仍较为温和，小米在印度仍然会坚持网上销售模式。

小米在国内的成功是基于互联网的线上线下结合的产物。在线上，通过小米论坛、官网、社交媒体、主流电商等平台构建了网络全业务生态，解决了产品设计、销售、营销、用户反馈、服务等问题。线下，小米通过小米之家、剧场式新品发布会等实现了与用户的面对面交流与服务。这种线上线下结合的模式，构建了满足用户需求的品牌形象。在印度，小米品牌能否如国内一般成功是值得观察的。

1. 小米印度的线上战略

（1）进驻主流电商平台

到2015年4月，小米与印度当地三大电商Flipkart、Snapdeal和Bharti Airtel都建立了合作关系，销售小米的产品。

除了与当地的主流电商，小米还与国际电商巨头亚马逊印度建立了合作关系。品牌如果想要实现快速的国际化，与那些在世界各地有销售网络的国际商业连锁巨头合作无疑是必需的。亚马逊、沃尔玛这些国际商业公司在各国有成熟的网络，洞悉各国消费者的需求，如何与这些公司合作，实现品牌的全球化是值得包括小米在内的中国公司认真研究的。

（2）建立小米印度官网

2014年4月小米启用全新国际域名，7月印度官网www.mi.com/in/开启，面向印度用户销售小米系列产品。

2014年7月22日，小米在印度第一次网络销售，一周内收到10万次预约，开卖39分钟小米3智能手机脱销；2014年10月，小米进入印度市场还不到4个月，销量已突破50万部。

互联网时代，新国货如何走向世界

（3）社交媒体营销

小米在印度主流的社交媒体 Facebook、Twitter、Instagram、YouTube 上都开设账户，开展社交媒体营销。较为成功的是 Facebook（见表3），以下分析其具体情况。

表3 小米印度 Facebook 账户情况

Mi India Facebook	
账户名:Mi India	建立时间:2014年6月17日
主页获赞数:约61万	发表内容数:约230条

小米印度 Facebook 账号，主要用于产品宣传与用户互动。

2015年5月，从其账户关键词出现频率分析可以发现，发表的内容大都有关 MI4i，以及手环、手机壳等（见图1），视频是重要形式。网友互动最多的是"有奖消息"，网友评论超过1000条。其他内容的回复平均在100~200条。

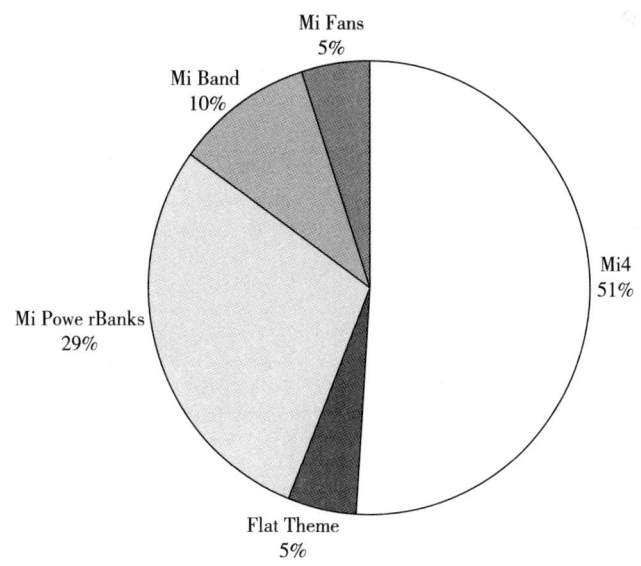

图1 小米 Facebook 2015年6月内容关键词分布

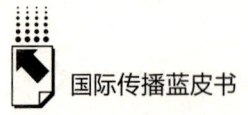

小米的印度脸书账户是否成功呢？脸书在印度有1.25亿用户，90%用移动设备登录。脸书上小米视频观看次数基本都在3000次以上，有关小米4i的部分视频观看次数超过两万。比起中国几万上百万的流量，小米在印度的脸书账户很难说是成功的。

2. 小米印度线下品牌建构

（1）与当地线下销售商合作

印度贫富差距较大，很多人不使用网络购物，实体店在印度的地位依然很重要。小米联合印度电信商Airtel设立了多家实体店，用来销售产品。小米还和The Mobile Store一起，在选定的商店销售小米产品。

此外，针对印度的低端市场，小米和Overcart以及其他公司合作，销售拆箱机和翻新机。可见在国际化道路上，小米能够结合当地实际情况做出调整。

（2）剧场式产品发布会

2015年6月，小米在印度推出了首款针对海外的手机小米4i，小米4i（Mi 4i）智能手机专为吸引印度消费者而设计生产，大容量电池等性能可弥补印度很多地区电力供应时好时坏的状况。小米在新德里举办了海外首场剧场式产品发布会。发布会的1600张门票得到超过1万名印度人的申请。

剧场式产品发布会是小米线下推广品牌的重要方式。如同小米在国内的形式，雷军主持、追求细节、展示产品、营造宏大的场面，邀请米粉参与。构建的宏大场面，通过用户社交媒体、官方社交媒体以及传统媒体传播新产品信息。

此次发布会上雷军的蹩脚英语引发网络热议，有网友制作了"Are you ok"视频，被翻译为英文，观者众多，甚至还有相应文化衫面世。雷军和小米深谙网络文化，都以网络惯常方式处理——自嘲，借势推广了品牌。

调研机构 Counterpoint Research 的数据显示，在印度智能手机市场中，三星 2014 年第三季度以 25% 的份额位列第一，其后是印度手机品牌 Micromax（20%）和 Karbonn（10%），小米，在销售不过两个月时间，就获 1.5% 的份额。

三 小米品牌国际化的问题与对策

小米在国际化的道路上也碰到了不少问题。以下以印度市场为例来分析其国际化的问题与对策。

（一）专利纠纷

2014 年德里高等法院曾发布禁令，小米侵犯了爱立信的专利权，要求小米停止在印度销售和进口手机。虽然后经过协商，问题得以解决，但是专利问题仍是小米国际化要解决的重要问题。

国内手机厂商进入海外市场，专利风险与专利官司不可避免。如何规避由此带来的影响，是所有走出去企业必须面对的首要问题。

（二）用户数据的安全

2014 年末，市场一度爆出，印度小米手机用户发现手机将信息回传至北京的服务器。由此引发用户对隐私安全的担忧。鉴于中国整个互联网市场的状况，此事一度成为舆论焦点。此前华为、联想等 IT 企业也曾在国外面对类似问题。如何保护用户的数据安全，成为 IT 类中国企业走向国际的重要一道坎。

小米的解决办法是将海外用户的数据迁出中国，置于海外分布的服务器上。这样做，第一，海外用户使用云服务更加快捷；第二，用户数据分布在海外不同地区的服务器上，消解了用户对中国互联网管制的顾虑。

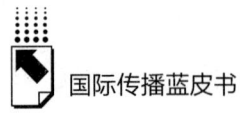

（三）国内品牌经验的可复制性

小米在国内是先建立美誉度再做知名度。此经验能够复制到其他国家？就印度而言，目前小米的网络营销战绩远达不到国内的效果。

不同国家网络普及情况、网络文化差异、网民习惯等不同，显然很难将中国经验照搬过去成功复制。

（四）产品的生产与供应

小米在印度市场产品常处于"售罄"状态。这种状况不排除小米在用老的"饥饿营销"策略，不过小米供应印度的产品来自国内，入关、运输等因素影响产品的销售。

本地化生产是重要的一步。为解决这个问题，小米和富士康合作在印度和巴西建立手机工厂，开设体验店。品牌国际化，也要生产国际化。

四 小米品牌国际化的启示

小米国际化的目标，选择印度、印尼、巴西这些人口众多、发展迅速的新兴国家。新兴发展中国家，消费形态与我国有类似性，国内的经验一部分可以复制到这些国家。

国际化的过程中，尽管小米出货量已经全球排名靠前，但与苹果、三星这样的国际巨头相比，其品牌的知名度、美誉度和影响力显然差不少。

小米品牌在国内的巨大成功，可以作为其国际化的良好基础。小米在国内的品牌创建过程中，通过线上线下与用户互动，让用户深度参与品牌的设计、研发、生产、销售以及售后等环节，满足用户需求，专注追求极致的品牌精神，在走向国际化的道路上，可以继续坚持。

此外，应参考日本、韩国等亚洲品牌的国际化历史经验。我们看到韩国的三星、日本的索尼在国际化过程中，通过韩剧以及赞助大型国际体育赛事如奥运会，来提高品牌知名度，提升品牌形象。包括小米在内的中国品牌想要走出去，这种经验是值得借鉴的。中国的电视剧在海外有很大影响力，尤其在东南亚等国收视率很高。可以借鉴三星在韩剧中的植入，小米也在国产影视剧中植入品牌产品。

联想等中国消费电子品牌的国际化经验值得学习。联想通过收购Thinkpad、摩托罗拉等国外知名品牌，解决品牌国际化的问题，不失为一种选择。

最终中国制造走向世界，需要国家层面的中国品牌推广战略——国家品牌行动。通过顶层设计，整合国家力量，制定国家战略，向世界讲好中国故事，提升包括企业产品在内的整个国家形象。

B.14
从企业到国家：欧美媒体对中石化的报道浅析

樊三霞 张磊*

摘　要： 随着中国力量在全球范围内引发更多关注，以中石化为代表的中国国有企业也获得了西方媒体的大量报道。这些报道采用了何种框架？其感情色彩如何？是否符合客观性原则？如何评估其舆论状况？本文选取了美国与英国六家代表性媒体的60篇新闻报道，总结了五种主要框架：商业框架、国家—国际政治框架、环保框架、劳资框架与反腐框架，并对之进行定性与定量分析，反思了其中的舆论状况。

关键词： 西方媒体　中石化　框架分析　对外传播　企业公关

一　引言

2015年4月27日，美国《华尔街日报》网站发表了题为《中国反腐机构将矛头对准中石化》的文章，报道中国石油化工集团总经理王天普"涉嫌严重违纪违法，目前正接受组织调查"，并援引反腐行动支持者的

---

* 樊三霞，中国传媒大学2014级传播学研究生；张磊，中国传媒大学广播电视研究中心副研究员，研究领域为文化研究、传播政治经济学、传播社会学。

话评论说，由于缺乏透明度和问责制，中国石油行业几年来滋生腐败的情况尤其突出。① 而在2013年3月26日，《华尔街日报》还报道了青岛发生的中石化输油管道爆炸事件，该事件导致数十人死亡、汽车被掀翻、路面被掀起，重新引发人们对建在人口密集区域的工业设施的担忧，该报评论说，在中国推进城镇化之际，这一问题的重要性日益凸显。随着中国崛起，各种"中国问题"经常引起国际媒体的关注，中国的企业也不例外。这两篇报道都将单个企业的负面新闻置于中国的大环境之下进行评述，因此，通过对相关报道的解析，不仅可以为企业的外部公关提供启发，而且对理解中国整体形象具有价值。

中国人民外交学会研究部副主任邢苏苏认为："公共外交在决策中要位置前移，这主要取决于时代的变化、国际格局的复杂变化以及中国快速发展的需要。"② 表明为了适应当下国际形势的巨变，中国以及中国企业需充分意识到公关的重要性。另外，对国家形象而言，郭庆光提出："国家形象可以分为自我塑造的形象和被他塑的国家形象。国家形象具有多层次性，中国形象可能被西方塑造成不同层面的国家形象。"③ 因此，为了避免中国形象被外媒"诬化"甚至"妖魔化"，中国需意识到自己当前被"他塑"的国际形象，从而有意识地推进外交，改善国家形象，而国际性媒体及国际新闻对于这一过程至关重要，正如美国南加州大学公共外交研究中心主任菲利普·赛博（Philip Seib）所说："新闻机构远不止是信息发布系统。对有意推进公共外交的国家而言，国际新闻是增进国家利益、增强软实力的一种

---

① 张程：《中石化总经理落马，外媒：限制国有垄断集团权力》，参考消息网，2015年4月29日。
② 张毓强、刘笑盈：《公共外交与中国国际传播的发展路径探求——"公共外交与国际传播"论坛综述》，《现代传播》2011年第12期。
③ 李卫东、周宏刚：《"跨文化传播中的中国国家形象建构研究"主题会综述》，《现代传播》2012年第1期。

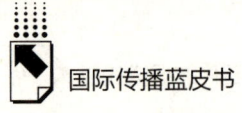

重要方式。"①

中国石油化工集团公司简称"中石化"(Sinopec Group),是中国首屈一指的国有能源企业。它的企业性质有三点值得关注。第一,能源企业。鉴于中石化的能源企业性质,它经常与污染、环保等问题紧密相关,容易引发负面新闻。第二,国有企业。对西方而言,国有企业意味着与市场经济相对立,同样易触发敏感报道。第三,中国企业。伴随着中国企业"走出去"步伐逐渐加快,全球经济以及政治状况都出现了变化性因素。在这三重身份影响之下,西方媒体对中石化的报道可能会走向什么方向?如何理解它与中国宏观整体国家形象的关联?本文将采用定性与定量结合的内容分析方法,对具有代表性的西方媒体的相关报道进行分析,试图作一回答。

二 研究方法

本文主要选择了美国和英国的六家重要媒体进行考察。美国和英国在西方占据主导地位,两国均拥有多家"世界级媒体",在世界范围内担当着"媒介意见领袖"的角色,能够影响其他媒体的议程,因而对他国形象的形成扮演着举足轻重的角色。本文具体选取的媒体分别是美国的哥伦比亚广播公司(CBS)、有线电视新闻网(CNN)、《纽约时报》(New York times,或 NYT),英国的英国广播公司(BBC)、《泰晤士报》(The Times)、路透社(Reuters)。这六家媒体涵盖了广播电视、报纸、通讯社,均属于具有世界级影响力的新闻媒体。其网站提供了开放式的新闻访问以及便捷的搜索功能,便于研究的进行。

---

① 菲利普·赛博:《陆佳怡、钟新译,跨国新闻、公共外交及虚拟国家》,《国际新闻界》2010年第7期。

（一）新闻文本的选择

新闻文本的选择分成以下两个阶段。首先，以"Sinopec"为关键词，分别在各媒体官网进行检索，只要新闻标题或内文中出现关键词，就列入第一阶段的新闻采集。经过搜索，得到六大媒体的总报道量（见表1），总体来讲，中石化在美英两国媒体的可见度较高。

表1　各媒体关于中石化的报道数量

项目	美国			英国		
	CBS	CNN	纽约时报	BBC	泰晤士报	路透社
报道数量	34	61	377	140	213	2720

第二阶段，研究者对以上新闻报道进行观察与分析，根据相关度筛选掉与中石化关系不大的报道，再根据点击量排名选择每家媒体前10篇最热门的报道。最终，一共得到60篇新闻报道作为样本，成为本研究采用的分析对象。

（二）新闻文本的分析

对样本新闻报道的分析，研究者主要采用了"定性—定量—再定性"的研究路线。首先，研究通过对样本的阅读、观察和初步分析，提炼出欧美媒体关于中石化报道的主导性框架和感情色彩基调。其次，对样本报道做归类、统计与描述，通过数据来展现其基本面貌。最后，对其中的因果关系做一总体性分析，以探究现象背后的原因。

"框架"是本文分析中的重要概念。自欧文·戈夫曼提出这一概念以来，各人文与社会学科对之进行了广泛应用，它在中国传播研究中也成为一大热门研究路径。学者们或使用定量的聚类分析，或使用定性的观察来确定框架。本文的研究者也曾试着借鉴文本分析的符号矩阵来确定框架。在此，研究者主要采用观察和归纳的方法来总结框架，其主要理论是罗伯特·恩特曼（Robert Entman，1993）在《框架：对一种破裂范式的澄清》中提出的四步法：界定问题、因果解释、道德评判、解决方案。[①] 本文将采用归纳法对所有报道进行"议题框架"分析，以宏观把握各媒体将哪些议题纳入取景框，形成了怎样的框架。

通过对60篇样本的归类，本文将对西方媒体关于中石化报道的面貌做出初步分析。由此，也可以对相关报道的感情色彩（正面、中性、负面）做出初步的判定。

随后，研究者将试着结合定量的数据与定性的文本分析，回答一系列的问题：这种状况是如何形成的，它是欧美媒体的普遍状况吗？这是否符合西方媒体所遵循的客观性原则？在这些报道背后隐藏着什么样的意识形态和价值观念？

三 研究结果

研究者对样本新闻报道进行了观察，归纳总结了五种报道的框架：商业框架、国家—国际政治框架、环保框架、劳资框架、反腐框架。

根据恩特曼指出的"界定问题、因果解释、道德评判、解决方案"，研究者将五种框架分别总结如下。

1. 商业框架

此框架将中石化置于商业行为的主体位置上，相关报道是从商业

[①] Robert Entman, "Framing: Towards clarification of a fractured paradigm", *McQuail's reader in mass communication theory*, (1993): 390 – 397.

活动的现象与规律出发加以描述或分析，其因果解释、道德评判和解决方案都是依据经济学规则。具体报道内容包括中石化的上市与股价变动、利润增长与下降、国际收并购等事件。

2. 国家—国际政治框架

此框架凸显中石化的"中国国企"身份，将它作为中国企业走出去和对外扩展链条中的一个环节。在界定事件时，将其作为国际政治性事件而非商业性事件来讨论，其因果解释、道德评判和解决方案则由此确定。最明显的表现是将中石化与中国外交活动相勾连，此外在涉及国际收并/购时也经常采用类似框架。

3. 环保框架

此框架主要是围绕污染与环境保护的主题而展开。

4. 劳资框架

此框架主要围绕雇佣劳动、劳资冲突、工人利益保护等方面而展开。

5. 反腐框架

此框架主要是面对中国近年来频繁开展的反腐活动，当中石化涉及腐败问题时就成为这一取景框中的对象。

（一）报道框架

通过对60篇样本报道的归类和分析，研究者发现，在涉及中石化的报道中，"商业框架"分量最重，"国家—国际政治框架"次之，两者是主导性框架；环保、劳资和反腐三个框架所占比例相对较低（见图1）。

从图1可以看出，西方媒体对中石化的报道，首先遵循的是商业框架，换言之，把中石化当作一个市场运行中的企业来对待，报道其市场行为、企业决策、股市表现等。各媒体采用此框架的比例普遍占据了50%以上，CBS和《泰晤士报》的商业框架甚至达到了80%以上。

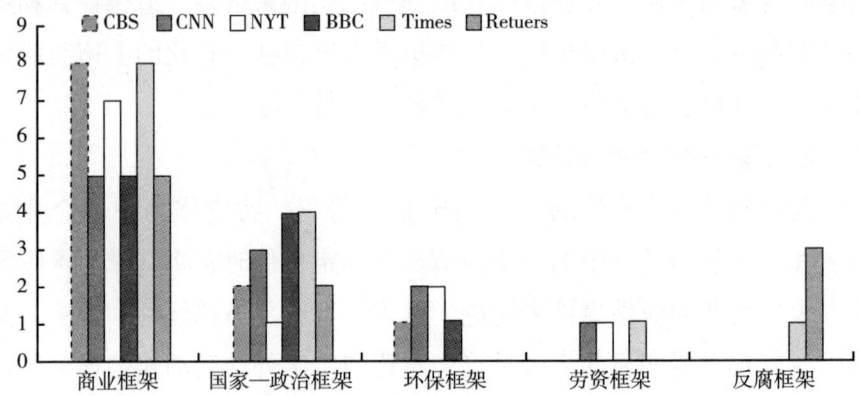

图 1　欧美六家媒体的框架分布

居于第二位的是"国家—国际政治框架",这也是西方媒体普遍采用的框架。可见,"国企"这一身份烙印使中石化等央企不仅仅被西方作为市场主体来看待,也被认为是中国全球政治行为的重要环节。

上述两种框架是主导框架,剩下三种是次要框架。关于环保框架,《泰晤士报》与路透社没有涉及,而剩余四家媒体的报道在10%~20%;劳资框架,CNN、《纽约时报》、《泰晤士报》均只有一篇报道,占10%;反腐框架,只有《泰晤士报》、路透社涉及,比例分别为10%和30%。

当然,以上是采取互斥式的分类法之后所进行的统计。实际上不可否认的一点是,任何较有深度的报道均不会只从一个侧面来呈现事件,这也就引发了框架的混杂性,以下试举一例。

《纽约时报》2012年4月12日的一篇报道标题为《中国甘冒大险进军页岩气领域》(*China Takes On Big Risks in Its Push for Shale Gas*)[①]。这篇报道的主框架是环保框架,但细细分析之后,其框架存

---

① *China Takes On Big Risks in Its Push for Shale Gas*,http://www.nytimes.com/2014/04/12/business/international/china-takes-on-big-risks-in-its-push-for-shale-gas.html.

在诸多变数。它首先报道了一起事件，即中国某镇发生了页岩气井喷事故，居民生活环境被破坏，将这一事件界定为一个环保问题。随后，在进行因果解释时，确定了三重原因：直接原因是中石化在当地的开采；居民之所以接受中石化的开采，次深层原因是它能为当地带来就业和金钱；更深层的原因，中石化之所以进军页岩气，是为了获得能源独立，也契合了北京想要减少对煤的依赖来保护环境。这就将单一的环保框架与更广阔的商业与政治框架相连。报道称，事故发生后，中石化要求居民不要讨论此次事故，否认有人员死亡，声称自己进行的页岩气开发是安全的，未对环境造成污染。而居民开始抱怨被污染的河流和土地。这就进入了道德判定，该媒体站在居民和环境的立场上，将中石化、政府置于对立面，认为它们应该对此事件负责任。最后，"针对居民的担忧，中石化将暂时性提供饮用水。而对于居民反映的有恶臭的燃气，中石化声称已做过空气检测，没有发现毒性污染"。这就隐形提出了要求，即企业与政府应该为解决此事提供方案，但目前解决的方式并不令人信服。

这篇报道主要使用了环保框架，但也涉及了商业框架与政治框架，是一篇综合性的深度报道。研究者进一步对其感情色彩进行了分析。报道通过因果解剖和道德判断，认为这一事件是中石化的责任，并将中石化与某镇居民对立起来，将中石化描绘成不负责任、罔顾居民健康与环境污染的不负责任的企业形象，最后，借专家和居民之口，说明中石化未提供合理解决方案。这样的框架建构，将中石化塑造成一个没有责任感、唯利是图的大企业形象，强权（企业）与弱者（居民）的对立明显，具有很强的负面色彩。

（二）感情色彩

对新闻报道的感情色彩分析较难把握，它在很大程度上依赖研究者的主观判定。本文的研究者通过两种方式来对报道的感情色彩进行把握，一是寻找和分析具有感情色彩的关键词；二是对框架的道德评判进行分析，通过文本细读来确定其正面、中性与负面的色彩。

通过归类统计，研究者发现在美国媒体中，除《纽约时报》和CNN各有一篇正面报道外，其他都是中性报道和负面报道，而中性报道占据主导地位。两篇正面报道中，《纽约时报》是写习近平关注并慰问青岛爆炸事故受害者，但文章却使用较大篇幅来描绘事故造成的严重后果以及政府处理方式的不当；CNN的正面报道是写新闻主角目前在中石化获得一份工作，而中石化只是作为背景材料出现。

负面报道方面，《纽约时报》的负面报道只有一篇，内容是有关中石化的环境污染问题。CNN的负面报道有两篇，分别是有关中国的石油污染和柴静的《穹顶之下》在中国掀起的舆论风暴。CBS的负面报道有三篇，分别是关于中国政府对媒体的审查、中石化对伊拉克石油竞标展示的野心，以及环保问题。可见，美国媒体对中石化的负面报道主要集中在环保相关的问题上，这与中石化的能源企业性质密切相关（见图2）。

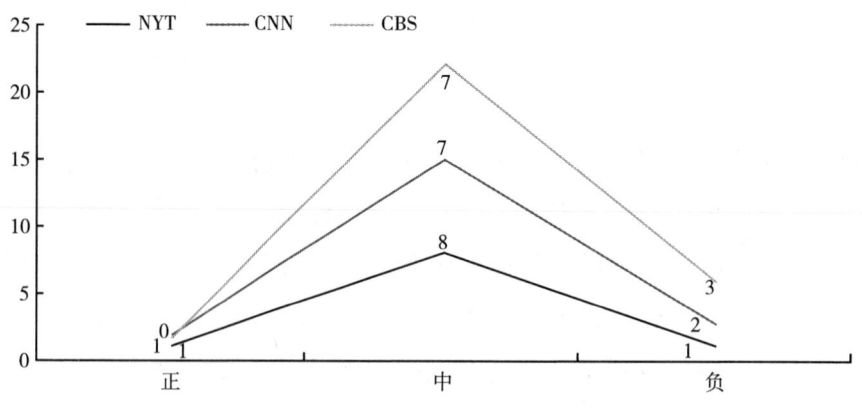

图2 美国媒体关于中石化报道的性质

在英国媒体中，关于中石化的报道同样以中性为主导，负面报道居次，没有正面报道。路透社和《泰晤士报》的中性报道各有7篇

(70%), BBC 的中性报道达到了 9 篇（90%）。在负面报道中，路透社的三篇负面报道都是关于受贿与反腐问题，《泰晤士报》关注劳资关系和企业领导受贿的问题，BBC 关注企业的内部管理及领导作风问题。可见，英国媒体的负面报道将焦点集中在了中国企业内部的腐败问题（见图 3）。

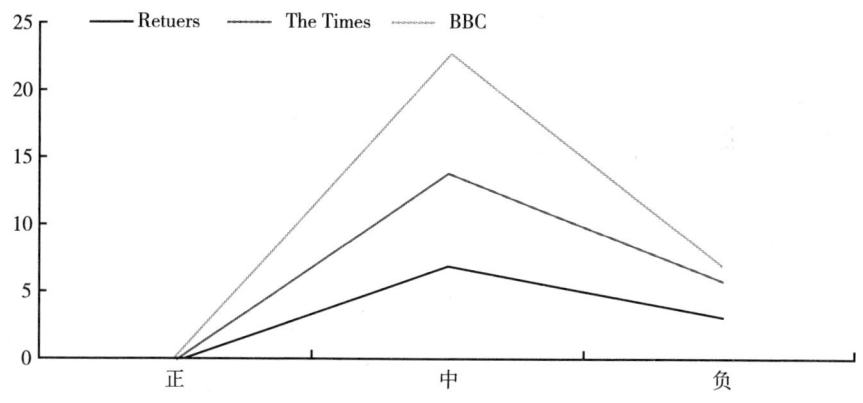

图 3　英国媒体关于中石化报道的性质

从整体上看，美英媒体都采取了以中性报道为主的方式，这与商业框架占据主导地位密切相关。在进行企业行为的报道时，多数媒体会将其去政治化，以客观性的手法来描述。但涉及中石化的负面报道关注点却呈现明显的差异，这与媒体自身的定位有关，也与两个国家的意识形态有关。美国媒体的新自由主义风格使其偏向关注环保与自由，而英国媒体对公共利益的偏好使其多关注反腐与劳资议题。

（三）稿件来源

稿件来源指的是所刊登新闻的来源，大致可以分为自己采写、采用通讯社、转载自其他媒体三类。

在样本新闻报道中（见图 4），美国三大媒体的 30 篇报道中，自采新闻占 14 篇（47%），源于通讯社的有 16 篇（53%）。而在源于通讯社的报道中，路透社和美联社（AP）是两大主要源头。英国的三家媒体的报道全部来源于自采。

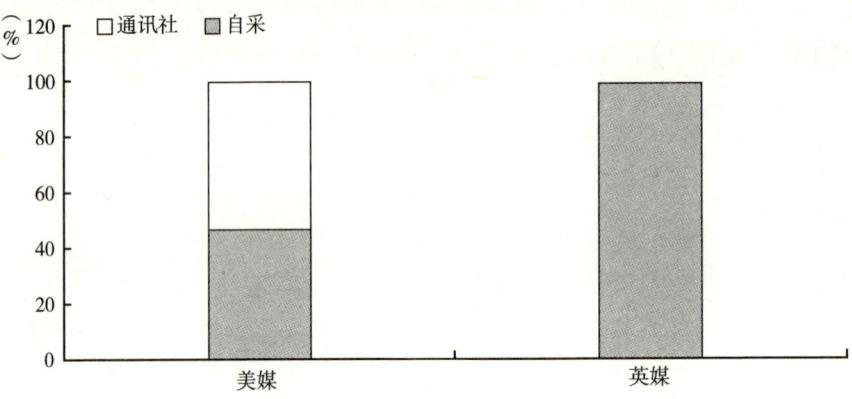

图 4　美英媒体的稿件来源

通过对美英各主要媒体的新闻来源的考察，不难发现，对于中石化的报道，它们大多自采或互相转载，而极少采用中国的官方媒体和数据，这一方面说明西方媒体自身新闻网络的系统和强大，另一方面也表明其对中国相关的报道可能与中国媒体的报道有较大差异。

（四）客观性分析

客观性是西方新闻业的核心理念，它表明媒体追求不偏不倚的报道，只陈述事实，不做价值判断。在西方媒体的报道中，以商业框架为主、以中性报道居多，这是否代表西方媒体真正做到了客观性？在欧美报道中隐含着什么样的意识形态和价值观念？下面试以两篇报道为例进行分析。

第一篇是英国的 BBC 于 2010 年 4 月发表的一篇报道：《中石化向加

拿大石油项目投资46.5亿美元》（*Sinopec invests MYM4.65bn in Canadian oil project*）[①]，这篇报道采用了商业框架，其中找不到明显的具有感情色彩的评判语言，因此是一篇中性的报道。但其中也蕴含着非常值得探讨的问题。报道称，中石化投资46.5亿美元购买了加拿大的焦油砂项目9%的股份，这是中国在北美最大的一笔投资，但中国比预先期待的多投了20亿美元，这需要经过加拿大管理机构的许可。在这篇报道中，作者将"中石化"与"加拿大管理机构"设为对立的二元结构，中国企业多花20亿美元购买股份，而这需要经过加拿大管理机构的审核，这样将中国积极进取的态度与加拿大政府有所迟疑的态度形成对比。这篇报道的重点在于强调这是中国企业在北美的最大一笔投资，作者通过3次"最大投资"（the biggest invest）关键词凸显了此项目的重大，而中国多出资20亿美元则表明该项目对中国的吸引力，作者采用了这样的说法："中国企业正席卷全球来寻找能源资产的投资机会，以满足该国蓬勃发展的经济。"（Chinese firms have been scouring the globe for investments in energy assets to feed the country's booming economy.）这就将中国企业的行为与国家政治关联了起来。作者还强调说："这表明中国人是与众不同的购买者。"（It just shows that the Chinese are a different kind of buyer.）一种将中国作为他者、将中国企业作为不同逻辑与规则下的行动主体的形象展现了出来。

另一篇是美国CBS在2011年的一篇报道：《伊拉克石油竞标：中国公开展示进取心，BP领衔竞标成功》（*Iraq Oil Auction：China's Public Display of Aggression，BP－led Bid Scores Deal*）[②]。报道讲述，伊

[①] *Sinopec invests MYM4.65bn in Canadian oil project*，http：//news.bbc.co.uk/2/hi/business/8616919.stm.

[②] *Iraq Oil Auction：China's Public Display of Aggression，BP－led Bid Scores Deal*，http：//www.cbsnews.com/news/iraq－oil－auction－chinas－public－display－of－aggression－bp－led－bid－scores－deal/.

拉克对8块油气田进行竞价拍卖,这是40年来首次为其他国家接触伊拉克丰富资源提供机会,而BP和中石油(CNPC)联合中标伊拉克鲁迈拉(Rumaila)油田股份。这同样是一篇涉及中石化和中国企业全球收/并购的报道,采用商业框架,以中性报道为主。但"进取心"(aggression)一词值得重视,它虽然偏中性,但具有模糊的感情色彩,极易被理解为"野心"。文章反复强调了中国企业对油田势在必得的态度,并用"中国在竞标中进取心十足,令我震惊"(I was struck by how aggressive China was in the auction)这样的说法来表达感慨。文章最后列举了中国企业开展大规模收/并购的事实,如中石化收购瑞士Addax公司股权、中石油开发巴格达南部的油田等,以此来佐证自己的观点。虽然在这篇报道中,中石化只是配角,但报道将其与中石油等中国企业列在一起,与"中国"互换,成为中国全球扩张的代言人和急先锋。

在这篇报道中,作者将"中石化"与"伊拉克管理机构"设为对立的二元结构,通过3次"The biggest invest"关键词凸显了此项目的重大,而中国多出资20亿美元则表明该项目对中国的吸引力,另外,恩特曼说"新闻文本的框架是通过使用或拒绝使用某些关键词、常用语、僵化的形象、信息源和句子,通过某些事实和判断的聚合来强化主题。"[①] 从上述两篇报道的分析,可以看出对中石化以及中国企业的描述,都采用了一些内涵意指极为丰富的词,并且使用一些观点句来表明自己的态度,虽然表面上是对事实的陈述,但作者的态度通过对事实有选择的罗列已经体现出来了,对于中国企业不惜代价进行并购的行为,西方媒体适度地表示了"震惊",暗示其不同寻常的做法与西方规则相违背,并且将商业框架与国家—国际政治框架挂钩来引导对此类事件的社会认知。

---

① Robert Entman, "Framing: Towards clarification of a fractured paradigm", *McQuail's reader in mass communication theory*, (1993): 390.

四 结论

通过对60篇来自欧美媒体的样本新闻报道分析,研究者发现,欧美媒体对以中石化为代表的中国国企的报道存在着诸多值得思考的方面。在报道框架上,商业框架和国家—国际政治框架占据主导,而环保框架、劳资框架和反腐框架也不鲜见。商业框架的报道多居中性,但一旦涉及国家—国际政治框架,负面的意涵则多有发生,至于环保、劳资和反腐问题更是负面报道的"重灾区"。西方媒体虽然强调客观性,也多半不会赤裸裸地攻击中国企业及中国形象,但字里行间所显示的意识形态意味也足以为读者察觉。

由于欧美媒体多半使用自采新闻或路透社、美联社等大型西方通讯社的新闻,甚少采用中国的官方数据,这就使中西方的媒体舆论场出现差异。当然,中石化可能是一个较特殊的主体,其独特的"国有"和"能源"企业的性质,使它较易受到外媒的注意和攻击。但另一方面,与媒体本身的意识形态属性有关,媒体必然受到利益集团的有形或无形压力而服务于本土意识形态,即使在号称世界上最民主的美国也是如此。另外,为顺应消费者口味,媒体会顺应而不是改变既有的文化和意识形态来报道新闻。因而,外媒对中国的报道是无法做到纯粹的客观性的,这一方面应引发中国企业公关与形象管理部门的重视,另一方面也值得中国国家形象、国际传播等相关领域的研究者与实践者关注。

B.15 海尔在非洲传播的机遇与挑战

李艳伟*

摘　要： 非洲作为新兴经济体，其巨大的市场空间越来越受到世界各国的重视。随着中非友好合作的进一步升级，中国企业在非洲的发展和传播情况愈发值得关注。本文以中国家电企业海尔集团为研究对象进行个案研究，以SWOT分析法为理论框架，对海尔在非洲传播的现状、优势以及面临的阻碍和挑战进行了分析与探讨。研究发现，海尔作为中国优秀的家电企业，自身的品牌优势和优质服务是其在非洲传播的重要资源，同时非洲特殊的政治、社会、历史等因素对海尔的在非传播造成了一定的困扰。海尔在非洲的进一步传播与发展需要精准定位、寻找机遇，这也是对其他企业在非传播的借鉴。

关键词： 海尔　非洲传播

非洲以其丰富的资源和市场潜力在世界上始终占有特殊的地位。2008年金融危机之后，欧洲诸国经济持续低迷，美国、日本等发达经济体增长乏力，欧美经济体受到严重影响。一向靠救济和援助生存

---

* 李艳伟，中国传媒大学传播研究院2013级传播学研究生。

的非洲大陆却表现抢眼，2013年和2014年经济增长率分别为5.4%和5.7%，连续多年保持较高的经济增长率。据国际货币基金组织（IMF）预测，撒哈拉以南非洲国家将迎来经济增长浪潮，位列世界经济增长速度最快行列，仅次于亚洲发展中国家。[①]

作为全球经济成长最快的地区之一，非洲被公认为是全球重要的新兴市场，因而引发了世界各国激烈的竞争与抢占。中国与非洲长期保持友好合作关系，自2009年起，中国已连续5年成为非洲第一大贸易伙伴国和非洲大陆重要的新兴投资来源地。2014年5月李克强总理出访非洲，提出"461"中非合作框架，进一步升级了中非友好合作关系。作为中非贸易往来和交流的重要主体，中国企业在非洲的发展与传播情况值得关注。本文就以中国家电企业海尔为研究对象，以SWOT分析法为理论框架，从企业内部环境和外部环境两方面探讨海尔在非洲的传播之路。

SWOT分析法来自于麦肯锡咨询公司，是一种常用的战略规划工具，其中S（strengths）、W（weaknesses）是内部因素，指企业自身的优势和劣势，O（opportunities）、T（threats）是外部因素，指外部环境的机会和威胁。运用这种方法，可以对研究对象所处的情景进行全面、系统、准确的研究，从而得出相对完整的结论。下文将分别从企业内部和外部环境两方面对海尔在非洲的传播战略进行分析。

一 海尔品牌的背书资源

（一）"先难后易"的国际化发展战略打造优质品牌资源

从1984年创业至今，海尔集团先后经过了名牌战略发展阶段、

---

① 《非洲两年内将成新兴市场"老大"》，http://www.zfhz.org/plus/view.php?aid=4022。

多元化战略发展阶段、国际化战略发展阶段、全球化品牌战略发展阶段以及网络化战略阶段（见图1）。海尔集团走向国际化是从第三个战略阶段开始的。

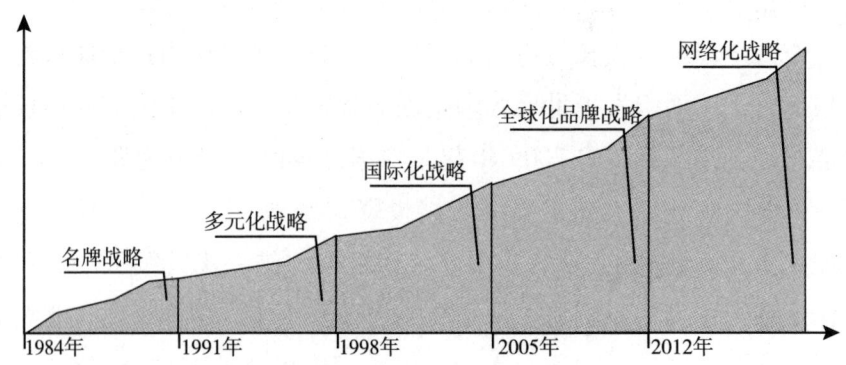

图1　海尔集团战略

资料来源：海尔官网，http://www.haier.net/cn/about_haier/strategy/。

据海尔集团官网资料，1998年9月，海尔开始了国际化发展道路，并创造了"海尔国际化发展模式"。具体来说，海尔采用的是"走出去、走进去、走上去"的"三步走"战略和"先难后易"的战术，即产品首先进入发达国家创品牌，然后再以高屋建瓴之势进入发展中国家，逐渐在海外建立起设计、制造、营销的"三位一体"本土化模式。到2005年9月，海尔集团进入全球品牌运作阶段，开始整合全球的研发、制造、营销资源，创全球化品牌。

海尔的国际化战略取得了初步成功，目前，海尔在全球有五大研发中心、21个工业园、66个贸易公司，用户遍布全球100多个国家和地区。2014年，海尔全球营业额为2007亿元，利润总额达到150亿元，利润增长3倍于收入增长，线上交易额548亿元，同比增长2391%。据消费市场权威调查机构欧睿国际（Euromonitor）的数据，2014年海尔品牌全球零售量份额为10.2%，连续六年蝉联全球大型家电第一品牌①。

海尔在发达国家积累的国际传播经验和品牌优势成为其在非洲传播和发展的重要资源,海尔全英文的广告中"全球第二大家电生产商"的字样非常突出。2001年5月,海尔尼日利亚合资工厂成立,完全输入海尔成套家电生产技术工艺,实现了全系列家电的本地化生产。2005年,海尔在约旦建立了中东非区域的第一个工业园,目前已成为当地家电品牌的前三名。2010年,海尔在中东非取得了持续的增长:在突尼斯,海尔实现了翻番增长,一举成为当地第二大空调品牌。据华通明略品牌调研数据,海尔在沙特的品牌知名度达到了59%。阿尔及利亚康斯坦丁大学教授阿米尔·伽尔认为,一些用户之所以购买海尔,就是因为在购买同类产品时,首先想到的是海尔品牌,这种典型的品牌驱动是海尔成功的要素之一。②

2015年1月29日,由中非工业合作发展论坛、中国世贸组织非洲委员会举办的"2014第四届最值得向非洲推荐的100家中国企业"评选活动在京揭晓,非洲驻华使馆、商务部、外交部、世贸组织和非洲组织等相关专家参与评选,海尔集团名列第7位,海尔集团的品牌战略初显成效,这一称号也推进了海尔品牌在非洲的建设与传播。

(二)本土化、定制化服务巩固海尔的品牌优势

20世纪90年代以来,品牌传播理论进入整合营销传播范式时期,这一理论范式将品牌传播的重点从企业自身转移到消费者身上,重点研究消费者的需求和行为,以此制定自身的传播战略。以消费者需求为中心同样成为海尔品牌传播和发展的重点,通过为非洲消费者提供本地化的解决方案和优质的售后服务,海尔进一步巩固了自身的

---

① 海尔官网,http://www.haier.net/cn/about_haier/。
② 《海尔本土化赢得消费者好评》,http://www.cctime.com/html/2014-10-27/20141027132313187.htm。

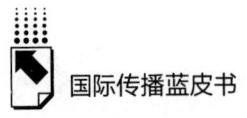

品牌优势。

非洲专家布隆迪国际领导大学发展和商业伦理研究所助理教授Symphorien Ntibagirirwa 指出:"在非洲市场,海尔是消费者比较熟悉的中国家电品牌。这一方面缘于海尔集团卓越的国际化经营战略;另一方面,还是因为海尔在技术、设计和服务上的优势吸引并打动了当地消费者。"①

据官网资料,海尔在非洲的发展就是不断发现并满足当地需求的过程:海尔研发了100小时不化冻的冷柜,让用户在停电时也能吃上冰块,以应对电网运转不稳定的问题;为了应对当地高温潮湿的天气,海尔研发出了全防锈的冰箱;当地居民的衣饰以长袍为主,海尔研发出了能洗大袍子的洗衣机;针对安哥拉地区被"小馋猫"们困扰的家长的需求,海尔研发出了上锁冰箱;等等。这些产品深受非洲消费者的欢迎,海尔品牌的优质与创新精神深入人心。2010年12月,海尔获得"感动非洲十大中国企业"的称号。

目前,海尔已经在尼日利亚、突尼斯、阿尔及利亚等国家设立了工厂,在20个以上的非洲国家直接或间接建立了经销商网络,在大多数国家建立了完善的售后服务体系,为当地消费者提供了全系列、高性价比的商品,海尔正逐步实现在非洲家电市场的全方位渗透。

二 非洲政治、历史等因素带来的传播障碍

非洲快速发展的经济和市场空间给予了海尔在非传播的巨大机遇,但同时,非洲的政治、历史、社会等其他因素也给海尔在非传播造成了一定的阻碍,具体表现在以下三个方面。

---

① 布隆迪专家:《海尔打动了非洲消费者》,http://luxury.ce.cn/sd/sdzh/201501/16/t20150116_2260152.shtml。

1. 社会发展的失衡

非洲有仅次于亚洲的世界第二大陆地面积，人口超过10亿。广阔的地域、庞大的人口、殖民地的历史使非洲大陆的情况十分复杂，各地发展程度和消费层次参差不齐。

据商务部网站资料显示，西非经济发展水平在非洲属中等层次。目前，西非大多数人消费购物的观念属于实用型，追求的是实惠和经济耐用，对商品的牌子、式样、包装不甚讲究。对于东非来说，中国的名牌货是东非人的首选目标。中非消费市场不大，但消费水平高低悬殊较大，从而形成了多层次的消费市场。在中非，既有服务于国际机构、各国使馆、外国投资者和当地富人需要的高端消费市场，又有适应多数穷人需要的低消费市场。大多数北非国家的消费水平同中国大体上相似。南部非洲是非洲大陆经济发展最有希望的地区，在南部非洲市场上，到处可以看到中国商品。①

由此可以看到，非洲仍有广大地区消费水平较低，消费者对品牌认知度不高，而是追求物美价廉的商品。在这里，海尔的名牌战略就很难发挥作用。据调查，在阿尔及利亚、刚果等一些地区，只有部分政府官员以及与中国来往密切的商人对中国企业和中国品牌有很强的认知度，很大一部分当地民众并不关心中国品牌，而是关注经济耐用的"中国制造"。②

2. 传播渠道的欠发达

由于历史、社会等原因，非洲媒体一直扮演着政治斗争工具的角色。20世纪80年代末90年代初以来，伴随着全球范围内经济自由化和政治民主化的进程，非洲媒体开始转型，商业媒体逐步发展起来，但总体水平依然较低。其中，广播仍是非洲国家最重要的媒体渠道，

---

① http://www.mofcom.gov.cn/article/i/dxfw/gzzd/201410/20141000756540.shtml。
② 此资料由研究者电话采访阿尔及利亚等地的中国员工所得。

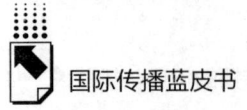

虽然不少非洲国家开放了广播业，但很多广播都掌握在大亨手中，广告收益有限，商业化很不成熟，不同国家和地区之间的差异也很明显。

Hendrik Bussiek 在 2013 年所做的研究显示，在其研究的 11 个黑非洲国家中，有 88% 的受访者表示"昨天"曾收听过广播，有 95% 的受访者表示在"过去的七天"中收听过广播。电视方面，在接受调查的听众中，约有 58% 的人表示在"过去的七天"中收看过电视。而广播和电视信号的接入和质量方面，不同国家之间在水平上有着巨大差异。在一些较为落后的国家，电视信号只覆盖于首都和省会城市，其他地区只能通过卫星天线接收信号，这限制了落后地区的精英接受信息服务（比如莫桑比克）。①

上述研究一定程度上代表了非洲的媒体发展情况，正如刚果金新大学教授 SylvieMambwe 在接受《数字商业时代》采访时所说的，对于非洲消费者来说，传播载体和媒介功能不是十分发达，因此，在非洲市场的传播方法与欧美及亚洲地区需要有区别。② 正是由于非洲媒体渠道不完善，不同国家和地区发展水平存在较大差距，利用媒体进行品牌传播对海尔来说是一大挑战。SylvieMambwe 提出了自己的建议，即海尔如果想在非洲市场拥有更多的潜在用户，不妨多考虑户外传播、部分传统媒体和线下活动。

3. "新殖民主义"话语体系的干扰

21 世纪以来，随着中国经济实力的增强、国际地位的提升，西方意识到自己在非洲市场的优势地位开始受到中国的挑战。西方一些国家和媒体将中国在非洲的投资和援助歪曲为"新殖民主义"，污蔑中国在非洲的投资是为了满足自己经济发展的胃口。由于长期的殖民

---

① Hendrik Bussiek, PUBLIC BROADCASTING IN AFRICA SERIES, South Africa, AfriMAP, 2013.
② 刚果专家：《我看好海尔在非洲的未来》，http://www.cctime.com/html/2014-11-22/20141122125837120.htm。

地背景和西方强大的议程设置能力,从现实情况来看,在非洲,目前有关中国议题的话语权是由西方主导的。① 这导致了"新殖民主义"话语体系在非洲拥有很大市场,使得中国对非洲的正常投资、援助等在一定程度上受到负面舆论的干扰。而中国的企业和产品在一定程度上也受到了"新殖民主义"话语体系的干扰。

根据研究者进行电话采访的资料,不少非洲当地居民称呼中国企业和中国人为"阿里巴巴"(阿里巴巴与四十大盗中的阿里巴巴),因为他们觉得中国企业到非洲只是为了赚非洲人民的钱,与非洲抢夺财富。② 这显然是"新殖民主义"话语体系影响的结果,而在短期内中国很难撼动西方主流媒体在非洲的话语主导地位。对于包括海尔在内的中国企业来说,这无疑对其在非洲的发展造成了巨大的困扰。

三 结语:反思与展望

综上所述,面对非洲复杂的社会人文背景,海尔的品牌传播策略稍显单薄,一方面虽然积累了发达国家的国际化发展经验,但这一战略在非洲落实的过程中还不够精准,依然面临许多现实问题;另一方面,海尔的品牌营销并没有充分利用非洲可利用的媒体条件,品牌优势得不到充分彰显。

互联网时代的到来使传统的生活、生产方式受到了严重的冲击,也带来了新的机遇。2012年12月,海尔集团宣布进入第五个发展阶段:网络化战略阶段,重点生产满足互联网时代消费者个性化需求的产品,打造"平台化"新型企业发展模式。与之相对应,互联网思维和互联网手段对海尔在非洲的传播也将会是一个重要突破口。

---

① 王眉:《中国在非洲话语的构建与传播》,《当代世界》2014年第9期。
② 此资料由研究者电话采访阿尔及利亚等地的中国员工所得。

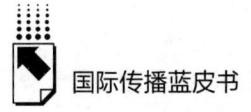

资料显示，虽然非洲国家的大部分地区依然贫穷落后，收音机在信息获取中仍占据主导地位。但是，随着传媒市场竞争的加剧，有线电视和网络的使用成本从几十、上百美元下降到十几美元，电视和网络正在追赶收音机，成为当地人获取新闻的主要渠道；其中，移动互联网更是成为部分大城市居民（尤其是年轻人）获取信息的新宠。国际电信联盟（ITU）2013 年的调研数据显示：过去三年，非洲成为在线移动宽带用户发展最快的区域，移动宽带普及率从 2010 年的 2% 提高到 2013 年的 11%。[1]

另外，由移动研究公司 Geopoll 以及南非科技市场研究公司 World Wide Worx 联合进行的名为"移动非洲 2015"的研究发现，在其所研究的非洲五个市场（涉及南非、尼日利亚、肯尼亚、加纳和乌干达的 3500 名手机用户）中，通过手机上网的比例已达到 40%。在尼日利亚和加纳，分别有 51% 和 47% 的受访者报告称他们使用手机上网。南非稍微落后（40%），而肯尼亚（34%）和乌干达（29%）相对发展较为缓慢。[2] 同时调查发现，在众多手机功能中，最受非洲市场欢迎的是使用 Facebook（48%）这一功能，Facebook 也成为非洲浏览最多的网站，这对非洲社会化媒体的发展起到了积极的推动作用。

虽然非洲互联网和移动互联网刚刚起步，发展极不均衡，且与发达国家和世界平均水平有一定的差距。但是互联网的良好发展，尤其是社会化媒体在非洲的普及，给海尔的品牌营销带来了新的机遇。利用互联网的特性进行社会化传播，积极消除"新殖民主义"话语体系的干扰，同时深入调研非洲不同地区的消费需求状况，将是海尔未来进一步发展的重要突破口。

---

[1] 王眉：《中国在非洲话语的构建与传播》，《当代世界》2014 年第 9 期。
[2] "移动非洲 2015"——非洲手机使用情况调查，http://intl.ce.cn/specials/zxgjzh/201504/10/t20150410_5076198.shtml。

B.16 全球速卖通的 SWOT 模型分析及未来发展之路

于啸月

摘　要： 2014年，对中国电商巨头阿里巴巴来讲是丰收的一年，作为其对外战略的重要子品牌，全球速卖通可能对国内消费者还比较陌生。本文主要对全球速卖通进行了简单介绍，并对其进行了 SWOT 模型分析，最后对其将来的发展路径作了相关预测。

关键词： 全球速卖通　SWOT 模型分析　发展之路

一　全球速卖通简介

十年前，电子商务开始在中国外贸领域生根发芽。十年后，这依旧是一个模式多样、风起云涌的年轻领域。作为中国国内电商巨头，阿里巴巴集团于2014年9月19日在纽约证券交易所上市，证券代码为"BABA"，价格确定为每股68美元，这也是 IPO 交易史上规模最大的交易之一。虽然阿里巴巴集团在国内一家独大，成了行业巨头，但它的全球事业也只是刚刚起步。为了适应电子商务从信息时代向交易时代的转型，阿里巴巴改变了以往的黄页推广模式，于2010年4月推出了阿里全球速卖通，这是一个功能强大的电商平台，它整合了包括海外推广、交易支持、纠纷处理、在线支付、在线物流、信用体系和售后服务等多项服务。

全球速卖通是阿里巴巴的子品牌。它是集订单、支付、物流于一身的外贸在线交易平台。它帮助全球的中小企业和个体经销商搭建了与终端批发零售商的沟通桥梁,从而达到了小批量多批次快速销售,拓展利润空间的目的。目前,全球速卖通的买家注册数量高达数百万,覆盖了全世界220多个国家与地区。速卖通平台的商品种类繁多,为全球买家提供了超过20个主要产品类目的特色商品。与传统外贸和国内销售相比,它的优点在于,外贸产业供应链可以通过互联网得到极大的缩短和优化,而中国商家也会因此得到更高的利润(见图1)。

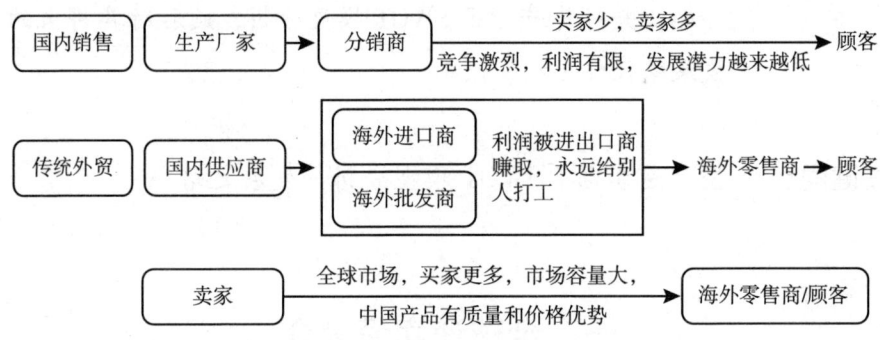

图1 全球速卖通的平台优势

资料来源:速卖通平台介绍,http://activities.aliexpress.com/introduction_tbpage/index.php。

二 全球速卖通的 SWOT 分析

"SWOT分析矩阵,是一种战略分析方法,主要通过分析研究对象的内部优势(strength)、内部劣势(weakness)、外部机会(opportunity)和外部威胁(threat),加以综合分析与评价得出结论。该方法主要通过对外部环境、内部资源有机结合来分析对象的资源缺陷和优势，研究分析对象存在的挑战机会，然后总结出相对应的战略。"①

1. 内部优势分析

内部优势是指相较于竞争对手，企业或单位自身的优点，而这些优点可以让自己在竞争中处于优势地位。阿里巴巴全球速卖通的内部优势包括以下几个方面。

（1）股权决定的地域优势

阿里巴巴属于外商参股企业。2014年5月6日，阿里巴巴集团向美国证券交易委员会（SEC）提交了IPO（首次公开招股）招股书。阿里巴巴的股权结构也在这份招股书中得到了曝光。其中43.1%的股份由阿里巴巴董事局主席马云以及管理层和中投、博裕资本、中信资本和国家开发银行等私募基金持有，日本软银集团和雅虎则分别持有34.4%和22.5%的股份。②这就方便了全球速卖通在全世界不同地区开展业务。速卖通成立的初期主要针对的便是日本和美国等发达国家市场，这样的发展策略与阿里巴巴的股权分配有着极大的联系。

（2）强大后盾决定的资金和资源优势

所谓大树底下好乘凉，在全球速卖通成立初期，为了打开美国市场，阿里巴巴投入1亿美元，先收购Vendio公司，之后进行了多次上千万的大型促销活动，这些举措为全球速卖通带来了不可估量的好处，超过8万的潜在采购客户和美国本土的优质买家便是这些好处之一。接着阿里巴巴为了对全球速卖通进行网站推广，持续往搜索类网站大量注入资金，这样的举措使速卖通在搜索网站的搜索流量激增，世界排名急速上升，仅仅用了两年时间便超过了比它早五年成立的敦

---

① G. Houben, K. Lenle, K. Vanhoof. A knowledge-based SWOT—analysis system as an instrument for strategic planning in small and medium sized enterprises [J]. Decision Support Systems, 1999, (26): 125 - 135.

② 搜狐科技, http://it.sohu.com/20140918/n404430420.shtml。

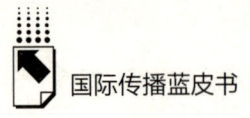

煌网（见表1）。

除此之外，阿里巴巴还开通了"淘宝一键代销"功能，这可以让用户直接在速卖通平台上购买到海量的淘宝产品，此举不仅极大地丰富了速卖通的产品品类，还让淘宝的交易量有了很大的提高，更刺激了庞大的淘宝卖家加入速卖通的外贸行业中来，使其迅速成长为全球知名的在线跨境交易平台。

表1 全球速卖通和敦煌网的流量对比

网站 www.aliexpress.com 的收录/反链结果				
搜索引擎	百度	谷歌	360	搜狗
收录	39万↓	965万	1970万	5918万 5203↓
反链	21万1000	122	2790万 3	查询
网站 www.dhgate.com 的收录/反链结果				
搜索引擎	百度	谷歌	360	搜狗
收录	2360	275万	963万↑	1149万 426↑
反链	2万9800↓	1020	116↑	查询

资料来源：SEO综合数据查询，http://seo.chinaz.com/。

2. 内部劣势分析

内部劣势是指企业做得不好或缺少某种东西，使企业处于不利因素的某些条件。全球速卖通的劣势包括如下几个方面。

(1) 国际支付问题

全球速卖通在刚起步时，与Paypal有过短期合作。但是由于其过猛的发展势头，eBay于2011年5月终止了双方的合作。目前，速卖通过国际支付宝持多种支付方式，包括信用卡、T/T银行汇款、Moneybookers、借记卡等。与Paypal相比，这些方式到账时间较长，有的甚至需要24小时取核，另外信用卡还存在支付被拒的风险。同时与eBay的Paypal的全资控股和良好口碑相比，国际版支付宝要想得到广大跨境消费者的普遍青睐还有很长的路要走。

(2) 假货泛滥和信誉度问题

由于阿里巴巴全球速卖通的高流动性和开放性,其对卖家的管理变得十分困难,因此平台上假货和高仿品泛滥,有很多产品都侵犯了他人的知识产权,这是制约着全球速卖通发展的重要原因之一(见表2)。

表2 10月份对速卖通卖家的处罚措施和数据

具体违规行为	处罚详情	会员数量
发布禁限售产品	冻结账号	46
	关闭账号	7
侵犯知识产权(包含图片盗用、发布侵权产品、销售假货等侵犯知识产权行为)	警 告	95
	限制发布产品	446
	冻结账号	412
	关闭账号	10
虚假发货	冻结账号	3
	关闭账号	12
严重货不对版	冻结账号	2

资料来源:亿邦动力网,http://www.ebrun.com/20121031/59784.shtml。

"过去几年中,全球速卖通存在着大量的侵犯知识产权现象。2012年10月全球速卖通发布了10月份对速卖通卖家的处罚措施和数据,共有5499名卖家受到处罚。根据数据显示,因为侵犯知识产权而受到处罚的卖家共计4843名,占到所有卖家的88%,其中有1707名卖家被冻结账号,194名被冻结账户,甚至有256名卖家被关闭账号。涉及侵犯知识产权的行为包括图片盗用、发布侵权产品和发布假货。"[1] 2014年6月、7月两个月又相继被曝出了速卖通珠宝和运动产品具有严重的侵权现象。虽然公司采取了大量的挽救措施,但是这些情况还是对速卖通的品牌形象造成了极大的伤害,受损的信誉

---

[1] 亿邦动力网,http://www.ebrun.com/20121031/59784.shtml。

度仍然需要很长的时间进行修复。

虽然速卖通针对侵权行为公布了大量的规章制度和处罚条款,但是侵权一直是跨境电商行业的一个顽疾,尤其是商品繁多的第三方平台,更难以管控侵权、假货等问题,要彻底治理并不是一朝一夕的事。

3. 外部机会分析

外部机会对一个企业来说有着十分重要的影响,企业应当评价和确认市场环境中所有机会的成长空间,从而使自身得到长足的发展,全球速卖通的外部机会可以从政治、经济、社会和技术四个方面进行分析。

(1) 政治环境分析

中国国家主席习近平在2013年9月和10月分别提出了建设"新丝绸之路经济带"和"21世纪海上丝绸之路"的战略构想。这一战略构想会极大地推动对外贸易的发展,而作为跨境贸易的电商平台,阿里巴巴全球速卖通无疑也迎来了绝佳的发展机会,在巴西和俄罗斯电商行业取得了长足的发展。巴西在线消费行为研究公司E-Bit指出,全球速卖通于2013年开始在巴西运营,目前已成为巴西国内最受欢迎的跨境购物网站之一,占据了20%的市场份额,仅次于eBay和Amazon。① 据俄罗斯媒体报道,在诸多跨境电商平台中,阿里巴巴速卖通在俄罗斯市场上占主导地位,交易额占俄罗斯人跨境网购市场总值的35%,已经成为俄罗斯最大的跨境电商平台。②

"2014年8月19日召开的国务院常务会议提出,要以研发中介、技术转移、创业孵化和知识产权等领域为重点,大力推动信息科技产业的发展。会议还明确,不仅会加大对高新科技服务产业的财政支持,还会减免这些产业15%的企业所得税。"③ 以及国务院办公厅印

---

① 亿邦动力网,http://www.ebrun.com/20140910/109829.shtml。
② 中国电子商务研究中心,http://b2b.toocle.com/detail--6212695.html。
③ 中国政府网,http://www.mof.gov.cn/zhengwuxinxi/caizhengxinwen/201408/t20140821_1129601.html。

发的《2006—2020年国家信息化发展战略》提出的国家优先重点发展的领域中就有现代服务业及信息产业，这一系列的国家政策将进一步提高阿里速卖通的专业化服务和市场化运营能力。

（2）经济环境分析

"据海关统计，2014年，我国进出口总值26.43万亿元人民币，同比增长2.3%，其中出口14.39万亿元，增长4.9%，进口12.04万亿元，下降0.6%，贸易顺差2.35万亿元，扩大45.9%。"[①] 同时从艾瑞2014年发布的《2014年中国跨境电商行业研究报告完整版》，可以看到2014年我国跨境电商交易规模为4.0万亿元，增长率为30.6%，占进出口贸易总额的14.8%。伴随着行业产业链的逐步完善，再加上行业参与者的推动和国家政策的大力支持，预计未来几年内跨境电商仍会保持良好的发展势头，交易额稳中有升，在2017年将占到进出口贸易总额的20%左右（见图2）。[②]

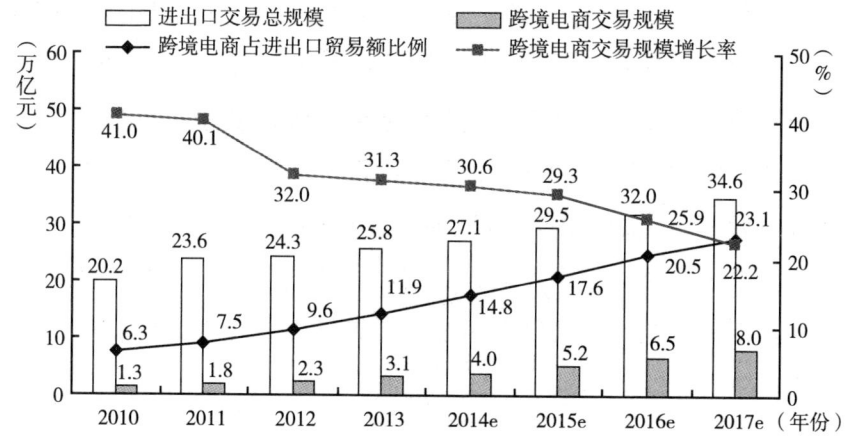

图2　2010~2017年中国进出口贸易及跨境电商交易规模

资料来源：《2014年中国跨境电商行业研究报告完整版》。

---

① 中国商品网，http://ccn.mofcom.gov.cn/spbg/show.php?id=15903。
② 《2014年中国跨境电商行业研究报告完整版》。

由图 2 可以看出，我国跨境电商占进出口贸易额比例呈现逐年上升之势，可见海外营销环境正在完善，跨境电子商务也必将再度扩大网络经济圈。

(3) 社会环境分析

"中国海关总署、发改委联合于 2012 年 12 月 19 日在河南郑州召开了中国跨境贸易电子商务服务试点工作部署会，会上宣布郑州、宁波、上海、杭州、重庆将作为五个试点城市，这也意味着中国跨境贸易电子商务服务试点工作正式启动。在出口方面，跨境电商存在退税、结汇问题，针对这些问题，将在 5 个试点城市推广'清单核放、汇总申报'的管理模式。根据海关总署的数据，截至 2014 年 4 月 28 日，出口业务已在上述 5 个试点城市逐步展开，累计验放出口清单超 25 万份，归并形成出口报关单 1393 票，价值约 2925 万元。进口方面，各试点城市充分发挥海关特殊监管区域的功能和优势，建立网购保税进口模式和直购进口模式。截至 2014 年 4 月 28 日，进口业务已在上海、宁波、杭州、郑州、重庆等地开展，累计验放进口包裹约 6 万票，货值 2048 万元。跨境电商进口业务试点城市进行了较多尝试，各政府指导下的跨境电商平台先后上线，如上海的跨境通、宁波的跨境购等。"[①] 为了促进我国跨境电子商务的健康发展，我们可以通过分析上述 5 个试点城市的经验教训，总结出一套针对结汇、通关和退税等方面标准可行的管理办法。

(4) 技术环境分析

电子商务包含了一系列的综合应用技术，其中最主要的有网络技术、计算机技术、安全技术、通信技术等，计算机和网络在这些技术中的地位举足轻重。根据《第 35 次中国互联网络发展状况统计报

---

① 《2014 年中国跨境电商行业研究报告完整版》。

告》,"截至2014年12月,中国国际出口带宽为4118663Mbps,年增长率为20.9%。"①

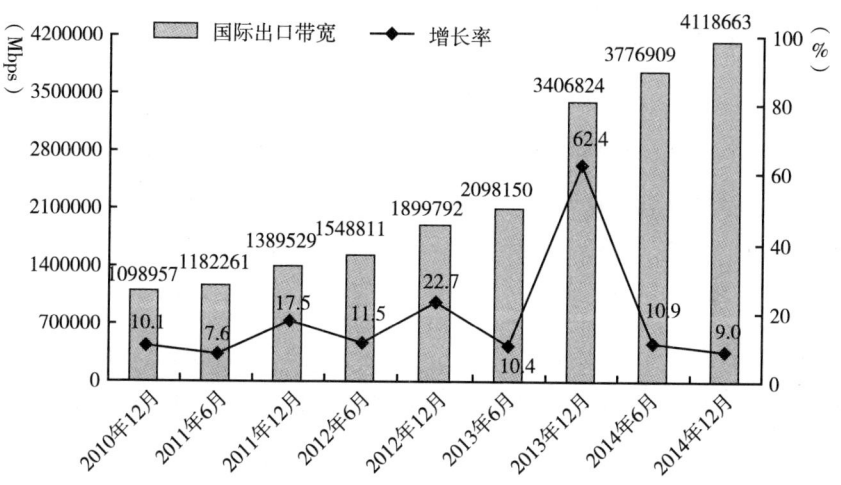

图3 中国国际出口宽带及其增长率

资料来源:《第35次中国互联网络发展状况统计报告》。

"截至2014年12月,中国网民规模达6.49亿,全年共计新增网民3117万人。互联网普及率为47.9%,较2013年底提升了2.1个百分点。我国企业互联网基础设施普及工作已基本完成,在办公中使用计算机的比例基本保持在90%左右的水平上,互联网的普及率也保持在80%左右,在使用互联网办公的企业中,固定宽带的接入率也连续多年超过95%。"②

通过以上数据不难看到,我国的计算机和网络技术取得了长足的进步,网络消费和电子商务企业也能在一个相对安全的环境下进行。

---

① 《第35次中国互联网络发展状况统计报告》。
② 《第35次中国互联网络发展状况统计报告》。

4. 外部威胁分析

公司或单位的外部威胁是指在公司或单位的外部环境当中存在着对公司的市场地位和盈利水平的威胁。阿里速卖通主要面对的外部威胁包括以下几个方面。

（1）越来越激烈的竞争

BrandZ 发布的《2014 年全球最具价值品牌百强排行榜》中，作为阿里全球速卖通的两大主要竞争对手，亚马逊和 ebay 分别以 64255 万美元和 15587 万美元占据榜单的第十位和第六十一位。① 而 2015 年 BrandZ 发布的《2015 年中国最具价值品牌百强排行榜》中，阿里巴巴以 59648 万美元高居榜单第二，但是这里的品牌价值只有很少一部分来自于全球速卖通。② 同时对比三家公司的 Alexa 排名，亚马逊的世界排名为 7，流量排名为 6；ebay 的世界排名为 19，流量排名为 16；速卖通的世界排名为 40，流量排名为 2。③ 可见，无论是品牌价值，还是 Alexa 排名全球速卖通仍然远远落后于亚马逊和 ebay 两家跨境电商。

跨境在线交易第三方平台的技术准入极低，基本没有任何壁垒，并且十分容易进行复制。在未来，本土的其他知名企业和大量的跨国企业都有可能进军这一领域分一杯羹。同时，随着小额外贸细分市场的进一步发展，一些具有品牌优势和客户资源的中小电子商务企业也将对这一领域发起猛攻。这都将进一步加剧该领域的竞争。

（2）国内制造业成本上涨

"中国进出口企业年会 2015 暨中国对外贸易 500 强俱乐部年会"于 4 月 26 日至 27 日在北京举办，会议指出"近几年，我国的制造业成本逐年增长，已经远远超过东欧、东南亚等地，直逼美国。长三

---

① 《2014 年全球最具价值品牌百强排行榜》。
② 《2015 年中国最具价值品牌百强排行榜》。
③ SEO 综合数据查询，http://seo.chinaz.com/。

角、珠三角地区甚至达到了美国制造业成本的95％。"① 阿里巴巴全球速卖通与传统贸易一样面临着诸多跨境贸易的制约因素。中国出口的产品成本很低，以劳动密集型和低加工型为主。但随着国内原材料价格的上涨，再加上劳动力成本的攀升，中国制造业的低成本优势将荡然无存。因此全球速卖通将面临越来越大的压力。

三 全球速卖通的未来发展之路

1. 产品及市场的多元化

从销售产品品类看，速卖通数据显示，其平台销售品类前五的是：服装及配饰、手机及通信工具、美妆及健康、计算机网络、珠宝及手表。② 不断拓展销售品类是跨境电商企业业务扩张的重要手段，品类的不断拓展，不光让"中国制造"的商品很自然地融入各地消费者的日常生活中，还帮助跨境电商企业了解了最具消费力的全球跨境网购群体，使他们牢牢抓住了这一商机。电商已经成为人们日常生活不可或缺的一部分，随着科技的进步、物流配送方案的革新，速卖通出口零售业所包含的产品种类将进一步增加。

从销售目标市场看，速卖通数据显示，其平台销售前五的目的地国家是俄罗斯、巴西、西班牙、印度尼西亚、美国。③ 巴西、俄罗斯的消费需求极其旺盛，再加上这两个国家的本土电商企业并不发达，而"中国制造"的商品不论从价格还是品质上都有着强大的优势，预计在未来仍是速卖通的主要销售市场。同时，速卖通也将进一步拓展东南亚市场，印度尼西亚则是东南亚人口最多的国家，全球人口排名位居第四，具有巨大的消费潜力，可以作为打开东南亚市场的重要基

---

① 中国政协网，http：//www.china.com.cn/cppcc/2015-04/27/content_35425864.htm。
② 互联易，http：//www.szice.net/news_840_details.html。
③ 互联易，http：//www.szice.net/news_840_details.html。

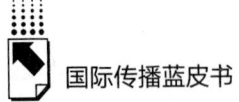

石。另外，在中东欧、拉丁美洲、中东和非洲等地区，速卖通的渗透率依然较低，有望在未来获得较大突破。

2. 移动端将成为发展重要推动力

近年来，全球速卖通移动端发展迅速。2013年，速卖通APP下载量增幅显著，其中买家客户端下载量增长了近10倍，来自移动端的访客增长了5倍，来自手机和平板的订单量占到了全部订单的17%。① 移动跨境电商的发展情况跟各国的互联网发展情况相关。对于美国之类的发达市场，互联网发展进程完备，跨境电商从PC到移动端的发展有很大的存量空间。在一些新兴市场，整个电商的发展水平可能是中国几年前的水平，比如说像俄罗斯、东南亚和非洲，大量用户不需要进入PC端跨境电商市场，直接进入移动跨境电商市场，这是未来移动跨境电商发展的巨大的增量市场。

---

① 亿邦动力网，http://www.ebrun.com/20140424/97341.shtml。

海 外 篇
Overseas Reports

B.17
"今日俄罗斯"发展中的传媒外交发展方向

吴 非　胡逢瑛

摘　要： 当乌克兰危机之后，中俄全面走近成为必然趋势，此时"今日俄罗斯"电视台成功进入西方国家，并且在今日俄罗斯使用大量西方媒体人之后，西方国家开始聆听来自俄罗斯的声音，这对发展中国家的媒体声音进入西方国家提供了启发，使公共外交中的传媒外交成为外宣的主要方式，中国的对外宣传由开始讲中国的故事，开始向宣传与政策相结合的阶段进发，这样俄罗斯媒体的发展趋势非常值得借鉴。

关键词： 传媒外交　今日俄罗斯　地缘政治

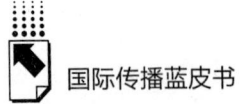
国际传播蓝皮书

随着中国进一步深化改革，周边事态必将变得日益严重与复杂，其中智库相对于对外部门和研究单位必将面临更多的挑战。此时媒体外交应运而生，这其中主要是由于现在的智库无论是一轨还是二轨外交，基本上都是站在政府立场，解决政府问题，那么媒体外交主要是以追查事件真相为目的，将来自国际智库的不同声音系统地介绍给国内政府、智库和受众，作为国际新闻报道的媒体人必须将国际新闻报道和追查真相区分开，媒体人需要时间来思考国际社会中的国会、政府、政党、智库等这些在旋转门之间走进走出的人士的思维模式，为国家、政府提出符合实际情况的预测。

智库主要的任务就是用公共外交的方式来拓展中国整体的外交空间与话语空间，这也对媒体的发展提出了新的任务。智库的发展与媒体的对外报道有异曲同工之妙，智库和媒体的发展必须与对外交往分开，将内部管理与对外发展模式区分开，就是如何把媒体管理做在地化处理，甚至为了发展可以在一定时间采用当地媒体人的观点，国际化媒体成为一股力量，才能够完成讲中国故事的任务。没有适合当地人口味的评论，没有当地受众的支持，国际社会很难接受来自中国的观点，媒体在国际交往中把自身的管理、人力资源应用模式扩展到国际，那么在国际社会上，这种媒体观点就很难接受。

在今日俄罗斯（Russia Today）的发展过程中，其管理模式基本上美国化，但核心思想还以俄罗斯利益为优先，尤其在美国智库遍地，国会中共和党、民主党斗争日益严重的情况下，RT在发展初期找到更多的希望发声的非政府组织和非主流智库，并且对美国第一位民选黑人总统奥巴马给予更多的支持。直到今天，我们更多地意识到，奥巴马很多的政策受到来自政府内部、国会、智库、亲共和党的大财团的抵制，并且最近奥巴马还被评为二战后美国最差总统，但事实上，奥巴马面对国际复杂局势，还没有出兵，很多美国底层受众对奥巴马的医疗政策赞誉有加。今日俄罗斯和奥巴马的友好关系对目前美俄日益冰冻的关系的缓和起到关键作用。在政府对外政策中，公共外交与媒体相辅相成，甚至可以起到在关键时刻防止国家陷入冷战的僵局，如今天的美俄关系。

人民大学公共外交学院院长赵启正把公共外交划分为四个项目：和平与冲突、公司外交、国家外交和媒体外交，和平是大势所趋，公司外交是中国的特长，国家外交领导人都身体力行，只是媒体外交中如何讲中国的故事存在问题，再有在国际媒体中中国的观点很难深入国际受众的心理。中国民间非官方智库察哈尔学会主席韩方明进一步指出媒体外交是中国外交的短板，而且在世界总体趋于和平的状态下，媒体外交是前三者综合表现的战场，对于这一点，从中美俄媒体在乌克兰问题上的全面交战就可见一斑，各国根据自己的意识形态对此事件做出各种报道，但乌克兰真相始终模糊。而真相是乌克兰在苏联之前并没有建立自己的国家，只存在基辅这个城市，而美国非政府组织按照颜色革命的惯性，发动了反对当时政府的武力抗议，导致乌克兰政府提前换届，但随着克里米亚和乌克兰东部问题出现，乌克兰领土的历史问题再次翻出来，并影响欧洲的整体稳定。在乌克兰问题中，美国、俄罗斯、乌克兰的国家、经济、安全实力尽出，全面较量。

中国城市战略中心主任罗天昊指出：中国的资源，多数集中于政府手中；既有洞察力，又具备政策建议能力的人，几乎都在体制内；体制外人士中，由于长期远离权力，对现实政策的可行性，反不熟悉。民间智库存在投资难、注册难、开展工作难的三难状况。但如果现状一时无法改变，按照习总书记面临国际围堵而走出去的经验，媒体人需要具备追求真相的能力，而不是在对外框架建立之后再提升能力，只要媒体人掌握国际事件发生的原因和趋势，那么，自然就会有政府、智库等单位来寻找，毕竟中国在经过三十年的高速发展之后，所面临的国际环境也是多事之秋，这样埋没人才的可能性较低，但此时需要全面、思想具有前瞻性的媒体人，传统的有事才报、依靠惊悚

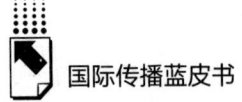

生存、插科打诨、故作深沉、没事为某种精神而掉泪的媒体人在国际环境下将会被马上淘汰。

前哥尔洽科夫基金会计划部主任、现任的俄罗斯创造性外交公共倡议协会总裁娜塔莉亚·布尔里诺娃（Natalia Burlinova）的文章指出，乌克兰危机爆发之后，许多俄罗斯人认识到西方和俄罗斯的观点是如此不同，甚至彼此活在非常对立的空间里。俄罗斯高层认为，似乎俄罗斯在国际的影响力越大且国际地位越高，俄罗斯的国际形象就越差。西方媒体报道俄罗斯的形象好坏是依据俄罗斯是否对西方构成威胁而决定的。2015年3月，普京决定任命柳博芙·格列博娃（LyubovGlebova）担任国际人文合作署的署长，取代前任署长康斯坦金·科萨乔夫（Konstantin Kosachev），这项新的人事任命案被解读为该署原先的国际形象传播成效有限，为了更好地反映俄罗斯的观点和政策，未来俄罗斯软实力的内容将全面转向为国际舆论的信息传播战的方向上，为此，今日俄罗斯通讯社仍要持续扩大传播不同于西方观点的报道。随着RT的海内外阅听众的增加，RT占据了非主流媒体的意见市场。有鉴于今日俄罗斯通讯社的对外报道的影响力甚至超过CNN和BBC，RT在国际议题报道上信心大增，RT的模式也被引入到俄罗斯的国内，成为国家最大的外宣媒体机构。因此，俄罗斯方面认为无须禁止CNN在俄罗斯的传播的效果反而好，持续与西方媒体角逐国际报道的影响力才是俄罗斯国际舆论战的潜力工作。普京在2012年总统竞选期间曾经定义"软实力"为一系列为了达到外交政策却不使用武器而是利用信息传播施加影响力的工具和途径。如今，俄罗斯的软实力外交仍要以联系俄罗斯人民和世界各地俄语居民为先，并且尽可能地争取更大的国际阅听众采纳俄罗斯观点。

纵观近年来的表现，俄罗斯现在特别热衷于公共外交。公共外交的定义在俄罗斯仍是亟待探索的主题，其具有延展性与模糊性的双重特点，关键要看如何善加利用这个新型的外交工具。在目前看来，公共外交在俄罗斯并不是用以取代且也不是对立于传统的政府外交体系，也不是特别凸显非政府组织中可能有的对抗政府的冲突概念，更不是侧重在媒体监督与批判政府的"第四权力"。俄罗斯的公共外交更加注重如何充分发挥自己的角色来协助政府治理国家，并且使正式的外交工作进行得更为顺畅成功。基本上，俄罗斯的公共外交仍然具有民主的特点：一方面，它是政府外交工作的延伸领域，在决策机制与精英阶层中具有反映政府政策与传达政府意见的功能，而大众媒体主要是面向社会大众进行这项功能；另一方面，它不受制于政府体制的固定程序且也不涉及政府资料的机密保护问题，具有相当的灵活性、自主性和独立性，可以较为自由地提供决策者更多的建言建议和解决方法。

俄罗斯公共外交的作用基本体现在如何掌握国际议题的话语权并且适时地在国际问题上施加俄罗斯的国际影响力。当然这样的思路势必与西方国家产生许多的争论。回顾历史，公共外交在俄罗斯兴起于2008年的俄格战争之后，这个关键事件刺激了俄罗斯的高层。当时俄罗斯外交部认为，俄罗斯赢了战争却输了国际支持，其中指的就是无法掌握国际舆论的倾向，也就是输了国际舆论的影响力而造成俄罗斯在国际关系中的困境。因此，俄罗斯高层当时已经意识到，如果国际舆论的压力转化成为俄罗斯内部对政府治理的不满，那么，苏联解体的翻版可能再次发生。

2010年，时任俄罗斯总统的梅德韦杰夫发布总统令，由俄罗斯外交部以非政府组织的形式创办了哥尔洽科夫公共外交基金会，作为俄罗斯最重要的公共外交智库。哥尔洽科夫公共外交基金会非常重视在国际社会中的宣传工作，主要是在国际性的学术研究组织以及智库性质的非政府组织间展开俄罗斯对外宣传的国际传播工作，与国家媒体的角色相互补充。智库和媒体分进合击，同时为俄罗斯国家形象与国家政策进行宣传。智库在公共外交中的对象是决策过程中的精英阶层；媒体则涵盖所有阶层，但主要的对象仍是国内外社会大众，这对型塑民意和民意取向产生作用，亦即媒体可以对其进行劝说且施加影响。智库与媒体两者都是提供俄罗斯在外交决策过程中所需的意见，并且成为反映政府观点与信息传播最重要的桥梁，也是体现国家"软实力"的权力操控者。

中俄间的国际组织需要扩充功能，中俄关系在这次乌克兰危机后的全面接近成为必然，此时俄罗斯开始推广卢布经济圈，而中国也开始推广真正强势货币人民币。这样中俄的结合必须建立在上合组织、亚信峰会和金砖国家峰会之上的经济体系成为首选。

上合组织是在中亚的反恐问题基础之上建立起来，而亚信峰会则是哈萨克斯坦总统纳扎尔巴耶夫提出，旨在亚洲国家之间加强安全合作，峰会主要问题都由外交部部长来提出解决方案，基本上每四年举办一次，这样使得很多问题完成磋商后不能及时解决；金砖国家的概念是由高盛的研究人员提出，金砖国家领导人的见面基本上也是形式大于内容，尽管时任国家主席胡锦涛在印度新德里的那次峰会上就希望实践建立金砖国家银行，但由于时任总理辛格对此基本上完全不支持，因此直到巴西峰会时，问题才彻底解决，并命名为金砖国家开发银行，总部设在上海。

上合组织的扩员与扩容成为现在首先面临的问题，扩员可以化解地缘政治中一些国家被美国利益分化的危险，会议增加相关的议题，可以更多地发挥新老会员的积极性和参与感。上合组织在发展的最初阶段由于设定的是反恐议题，使已经处理好车臣问题的俄罗斯对此兴趣比较缺乏。上合组织如果希望扩充成员，那么单一的反恐问题比较缺乏吸引力，上合组织扩充合作内容成为未来主要考虑的方向。

上合组织扩员必须考虑到地缘政治的坚实性，不存在空档，扩员必须要解决其中的一定典型性问题，比如蒙古的加入就必须解决其中的丝绸之路问题，印度的加入必须在南亚安全和稳定多元文化上下功夫。未来如果越南加入，就是让中国南海安全问题在上合组织的框架下可以进行协商，凡是南海中存在俄罗斯加入的股权问题，就可以让上合组织来解决。

2013 年，毕业于国立莫斯科大学经济系的"苏玛"集团（Summa）总裁马戈梅多夫成为亚太经合组织工商咨询理事会主席，这是亚太经合组织内部的重要商业机构。马戈梅多夫同时还是普京身边进行软实力的重要商界推动者，在文化上，俄罗斯软实力则由和平基金会来执行，这次发生在克里米亚的事件，就是由于乌克兰政府制定废止俄语教育，而引发独立公投，最后克里米亚回归乌克兰，而在克里米亚推动俄语教育的就是和平基金会。

马戈梅多夫提出：是否可以进行金砖国家或者上合组织中展开港口高峰论坛的可能性，俄罗斯现在有两个港口占据非常重要的地理位置，一是在黑海的俄罗斯南方最重要的出海口新罗西斯克海港，它是有着一百六十多年历史的海港，是俄国最大石油输出港，可泊8.5万吨级油轮；另外一个就是远东1992年才转为商业用途的符拉迪沃斯托克（海参崴）港，但由于集装箱从符拉迪沃斯托克运至莫斯科需要28天，其中滞留在海关需要13天，现在副总裁巴宁在莫斯科专场推介会上透露，俄中两国企业将合作建设扎鲁比诺大型万能海港，年吞吐量将达到6000万吨，有望成为东北亚地区最大的港口之一，并且把整体的通关手续在新的海关实行一体化操作，目标为所有手续简化为两天之内完全通关，在南方的新罗西斯克海港也提出未来能够将通关时间简化到一天。2016年9月海参崴的港口将会成为自由贸易港，这将会解决北极长达半年的冰冻期，很多的货物有半年将会从港口通过西伯利亚大铁路进入欧洲地区。

一 受众需求变化带来的媒体角色转变

19世纪末20世纪初，西方报纸基本以黄色新闻为主，受众的需求比较简单;冷战开始后,西方受众开始转向严肃新闻,《华盛顿邮报》、《纽约时报》等大报的时代开始,水门事件把大报的权威推向顶点,进一步完善了西方的媒体第四权概念。西方国家的第四权主要是指其媒体人的圈子,这个圈子对国际事件存在一定的认识和价值观,尽管与其所评论的国家不同,但媒体人并不会承认其认知的幼稚,这包括对中国认知始终存在这个问题。随着1991年苏联解体和冷战结束,西方受众的欣赏和阅读水平大幅提升,不再满足于简单的新闻报道。同时受众对新闻的总体需求也大幅提高,和灌输式的新闻需求不同,现在无论是西方还是东方读者对亲临其境和导读式新闻评论的需求都大幅增加。一些强调粉丝参与的选秀节目和婚介节目大行其道,以及人民日报旗下的《环球时报》和《参考消息》阅读量稳居报纸的前两名,都折射出受众非常关心自己的国家和外交,此种情况下国际传播中的全能媒体人就显得尤为重要。在国际问题中全能媒体人不但要向国内报道国际事件,而且还要实现对国际受众的全面影响,除了通过自身的脸书、YouTube上传自己的录像,还要让当地的媒体人、非政府组织、非主流智库登上中国海外媒体,使中国的海外媒体影响国际,将中国的故事讲清楚。

随着网络的兴起,综合性的分析报道开始逐步完善,媒体角色也从单纯的新闻报道者扩展为服务的平台。例如《金融时报》在报纸陷入低迷的当下异军突起,它推行的专业经济分析和开放评论令人印象深刻,分析人士在各类活动和社交媒体的活跃度使受众不再认为经济离自己很遥远。《金融时报》不但抓住读者还把网络粉丝培养为付费用户,粉丝们在网络信号并不好的地铁、广场等地便购买报纸作为信息的补充,卖报不是目的,成为信息提供者才是其本意。或许一些网站会复制其新闻分析,但分析后面的粉丝留言和作者感受以及相关分析链接则是其他网站无法复制的。

如今,媒体仍然是捍卫国家利益与对外宣扬本国价值观的主要意识形态工具。传播学者重视传播媒体的影响力，而政治学者重视如何运用传播媒体影响力来达到捍卫国家利益与政府决策的目标，二者之间的互动关系成为争取民意的指标。过去本国是媒体在阶级斗争中的场域，现在国际社会则成为媒体捍卫国家利益的新场域。强大的全球媒体网络是在信息不平衡的国际体中生存发展的重要手段。全球信息战已成为挑战国家主权界线的现代化非传统战略战争。媒体作为非传统战略中的重要角色，可以达到不战而屈人之兵的效果。丧失媒体话语权等于丧失表达国家立场和民族尊严的武器，放弃操控媒体管理权则意味着弃械投降。

中国当前的对外环境剧烈变化，美国重返亚洲的过程中，充满对中国的硬围堵，这与冷战中美国对苏联的战略如出一辙。凤凰卫视每天通过其驻地记者站、评论员、主播把美国最新的信息传递到国内，但对于美国这个庞大复杂的整体，其国会的钩心斗角、非政府组织的运作模式、民众对于美国内外政策的反应、社会团体对政府的影响等，都是凤凰卫视在短短半个小时内难以说明的。通过建立全能媒体人团队，让报纸、广播、电视、网络成为全能媒体人传播的工具，才能够全面报道和理解中国所面对的国际形势。

二 RT与国家外宣系统的整合

自苏联解体以来，2000年以前俄罗斯媒体基本上被寡头控制并服务于寡头经济；2000～2006年，进入专业媒体人阶段，此时媒体人和政府结合，政府主要控制电视台、电台的信号权，报纸的印刷厂和设备进口。2006年媒体人、政府和国有企业全面结合，但由于苏联和俄罗斯国家体制发展初期的混乱，塔斯社、国家电视台、报纸面临管理和资金来源的重大问题。为此，普京侧重于重塑俄新社和俄罗斯国家电视台、俄罗斯之声电台、《共青团真理报》和《莫斯科共青团报》，但由于世界媒体的发展越来越倾向于娱乐化和报道的耸动性，媒体很难配合俄罗斯的崛起，因为俄罗斯崛起的三个议题（独联体国家的整合、俄罗斯和欧盟的合作、俄罗斯在亚洲扮演的角色）在俄罗斯几乎不是受众主要关心的议题，因此如何借助一直以商业媒体身份从事俄罗斯对外宣传的今日俄罗斯电视台的经验和管理成为普京团队面临的主要问题。

RT 是 2005 年由俄罗斯政府拨款 3300 万美元支持成立的全英文播报国际电视台，其作用相当于英国的英国广播公司、法国的法兰西 24、德国的德国之声和美国的公共广播公司。2005 年 12 月 RT 国际英语频道在莫斯科开播，是俄罗斯第一个全数字电视网络频道，雇用超过 100 名来自世界各地的新闻记者。当时年仅 25 岁的玛格丽特·西蒙尼扬成为俄罗斯主要电视网络最年轻的总编辑。普京于 2013 年夏天造访 RT 新媒体大楼与记者代表会晤时表示，RT 要打破盎格鲁-撒克逊的媒体垄断。2007 年 6 月，RT 开始在 YouTube 上放置自己电视台最好的节目，成为第一家与 YouTube 合作的俄罗斯电视台，RT 总编辑玛格丽特·西蒙尼扬对此表示，与 YouTube 签约是因应广大习惯透过计算机在线收看电视节目的观众，并且 RT 提供免费节目给所有的 YouTube 使用者，这些都为 RT 扩大了全球广大的收视群众。RT 主要采取公关公司的运作模式，为电视台提供可能成为热点的议题，其在美国运营初期，通过设定各种适合于美国社会的议题，同时邀请美国各界人士参与相关项目，按照项目发放研究经费，以此奠定了未来成立 RTTV 后嘉宾的来源。RT 依靠俄罗斯和国际上的专业媒体人深入美国、英国、法国、以色列等北约国家，从相关活动中寻找嘉宾，未来在一些突发新闻或热点新闻的报道中建立相关游说机制，利用媒体和嘉宾形成一定的舆论压力，这使美国的非主流团体非常重视来自 RTTV 的意见。

而 RTTV 为商业化运营，与 RT 不同的是，RTTV 是电视内容提供商，是美国政治经济人物讨论的平台，其本身对美国问题并不持任何立场。RTTV 以公司的形式存在于美国和其他西方国家，依靠新闻议题来吸引美国非主流智库和非政府组织的注意，在电视节目中对于相关的议题提出自身观点。其嘉宾和内容基本上服务于美国的非主流社会，美国由于利益集团游说的关系，华盛顿代表主流政治意见，纽约代表经济利益集团，这些利益集团人数虽少，但影响力巨大。

三 "今日俄罗斯"国际通讯社成立

2013 年 12 月 9 日，普京总统签署总统令《关于改善国有媒体运行效率的若干举措》。根据该总统令确认成立"今日俄罗斯"国际通讯社，并且撤销俄新社和俄罗斯之声广播公司等机构，以提升国家媒体总体对外的运行效率。

依据普京的总统令媒体需要执行如下任务。

1. 撤销联邦预算机构"国家电视与广播节目基金会"，将其财产权利转移给联邦国家单一制企业"全俄罗斯国家电视与广播公司"；取消"俄罗斯图书室"，将其财产权利转移给"伊塔-塔斯"通讯社。

2. 重组《俄罗斯报》编辑部，并将《祖国》杂志编辑部并入其中。建立联邦国家单一制企业"今日俄罗斯"国际通讯社。确立"今日俄罗斯"国际通讯社今后将把向国外报道俄罗斯联邦国家政策和社会生活作为主要的基本工作方针；确认总经理将作为"今日俄罗斯"国际通讯社唯一的执行机关，其任命和解职都由总统确认。

3. 撤销俄罗斯国家广播公司"俄罗斯之声"，将其财产权利转移给"今日俄罗斯"国际通讯社。撤销联邦预算机构"俄罗斯国际新闻通讯社"。确认撤销国际新闻通讯社，其创办人权利将转移给"今日俄罗斯"国际通讯社，并将其财产权利转移给"今日俄罗斯"国际通讯社。

4. 依据2004年总统令《关于批准战略企业和战略联合公司》名单，对俄新社做出变更和取消。承认1998年1月15日总统令30号《关于列入单独项目进入俄罗斯联邦人民文化财产特殊项目国家汇编》第三段第一点失效。

5. 总统令生效后15个工作日进入国家杜马立法程序；保证一个月内完成"今日俄罗斯"国际通讯社正式运作；一个月内完成财政支持举措；三个月内完成其他相关措施。总统令签署后即日生效。

"今日俄罗斯"国际通讯社主要是在俄新社的基础上并入了"俄罗斯之声"广播电台，据此，俄新社于2014年2月底正式走入历史，此后"今日俄罗斯"国际通讯社作为俄罗斯官方唯一的对外媒体宣传机器，成为结合了RT国际新闻电视频道、新闻通讯社国际部门和广播电台功能于一身的新型国际媒体集团。德密特里·基谢廖夫被任命为该社总经理，玛格丽特·西蒙尼扬则担任总编辑。总社位置就是俄新社的原址。"今日俄罗斯"国际通讯社的定位在于向国际社会传达俄罗斯的政策并且报道俄罗斯的社会生活。"今日俄罗斯"国际通讯社的战略伙伴包括俄罗斯联邦单一制的企业和国营企业在内的550家企业。俄罗斯国家杜马已经批准"今日俄罗斯"国际通讯社2014～2015年的年度运行预算为2680亿卢布，预计2015～2016年度也将维持在这个水平。普京总统的新闻秘书德密特里·佩斯科夫表示，任何一个国家都需要有代表自己国家立场和声音的媒体，宣传武器是不可或缺的工具。克里姆林宫行政主管谢尔盖·伊万诺夫则表示，"今日俄罗斯"国际通讯社的成立可以提高对外宣传的效率，缩减并且优化国内地方的新闻资源，集中精力主攻对外宣传。该社成立后的首个对外宣传任务就是向国际社会报道俄罗斯2014年索契冬奥会和残奥会。

俄新社原来在全国的69个新闻工作站将缩减为19个，150名记者也裁减为20人。"今日俄罗斯"国际通讯社的发展重点是要和美联社、路透社以及其他国际新闻社竞争国际信息市场。对此,"今日俄罗斯"国际通讯社总编辑玛格丽特·西蒙尼扬表示,要扩大国际信息量,减少与塔斯社在国内信息量上的重叠,优化整体对外新闻结构,减少资源重叠的浪费,她还表示,"今日俄罗斯"国际通讯社作为现代化的多媒体新闻社,要给全球新闻市场提供一个强大多元的新闻来源。

关于俄新社的重组和撤销,除了节省国家总体对内的新闻预算编列开销以外,今日俄罗斯电视频道成立近十年的国际宣传力度和效果也能够促使俄罗斯对外宣传机构走向国际化、年轻化和现代化。《共青团真理报》总编辑弗拉季米尔·苏郭尔金(В. Н. Сунгоркин)在报纸网(Газета. Ru)中发表《信息战牺牲者》一文中指出,乌克兰危机的爆发是推倒俄新社的最后一根稻草,乌克兰内部分裂以及支持与欧盟整合的态势,使得俄罗斯对外宣传的机制遭到很大的批评,不少消息来源显示莫斯科高层对于俄新社没有做好乌克兰的新闻公关和捍卫俄罗斯国家利益产生不满。苏郭尔金认为,俄罗斯长期以来都陷入地方利益而忽略国际新闻市场,对于国际宣传的资本投入也远不及许多大国。粗略估算,仅在乌克兰事件上欧盟非政府组织就至少投入5000万欧元。另外,在基谢廖夫的人事任命上,也显示上层决定加强对外宣传的媒体控制,俄新社的前任总编辑斯维特兰纳·米罗纽科属于较为自由化和社会性的媒体领导人,而基谢廖夫原是独立电视台总经理、可以影响全国的意见领袖,2000年曾和前寡头古辛斯基联手反对普京,之后转任一向以独立观点著称的新报(Новаягазета)总编辑。可以看出普京用人态度是用能人、不用庸才;用国家利益的维护者,不用维护普京的人。专业媒体人强化国际形象和捍卫国家利益的新闻立场。果然基谢廖夫在乌克兰事件中表态,称俄罗斯是唯一可以把美国变为废墟的核国家,西方媒体一片震惊,说他疯了!

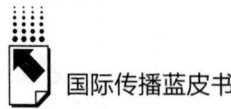

今日俄罗斯电视频道成功打造在美欧地区最受欢迎的国际电视频道，引起中国的重视。公共外交是一轨外交的补充，而媒体外交首先会深入国际，可以影响国际舆论的媒体是说好中国故事的前提。媒体在国际报道中追求真相，妥善利用媒体人在国际报道中不需要维护政府立场的义务，找到任何事件的真相，可以补充外交决策中的资料来源。培养影响国际的全能媒体人，也是中国面临的主要问题。

B.18 浅析新媒体语境下《纽约时报》品牌传播的路径及启示

黄 冬*

摘 要： 2014年，一份有关《纽约时报》的创新报告引起学界和业界的关注。文中回顾了《纽约时报》近年来的发展及传媒行业的数字化趋势等。本文从品牌构建和传播的角度，梳理了《纽约时报》的数字化转型措施，以期为业界转型提供启示。

关键词： 《纽约时报》 数字化 品牌 用户黏性

从互联网的普及到社交媒体的盛行再到可穿戴设备的兴起，新媒体时代的到来，对整个社会原有的行业秩序进行了前所未见的"重整"，媒体企业身处变革的核心，自然难以幸免。坐拥150年悠久历史的《纽约时报》，虽然早在20年前就建立了报纸网站，并一度被认为是全美影响力最大的报纸网站，也未能逃脱式微的窘境，在其他新兴媒体公司的蚕食之下，逐渐失去其新闻业霸主的地位。2014年，《纽约时报》发布了《纽约时报创新报告》（下简称《创新报告》），文中正视了《纽约时报》遭遇的困境并提出了在数字化背景下报业转型的路径。本文尝试从品牌传播的角度，来分析《纽约时报》的此次转型。

---

* 黄冬，中国传媒大学2013级博士生。

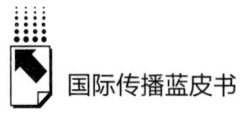

一 品牌与品牌传播

品牌是在营销或传播过程中形成的,用以将产品与消费者等关系利益团体联系起来,并带来新价值的一种媒介。① 对媒体企业来说,品牌除了名称和标示等显性元素之外,更重要的是建立一个企业与受众的利益共同体。中国传媒大学陈卫星教授认为,一个品牌的成功,需要经过以下五个阶段的建设:知名度、相关性、业绩、优势和用户黏性。他同时强调,只有当受众相信某一媒体能够最好地提供最重要的服务或信息的时候,他们才有可能与媒体企业产生最强态度关系。② 而品牌传播,作为品牌构建的重要环节,需要通过持续地传播运作,在受众中建立良好的传播识别,进而形成牢固的排他性价值交换关系。③ 余阳明教授对"品牌传播"的概念做了如下定义:品牌传播是品牌所有者通过各种品牌传播手段持续地与目标受众交流,最优化地增加品牌资产的过程。④《纽约时报》从其创立至今,其品牌无论是知名度还是权威性,都居于业界一流水平。然而在新媒体时代,传统媒体诸如报纸、广播、电视等,其受众逐渐被新兴媒体所抢占,同时也面临着低理解力、差忠诚度和低注意力等诸多问题;此外,由于媒介形态和传播方式发生变化,受众的需求也从传统的信息提供,转向了使用体验。传统媒体的老品牌如何重建新的用户黏性,成为摆在《纽约时报》面前的难题。

---

① 余明阳:《品牌学》,安徽人民出版社,2002。
② 陈卫星、刘宏:《全球化传播的媒体品牌及专业理念》2011 年第 8 期。
③ 汤丽萍:《新媒体环境下品牌传播的态势》,《中国青年社会科学》2015 年第 2 期。
④ 李明合等:《品牌传播创新与经典案例评析》,北京大学出版社,2011,第 26 页。

二 《纽约时报》的创新路径

《纽约时报》在2014年发布了创新报告，这份报告主要针对过去几年以来，媒体行业数字化的发展趋势，同时点明《纽约时报》以及相关的传统媒体，应该在以下几个方面进行调整，包括扩展用户、SNS等新媒体推广、部门之间的协同合作、有数字化相关经验和能力的人才储备以及调整编辑部门的职能，进而更好地将报纸以及其他纸媒的传统经营业务和新兴的数字业务予以融合。[①] 此文吸引了不少学界业界人士的关注，然而这份分量十足的报告却是出于尴尬的现状的不得已而为之。首先，《纽约时报》读者人数大量流失，其中包括网站和手机客户端的用户。其次，缺少能够适应数字化媒介的内容呈现方式。最后，数字媒体的数量及其占有的资源快速增加。中国社科院唐绪军研究员认为，所谓报业传统，概括起来无非就是两点：大众传播和二次销售，前者是其传播范式，后者是其营利模式。[②] 对此，《纽约时报》在这两方面都进行了一系列尝试，这些尝试加深了受众的黏性，树立了"数字优先"的发展策略。

（一）数字化创新：多平台与数字化内容呈现

1. 社会化媒体账户的运营

《纽约时报》一直以来十分注重社交媒体账户的经营，它也是最先设立社交媒体编辑职位的美国报业媒体之一。2010年，《纽约时报》发行人宣称，《纽约时报》是全球"最社交化"的媒体组织；新

---

① 新华社新闻研究所国际传播研究中心：《数字化背景下的报业转型——纽约时报创新报告 (2014)》，《新闻与写作》2014年第6期。
② 唐绪军：《反思传统　开创未来——纽约时报创新报告读后感》，《中国报业》2014年第6期上。

闻产业人员在各种社交网站上建立账户的数目和拥有粉丝的数量已超过谷歌、苹果和迪士尼。即便是在设立付费墙时,《纽约时报》也为社交媒体用户留了一条"缝",即社交媒体用户可以通过平台推送免费阅读《纽约时报》的内容。社交媒体既有内容,又有渠道;具有强烈的个性化和社交属性。随着智能手机、平板电脑以及众多移动终端产品的普及,社交网站的媒体属性在人们生活中越来越重要。《纽约时报》的社交实践表明,新闻媒体除了继承和发扬传统新闻价值,也应该树立新媒体理念,如新闻即时性、互动性、参与性等。

2. 移动应用 NYT Now

作为在新闻内容和订阅模式上的创新尝试,《纽约时报》推出了全新手机付费内容产品 NYT Now。NYT Now 全天都会进行更新,早、中、晚推出不同内容,此外,还会根据用户工作日与休息日的不同、所在时区等需求的不同进行内容优化。NYT Now 采用付费方式,年费约为 96 美元。NYT Now 改变了新闻在移动设备上的呈现方式,它得益于各部门之间的合作,开发者、消费者分析部、营销部都参与其中,展现了为不同平台重构报道的能力,不同板块的设置综合考虑了受众的特征、所处时间与空间的差异,提高了受众的产品满意度。

3. 大数据与可视化

除了文字内容以外,《纽约时报》在将数据进行可视化呈现方面的努力,在同行业之间也较为领先。《纽约时报》开创性地借助互联网声光电的特性,对音频、视频以及图文信息做了富有特色的技术处理。

《纽约时报》研发中心组织世界顶级的数据研究团队,利用大数据对媒体登载的内容进行观察和预测,通过对内容的控制来助推发行量。《纽约时报》配置有专门的图表数据中心,能够进行数据的收集。《纽约时报》图表中心里,超过 1/5 的员工能够熟练使用统计和数据库软件工具,并且能够独立收集数据并将收集的数据进行分析处理成图表性的数字新闻。①《纽约时报》也有专门的人员关注《纽约时报》及其内容在社交媒体上的某些话题的热度,进行可视化制作。他们从 Twitter 和 Facebook 上记录涉及《纽约时报》所登载的内容,包括网民们发布和回复的所有信息和网址链接的数据,然后将数据与网友们登录《纽约时报》网站时所浏览过的内容相关联。通过数据来了解和预测网络言论何时达到舆论关注的峰值。网络交流如何促进报纸的订阅量和广告收入;《纽约时报》如何参与社交网络的讨论和对话,以促进在读者心目中的认知忠诚度。通过这些数据,制作出实时数据可视化图。②

4. 跨国传播:数字化创新策略

作为全球顶尖的新闻媒体,《纽约时报》也注重建立跨国传播网站。2012 年 6 月 28 日,《纽约时报》中文网上线。作为综合性国际新闻大报,《纽约时报》开始进入中国市场。该报沿袭了母媒体的品牌资源,将领先的数字化运作理念移植到其在中国的中文网站。③

其中文网站所采取的数字化战略,包括诸如社交媒体传播、多媒体创新以及 RSS 订阅等。网站在一系列中文平台上开通账号,包括新浪博客、人人网、新浪微博等。在数字化转型的探索与创新方面沿袭了母媒体的编辑机制和品牌效应,包括数据库的检索、内容制作、实施社交媒体传播、抢先占据不同的内容终端等等。

---

① 郑蔚雯、姜青青:《大数据时代,外媒大报如何构建可视化数据新闻团队?——〈卫报〉〈泰晤士报〉〈纽约时报〉实践操作分析》,http://media.sohu.com/20131105/n389599110.shtml。
② 王岚:《〈纽约时报〉应用大数据可视化扩大发行量》,《国际品牌观察》2013 年第 10 期。
③ 于迎:《〈纽约时报〉的跨国传播策略——以〈纽约时报〉中文网为例》,《中国记者》2013 年第 2 期。

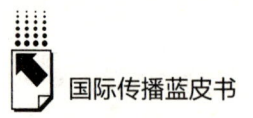

（二）盈利模式：付费模式与原生广告

1. 原生广告

原生广告是近年来在美国尤其是美国营销行业的热门话题之一。作为一种能够将传统广告视作内容的组成部分并植入页面中的广告形式，原生广告很大程度上提升了用户体验，同时也是一种在新闻与营销之间的跨行业的商业模式。[①] 相比于传统的横幅广告和令人厌恶的弹出式广告，原生广告更能吸引人的注意，也更加受到广告商的追捧。虽然对原生广告的定义至今仍未有一个明确的规定，但是它作为一种互动的广告，为消费者提供了一种新的互动体验，通过"和谐"的内容呈现品牌信息，既不影响媒介平台的原有样式，也不破坏用户的体验，消费者可以以平常的使用习惯切入，无隔阂地获取信息内容。《纽约时报》也尝试采用原生广告的方式来提高广告的有效性。通过经营部门与内容部门的合作，尝试新的广告手段。然而，《纽约时报》也表示，以上的合并不代表经营与采编的合体，尤其是在广告业务方面，将继续保持独立运作。

2. 付费墙

付费墙即对报纸网站的读者实行付费阅读的办法。《纽约时报》付费墙的成功设立为全球报业在数字化时代如何生存和发展树立了一个榜样[②]。1996～2005 年，《纽约时报》先后推出了网站、时报的电子版、"时代精选"，并且成立了"纽约时报数字部"。上述举措都为此后《纽约时报》付费墙奠定了基础。付费墙设立之后，取得了不俗的成绩。《纽约时报》的数字产品平均发行数超越了印刷版，订阅收入也超过了广告收入。在"付费墙"出炉的同时，该报还采

[①] 《〈纽约时报〉继续推进原生广告业务》，《中国新闻出版报》2015 年 1 月 20 日。

[②] 孙志刚、吕尚彬：《〈纽约时报〉付费墙对中国报纸的启示》，《新闻大学》2013 年第 3 期。

取了售卖《波士顿环球报》等资产、重塑《国际先驱论坛报》的品牌等相关举措以进一步有效整合资源,进而避免《纽约时报》遭遇经营状况持续恶化的险境,保障了报纸的稳定运营和收支平衡。此举的成功,进一步证明了用户的持久价值,并在经营战略上进一步明确了发展的方向。在《纽约时报》初步取得"付费墙"模式的成功之后,"付费墙"模式开始被更多的西方报纸所效仿。据《经济学人》的报道,截至 2012 年,全美已有约 1/4 的报纸效仿《纽约时报》建立了类似的付费模式。除了美国,加拿大、南美洲和欧洲一些国家的一些主流报纸也已开始尝试"付费墙"的模式而放弃了网络内容完全免费的传统模式。

三 数字化生存——《纽约时报》品牌传播的启示

2014 年,《纽约时报》在经历了读者数量下滑、数字转型乏力的窘境之后,管理层组建了一个团队,探访了超过 300 位有经验的产业人员,这些人分布在包括《纽约时报》在内的约 50 家媒体和技术公司。经过历时六个月的探访,同时借助数据分析和大量的实验,《纽约时报》完成了《创新报告》,提出了未来发展思路与建议。这些建议为传统媒体在数字化时代的生存与发展提供了宝贵的启示。

(一)建立受众拓展职位

在数字时代,应当重新审视媒体与受众的关系。媒体与受众之间的关系已经从过去的单向传播转向了双向甚至多向的关系[1]。"媒体从业人员必须看到,如今的受众不会自己送上门来,而必须靠媒体人积极的寻找。"在这种变革之下,应该由媒体人来寻找受众,而不是

---

[1] 孙志刚:《〈纽约时报〉内部报告说了些什么?》,《传媒评论》2014 年第 7 期。

反过来由受众来寻找新闻。

另外,在新时期,更好的网页已经不能完全满足当下受众的全部需求,媒体人不得不转向其他渠道以求更好地到达受众。包括社交网络以及电子邮件等方式将成为新的受众接触平台,因此,随着行业竞争程度的加剧,积极的拓展受众将是相关媒体从业者的一个新的课题。

(二)组建数据分析团队

大数据时代,一些新媒体已将数据置于其增长策略的核心地位。对媒体企业来说,首先要解决的问题就是强化数据收集和数据分析的能力。这种能力不仅包括扩大对结构化数据搜集和使用的范围,同时也要寻求抢占受众关注度的方法等等。由此,建立一个强有力的数据分析团队,对于媒体来说,则是十分有必要的。这样的团队可以对传统媒体的相关数据进行测量、收集和分析,例如受众对网站的访问时间、转发次数等,有助于媒体发现趋势、制定战略以及开展创新。

(三)创建战略分析团队

如今编辑部除了负责报纸之外,还需要维护网络业务、移动应用以及社交网络账户,等等。此外,管理跨国传播产品、视频等工作也是编辑部门的分内之事。这些内容烦琐而复杂,较容易迷失在具体的事务中。《创新报告》中指出,现在的编辑部门应该建立一个长效的机制和团队,团队的规模视情况而定,其成员构成应该涵盖采编、数据分析、用户体验等不同背景。

(四)跨部门合作

在新媒体时代,新闻编辑部应与技术部、受众分析部、研究与发展部以及产品部等其他部门之间加强合作,相比于编辑部门,这些部门对其用户的了解往往更加深入，他们更多地关注受众的使用体验。

《纽约时报》在跨部门合作方面已经开始了很多尝试，编辑部里新增加的核心人员中，有竞争对手，也有原先的营销人员、软件开发人员甚至媒体产品设计者和数据专家。编辑部与其他经营和业务部门可以采取多种合作方式，例如将这些部门的同事引进编辑部任职，或者邀请他们参加新闻编辑部的选题会等。

（五）实行"数字优先"战略

转型并非是简单从一种媒介形态转向另一种，它意味着从以纸质业务为中心的传统做法向"数字优先"理念的转变。"数字优先"要求每个新闻工作者以数字优先，在第一时间和第一现场，以用户喜爱的方式和手段传播既重要又对用户有用的新闻和信息①。这也意味着研究用户体验将成为每个员工的重要工作内容。

在数字化时代，数字人才梯队的建设应得到高度重视，要充分发挥数字化的优势，改善报道水平。除了从相关数字领域吸纳更多的人才之外，让网站、社交网络的编辑、设计师、软件开发员等人员参与到报道之中也十分重要。

四 缩小差距，着眼未来

尽管《纽约时报》看到了自身的问题所在，但数字化时代更是竞争的时代。面对层出不穷的竞争者，尤其是新媒体网站，《纽约时报》未来仍有很长的路要走。

在过去两年里，《纽约时报》网站首页的浏览量减少近一半，只有1/3的读者访问《纽约时报》网站的首页，而且他们在上面所花

---

① 孙志刚：《〈纽约时报〉内部报告说了些什么?》，《传媒评论》2014年第7期。

的时间低于以前。真正的流量并没有减少,而是通过社交媒体去了别的数字平台。

2014年,《纽约时报》的《创新报告》指出,它们的一些竞争者在"数字优先"方面已走在前列。《纽约时报》除了被新媒体甩在身后(比如Buzzfeed、《赫芬顿邮报》、Facebook等),与《华尔街日报》、《卫报》、《金融时报》、《今日美国》和《华盛顿邮报》等报纸媒体相比也不占优势。

这些调查与分析使他们富有紧迫感,虽然《纽约时报》已经在数字化上做了许多有益的尝试,但是要真正实现数字优先,仍有一定距离。值得一提的是,《纽约时报》似乎已经离数字化生存的"圣杯"越来越近。为了使这份150多岁的纸媒能够在可穿戴设备上抢滩成功,《纽约时报》正在研发一款名为"一句话新闻"的基于iwatch平台的应用软件。其负责人称,《纽约时报》固有的深度报道能力,现在则会成为小屏化产品的羁绊。尽管如此,《纽约时报》此举无疑是又一次对新媒体市场的进击。

社会科学文献出版社　　皮书系列

❖ 皮书起源 ❖

"皮书"起源于十七、十八世纪的英国，主要指官方或社会组织正式发表的重要文件或报告，多以"白皮书"命名。在中国，"皮书"这一概念被社会广泛接受，并被成功运作、发展成为一种全新的出版型态，则源于中国社会科学院社会科学文献出版社。

❖ 皮书定义 ❖

皮书是对中国与世界发展状况和热点问题进行年度监测，以专业的角度、专家的视野和实证研究方法，针对某一领域或区域现状与发展态势展开分析和预测，具备权威性、前沿性、原创性、实证性、时效性等特点的连续性公开出版物，由一系列权威研究报告组成。皮书系列是社会科学文献出版社编辑出版的蓝皮书、绿皮书、黄皮书等的统称。

❖ 皮书作者 ❖

皮书系列的作者以中国社会科学院、著名高校、地方社会科学院的研究人员为主，多为国内一流研究机构的权威专家学者，他们的看法和观点代表了学界对中国与世界的现实和未来最高水平的解读与分析。

❖ 皮书荣誉 ❖

皮书系列已成为社会科学文献出版社的著名图书品牌和中国社会科学院的知名学术品牌。2011年，皮书系列正式列入"十二五"国家重点图书出版规划项目；2012~2014年，重点皮书列入中国社会科学院承担的国家哲学社会科学创新工程项目；2015年，41种院外皮书使用"中国社会科学院创新工程学术出版项目"标识。

法律声明

"皮书系列"(含蓝皮书、绿皮书、黄皮书)之品牌由社会科学文献出版社最早使用并持续至今,现已被中国图书市场所熟知。"皮书系列"的LOGO( )与"经济蓝皮书""社会蓝皮书"均已在中华人民共和国国家工商行政管理总局商标局登记注册。"皮书系列"图书的注册商标专用权及封面设计、版式设计的著作权均为社会科学文献出版社所有。未经社会科学文献出版社书面授权许可,任何使用与"皮书系列"图书注册商标、封面设计、版式设计相同或者近似的文字、图形或其组合的行为均系侵权行为。

经作者授权,本书的专有出版权及信息网络传播权为社会科学文献出版社享有。未经社会科学文献出版社书面授权许可,任何就本书内容的复制、发行或以数字形式进行网络传播的行为均系侵权行为。

社会科学文献出版社将通过法律途径追究上述侵权行为的法律责任,维护自身合法权益。

欢迎社会各界人士对侵犯社会科学文献出版社上述权利的侵权行为进行举报。电话:010-59367121,电子邮箱:fawubu@ssap.cn。

社会科学文献出版社

权威报告·热点资讯·特色资源

皮书数据库
ANNUAL REPORT(YEARBOOK) DATABASE

当代中国与世界发展高端智库平台

www.pishu.com.cn

皮书俱乐部会员服务指南

1. 谁能成为皮书俱乐部成员？
- 皮书作者自动成为俱乐部会员
- 购买了皮书产品（纸质书/电子书）的个人用户

2. 会员可以享受的增值服务
- 免费获赠皮书数据库100元充值卡
- 加入皮书俱乐部，免费获赠该纸质图书的电子书
- 免费定期获赠皮书电子期刊
- 优先参与各类皮书学术活动
- 优先享受皮书产品的最新优惠

3. 如何享受增值服务？

（1）免费获赠100元皮书数据库体验卡

第1步 刮开附赠充值的涂层（右下）；

第2步 登录皮书数据库网站（www.pishu.com.cn），注册账号；

第3步 登录并进入"会员中心"—"在线充值"—"充值卡充值"，充值成功后即可使用。

（2）加入皮书俱乐部，凭数据库体验卡获赠该书的电子书

第1步 登录社会科学文献出版社官网（www.ssap.com.cn），注册账号；

第2步 登录并进入"会员中心"—"皮书俱乐部"，提交加入皮书俱乐部申请；

第3步 审核通过后，再次进入皮书俱乐部，填写页面所需图书、体验卡信息即可自动兑换相应电子书。

4. 声明

解释权归社会科学文献出版社所有

皮书俱乐部会员可享受社会科学文献出版社其他相关免费增值服务，有任何疑问，均可与我们联系。

图书销售热线：010-59367070/7028
图书服务QQ：800045692
图书服务邮箱：duzhe@ssap.cn

数据库服务热线：400-008-6695
数据库服务QQ：2475522410
数据库服务邮箱：database@ssap.cn

欢迎登录社会科学文献出版社官网
（www.ssap.com.cn）
和中国皮书网（www.pishu.cn）
了解更多信息

社会科学文献出版社 皮书系列

卡号：466953938075
密码：

Sub-Database Introduction
子库介绍

中国经济发展数据库

涵盖宏观经济、农业经济、工业经济、产业经济、财政金融、交通旅游、商业贸易、劳动经济、企业经济、房地产经济、城市经济、区域经济等领域，为用户实时了解经济运行态势、把握经济发展规律、洞察经济形势、做出经济决策提供参考和依据。

中国社会发展数据库

全面整合国内外有关中国社会发展的统计数据、深度分析报告、专家解读和热点资讯构建而成的专业学术数据库。涉及宗教、社会、人口、政治、外交、法律、文化、教育、体育、文学艺术、医药卫生、资源环境等多个领域。

中国行业发展数据库

以中国国民经济行业分类为依据，跟踪分析国民经济各行业市场运行状况和政策导向，提供行业发展最前沿的资讯，为用户投资、从业及各种经济决策提供理论基础和实践指导。内容涵盖农业，能源与矿产业，交通运输业，制造业，金融业，房地产业，租赁和商务服务业，科学研究，环境和公共设施管理，居民服务业，教育，卫生和社会保障，文化、体育和娱乐业等100余个行业。

中国区域发展数据库

以特定区域内的经济、社会、文化、法治、资源环境等领域的现状与发展情况进行分析和预测。涵盖中部、西部、东北、西北等地区，长三角、珠三角、黄三角、京津冀、环渤海、合肥经济圈、长株潭城市群、关中—天水经济区、海峡经济区等区域经济体和城市圈，北京、上海、浙江、河南、陕西等34个省份及中国台湾地区。

中国文化传媒数据库

包括文化事业、文化产业、宗教、群众文化、图书馆事业、博物馆事业、档案事业、语言文字、文学、历史地理、新闻传播、广播电视、出版事业、艺术、电影、娱乐等多个子库。

世界经济与国际政治数据库

以皮书系列中涉及世界经济与国际政治的研究成果为基础，全面整合国内外有关世界经济与国际政治的统计数据、深度分析报告、专家解读和热点资讯构建而成的专业学术数据库。包括世界经济、世界政治、世界文化、国际社会、国际关系、国际组织、区域发展、国别发展等多个子库。

权威·前沿·原创

社会科学文献出版社

皮书系列

2015年

盘点年度资讯　预测时代前程

社会科学文献出版社 学术传播中心 编制

社会科学文献出版社
SOCIAL SCIENCES ACADEMIC PRESS (CHINA)

社会科学文献出版社成立于1985年，是直属于中国社会科学院的人文社会科学专业学术出版机构。

成立以来，特别是1998年实施第二次创业以来，依托于中国社会科学院丰厚的学术出版和专家学者两大资源，坚持"创社科经典，出传世文献"的出版理念和"权威、前沿、原创"的产品定位，社科文献立足内涵式发展道路，从战略层面推动学术出版五大能力建设，逐步走上了智库产品与专业学术成果系列化、规模化、数字化、国际化、市场化发展的经营道路。

先后策划出版了著名的图书品牌和学术品牌"皮书"系列、"列国志"、"社科文献精品译库"、"全球化译丛"、"全面深化改革研究书系"、"近世中国"、"甲骨文"、"中国史话"等一大批既有学术影响又有市场价值的系列图书，形成了较强的学术出版能力和资源整合能力。2014年社科文献出版社发稿5.5亿字，出版图书1500余种，承印发行中国社科院院属期刊71种，在多项指标上都实现了较大大幅度的增长。

凭借着雄厚的出版资源整合能力，社科文献出版社长期以来一直致力于从内容资源和数字平台两个方面实现传统出版的再造，并先后推出了皮书数据库、列国志数据库、中国田野调查数据库等一系列数字产品。数字出版已经初步形成了产品设计、内容开发、编辑标引、产品运营、技术支持、营销推广等全流程体系。

在国内原创著作、国外名家经典著作大量出版，数字出版突飞猛进的同时，社科文献出版社从构建国际话语体系的角度推动学术出版国际化。先后与斯普林格、荷兰博睿、牛津、剑桥等十余家国际出版机构合作面向海外推出了"皮书系列""改革开放30年研究书系""中国梦与中国发展道路研究丛书""全面深化改革研究书系"等一系列在世界范围内引起强烈反响的作品；并持续致力于中国学术出版走出去，组织学者和编辑参加国际书展，筹办国际性学术研讨会，向世界展示中国学者的学术水平和研究成果。

此外，社科文献出版社充分利用网络媒体平台，积极与中央和地方各类媒体合作，并联合大型书店、学术书店、机场书店、网络书店、图书馆，逐步构建起了强大的学术图书内容传播平台。学术图书的媒体曝光率居全国之首，图书馆藏率居于全国出版机构前十位。

上述诸多成绩的取得，有赖于一支以年轻的博士、硕士为主体，一批从中国社科院刚退出科研一线的各学科专家为支撑的300多位高素质的编辑、出版和营销队伍，为我们实现学术立社，以学术品位、学术价值来实现经济效益和社会效益这样一个目标的共同努力。

作为已经开启第三次创业梦想的人文社会科学学术出版机构，2015年的社会科学文献出版社将迎来她30周岁的生日，"三十而立"再出发，我们将以改革发展为动力，以学术资源建设为中心，以构建智慧型出版社为主线，以社庆三十周年系列活动为重要载体，以"整合、专业、分类、协同、持续"为各项工作指导原则，全力推进出版社数字化转型，坚定不移地走专业化、数字化、国际化发展道路，全面提升出版社核心竞争力，为实现"社科文献梦"奠定坚实基础。

社长致辞

我们是图书出版者,更是人文社会科学内容资源供应商;

我们背靠中国社会科学院,面向中国与世界人文社会科学界,坚持为人文社会科学的繁荣与发展服务;

我们精心打造权威信息资源整合平台,坚持为中国经济与社会的繁荣与发展提供决策咨询服务;

我们以读者定位自身,立志让爱书人读到好书,让求知者获得知识;

我们精心编辑、设计每一本好书以形成品牌张力,以优秀的品牌形象服务读者,开拓市场;

我们始终坚持"创社科经典,出传世文献"的经营理念,坚持"权威、前沿、原创"的产品特色;

我们"以人为本",提倡阳光下创业,员工与企业共享发展之成果;

我们立足于现实,认真对待我们的优势、劣势,我们更着眼于未来,以不断的学习与创新适应不断变化的世界,以不断的努力提升自己的实力;

我们愿与社会各界友好合作,共享人文社会科学发展之成果,共同推动中国学术出版乃至内容产业的繁荣与发展。

社会科学文献出版社社长
中国社会学会秘书长

2015 年 1 月

社会科学文献出版社　皮书系列

❖ 皮书起源 ❖

"皮书"起源于十七、十八世纪的英国，主要指官方或社会组织正式发表的重要文件或报告，多以"白皮书"命名。在中国，"皮书"这一概念被社会广泛接受，并被成功运作、发展成为一种全新的出版形态，则源于中国社会科学院社会科学文献出版社。

❖ 皮书定义 ❖

皮书是对中国与世界发展状况和热点问题进行年度监测，以专业的角度、专家的视野和实证研究方法，针对某一领域或区域现状与发展态势展开分析和预测，具备权威性、前沿性、原创性、实证性、时效性等特点的连续性公开出版物，由一系列权威研究报告组成。皮书系列是社会科学文献出版社编辑出版的蓝皮书、绿皮书、黄皮书等的统称。

❖ 皮书作者 ❖

皮书系列的作者以中国社会科学院、著名高校、地方社会科学院的研究人员为主，多为国内一流研究机构的权威专家学者，他们的看法和观点代表了学界对中国与世界的现实和未来最高水平的解读与分析。

❖ 皮书荣誉 ❖

皮书系列已成为社会科学文献出版社的著名图书品牌和中国社会科学院的知名学术品牌。2011年，皮书系列正式列入"十二五"国家重点出版规划项目；2012~2014年，重点皮书列入中国社会科学院承担的国家哲学社会科学创新工程项目；2015年，41种院外皮书使用"中国社会科学院创新工程学术出版项目"标识。

经济类

皮书系列
重点推荐

经 济 类

经济类皮书涵盖宏观经济、城市经济、大区域经济，提供权威、前沿的分析与预测

经济蓝皮书
2015年中国经济形势分析与预测

李 扬 / 主编　　2014年12月出版　　定价:69.00元

◆ 本书为总理基金项目，由著名经济学家李扬领衔，联合中国社会科学院、国务院发展中心等数十家科研机构、国家部委和高等院校的专家共同撰写，系统分析了2014年的中国经济形势并预测2015年我国经济运行情况，2015年中国经济仍将保持平稳较快增长，预计增速7%左右。

城市竞争力蓝皮书
中国城市竞争力报告No.13

倪鹏飞 / 主编　　2015年5月出版　　定价:89.00元

◆ 本书由中国社会科学院城市与竞争力研究中心主任倪鹏飞主持编写，以"巨手：托起城市中国新版图"为主题，分别从市场、产业、要素、交通一体化角度论证了东中一体化程度不断加深。建议：中国经济分区应该由四分区调整为二分区；按照"一团五线"的发展格局对中国的城市体系做出重大调整。

西部蓝皮书
中国西部发展报告（2015）

姚慧琴　徐璋勇 / 主编　　2015年7月出版　　估价:89.00元

◆ 本书由西北大学中国西部经济发展研究中心主编，汇集了源自西部本土以及国内研究西部问题的权威专家的第一手资料，对国家实施西部大开发战略进行年度动态跟踪，并对2015年西部经济、社会发展态势进行预测和展望。

皮书系列 重点推荐 经济类

中部蓝皮书
中国中部地区发展报告（2015）

喻新安 / 主编　　2015年7月出版　　估价:69.00元

◆ 本书敏锐地抓住当前中部地区经济发展中的热点、难点问题，紧密地结合国家和中部经济社会发展的重大战略转变，对中部地区经济发展的各个领域进行了深入、全面的分析研究，并提出了具有理论研究价值和可操作性强的政策建议。

世界经济黄皮书
2015年世界经济形势分析与预测

王洛林　张宇燕 / 主编　　2015年1月出版　　定价:69.00元

◆ 本书为中国社会科学院创新工程学术出版资助项目，由中国社会科学院世界经济与政治研究所的研创团队撰写。该书认为，2014年，世界经济维持了上年度的缓慢复苏，同时经济增长格局分化显著。预计2015年全球经济增速按购买力平价计算的增长率为3.3%，按市场汇率计算的增长率为2.8%。

中国省域竞争力蓝皮书
中国省域经济综合竞争力发展报告（2013~2014）

李建平　李闽榕　高燕京 / 主编　　2015年2月出版　　定价:198.00元

◆ 本书充分运用数理分析、空间分析、规范分析与实证分析相结合、定性分析与定量分析相结合的方法，建立起比较科学完善、符合中国国情的省域经济综合竞争力指标评价体系及数学模型，对2012~2013年中国内地31个省、市、区的经济综合竞争力进行全面、深入、科学的总体评价与比较分析。

城市蓝皮书
中国城市发展报告 No.8

潘家华　魏后凯 / 主编　　2015年9月出版　　估价:69.00元

◆ 本书由中国社会科学院城市发展与环境研究中心编著，从中国城市的科学发展、城市环境可持续发展、城市经济集约发展、城市社会协调发展、城市基础设施与用地管理、城市管理体制改革以及中国城市科学发展实践等多角度、全方位地立体展示了中国城市的发展状况，并对中国城市的未来发展提出了建议。

经济类 皮书系列 重点推荐

金融蓝皮书
中国金融发展报告（2015）
李扬 王国刚 / 主编　2014 年 12 月出版　定价 :75.00 元

◆ 由中国社会科学院金融研究所组织编写的《中国金融发展报告（2015）》，概括和分析了 2014 年中国金融发展和运行中的各方面情况，研讨和评论了 2014 年发生的主要金融事件。本书由业内专家和青年精英联合编著，有利于读者了解掌握 2014 年中国的金融状况，把握 2015 年中国金融的走势。

低碳发展蓝皮书
中国低碳发展报告（2015）
齐晔 / 主编　2015 年 7 月出版　估价 :89.00 元

◆ 本书对中国低碳发展的政策、行动和绩效进行科学、系统、全面的分析。重点是通过归纳中国低碳发展的绩效，评估与低碳发展相关的政策和措施，分析政策效应的制度背景和作用机制，为进一步的政策制定、优化和实施提供支持。

经济信息绿皮书
中国与世界经济发展报告（2015）
杜平 / 主编　2014 年 12 月出版　定价 :79.00 元

◆ 本书是由国家信息中心组织专家队伍精心研究编撰的年度经济分析预测报告，书中指出，2014 年，我国经济增速有所放慢，但仍处于合理运行区间。主要新兴国家经济总体仍显疲软。2015 年应防止经济下行和财政金融风险相互强化，促进经济向新常态平稳过渡。

低碳经济蓝皮书
中国低碳经济发展报告（2015）
薛进军 赵忠秀 / 主编　2015 年 6 月出版　定价 :85.00 元

◆ 本书汇集来自世界各国的专家学者、政府官员，探讨世界金融危机后国际经济的现状，提出"绿色化"为经济转型期国家的可持续发展提供了重要范本，并将成为解决气候系统保护与经济发展矛盾的重要突破口，也将是中国引领"一带一路"沿线国家实现绿色发展的重要抓手。

皮书系列
重点推荐

社会政法类

社会政法类

社会政法类皮书聚焦社会发展领域的热点、难点问题，提供权威、原创的资讯与视点

社会蓝皮书
2015年中国社会形势分析与预测

李培林　陈光金　张　翼/主编　2014年12月出版　定价:69.00元

◆ 本书由中国社会科学院社会学研究所组织研究机构专家、高校学者和政府研究人员撰写，聚焦当下社会热点，指出2014年我国社会存在城乡居民人均收入增速放缓、大学生毕业就业压力加大、社会老龄化加速、住房价格继续飙升、环境群体性事件多发等问题。

法治蓝皮书
中国法治发展报告No.13（2015）

李　林　田　禾/主编　2015年3月出版　定价:105.00元

◆ 本年度法治蓝皮书回顾总结了2014年度中国法治取得的成效及存在的问题，并对2015年中国法治发展形势进行预测、展望，还从立法、人权保障、行政审批制度改革、反价格垄断执法、教育法治、政府信息公开等方面研讨了中国法治发展的相关问题。

环境绿皮书
中国环境发展报告（2015）

刘鉴强/主编　2015年7月出版　估价:79.00元

◆ 本书由民间环保组织"自然之友"组织编写，由特别关注、生态保护、宜居城市、可持续消费以及政策与治理等版块构成，以公共利益的视角记录、审视和思考中国环境状况，呈现2014年中国环境与可持续发展领域的全局态势，用深刻的思考、科学的数据分析2014年的环境热点事件。

社会政法类

反腐倡廉蓝皮书
中国反腐倡廉建设报告 No.4

李秋芳 张英伟 / 主编　2014年12月出版　定价:79.00元

◆ 本书继续坚持"建设"主题，既描摹出反腐败斗争的感性特点，又揭示出反腐政治格局深刻变化的根本动因。指出当前症结在于权力与资本"隐蔽勾连"、"官场积弊"消解"吏治改革"效力、部分公职人员基本价值观迷乱、封建主义与资本主义思想依然影响深重。提出应以科学思维把握反腐治标与治本问题，建构"不需腐"的合理合法薪酬保障机制。

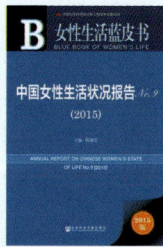

女性生活蓝皮书
中国女性生活状况报告 No.9（2015）

韩湘景 / 主编　2015年4月出版　定价:79.00元

◆ 本书由中国妇女杂志社、华坤女性生活调查中心和华坤女性消费指导中心组织编写，通过调查获得的大量调查数据，真实展现当年中国城市女性的生活状况、消费状况及对今后的预期。

华侨华人蓝皮书
华侨华人研究报告 (2015)

贾益民 / 主编　2015年12月出版　估价:118.00元

◆ 本书为中国社会科学院创新工程学术出版资助项目，是华侨大学向世界提供最新涉侨动态、理论研究和政策建议的平台。主要介绍了相关国家华侨华人的规模、分布、结构、发展趋势，以及全球涉侨生存安全环境和华文教育情况等。

政治参与蓝皮书
中国政治参与报告（2015）

房宁 / 主编　2015年7月出版　估价:105.00元

◆ 本书作者均来自中国社会科学院政治学研究所，聚焦中国基层群众自治的参与情况介绍了城镇居民的社区建设与居民自治参与和农村居民的村民自治与农村社区建设参与情况。其优势是其指标评估体系的建构和问卷调查的设计专业，数据量丰富，统计结论科学严谨。

皮书系列
重点推荐

行业报告类

行业报告类

行业报告类皮书立足重点行业、新兴行业领域，提供及时、前瞻的数据与信息

房地产蓝皮书
中国房地产发展报告 No.12（2015）

魏后凯 李景国/主编　2015年5月出版　定价:79.00元

◆ 本年度房地产蓝皮书指出，2014年中国房地产市场出现了较大幅度的回调，商品房销售明显遇冷，库存居高不下。展望2015年，房价保持低速增长的可能性较大，但区域分化将十分明显，人口聚集能力强的一线城市和部分热点二线城市房价有回暖、房价上涨趋势，而人口聚集能力差、库存大的部分二线城市或三四线城市房价会延续下跌（回调）态势。

保险蓝皮书
中国保险业竞争力报告（2015）

姚庆海　王力/主编　2015年12月出版　估价:98.00元

◆ 本皮书主要为监管机构、保险行业和保险学界提供保险市场一年来发展的总体评价，外在因素对保险业竞争力发展的影响研究；国家监管政策、市场主体经营创新及职能发挥、理论界最新研究成果等综述和评论。

企业社会责任蓝皮书
中国企业社会责任研究报告（2015）

黄群慧　彭华岗　钟宏武　张蒽/编著
2015年11月出版　估价:69.00元

◆ 本书系中国社会科学院经济学部企业社会责任研究中心组织编写的《企业社会责任蓝皮书》2015年分册。该书在对企业社会责任进行宏观总体研究的基础上，根据2014年企业社会责任及相关背景进行了创新研究，在全国企业中观层面对企业健全社会责任管理体系提供了弥足珍贵的丰富信息。

行业报告类　　皮书系列 重点推荐

投资蓝皮书

中国投资发展报告（2015）

谢 平 / 主编　　2015 年 4 月出版　　定价 :128.00 元

◆ 2014 年，适应新常态发展的宏观经济政策逐步成型和出台，成为保持经济平稳增长、促进经济活力增强、结构不断优化升级的有力保障。2015 年，应重点关注先进制造业、TMT 产业、大健康产业、大文化产业及非金融全新产业的投资机会，适应新常态下的产业发展变化，在投资布局中争取主动。

住房绿皮书

中国住房发展报告（2014~2015）

倪鹏飞 / 主编　　2014 年 12 月出版　　定价 :79.00 元

◆ 本年度住房绿皮书指出，中国住房市场从 2014 年第一季度开始进入调整状态，2014 年第三季度进入全面调整期。2015 年的住房市场走势：整体延续衰退，一、二线城市 2015 年下半年、三四线城市 2016 年下半年复苏。

人力资源蓝皮书

中国人力资源发展报告（2015）

余兴安 / 主编　　2015 年 9 月出版　　估价 :79.00 元

◆ 本书是在人力资源和社会保障部部领导的支持下，由中国人事科学研究院汇集我国人力资源开发权威研究机构的诸多专家学者的研究成果编写而成。作为关于人力资源的蓝皮书，本书通过充分利用有关研究成果，更广泛、更深入地展示近年来我国人力资源开发重点领域的研究成果。

汽车蓝皮书

中国汽车产业发展报告（2015）

国务院发展研究中心产业经济研究部 中国汽车工程学会
大众汽车集团（中国）/ 主编　　2015 年 8 月出版　　估价 :128.00 元

◆ 本书由国务院发展研究中心产业经济研究部、中国汽车工程学会、大众汽车集团（中国）联合主编，是关于中国汽车产业发展的研究性年度报告，介绍并分析了本年度中国汽车产业发展的形势。

国别与地区类

国别与地区类

国别与地区类皮书关注全球重点国家与地区，提供全面、独特的解读与研究

亚太蓝皮书

亚太地区发展报告（2015）

李向阳 / 主编　　2015年1月出版　　定价:59.00元

◆ 本年度的专题是"一带一路"，书中对"一带一路"战略的经济基础、"一带一路"与区域合作等进行了阐述。除对亚太地区2014年的整体变动情况进行深入分析外，还在此基础上提出了对于2015年亚太地区各个方面发展情况的预测。

日本蓝皮书

日本研究报告（2015）

李　薇 / 主编　　2015年4月出版　　定价:69.00元

◆ 本书由中华日本学会、中国社会科学院日本研究所合作推出，是以中国社会科学院日本研究所的研究人员为主完成的研究成果。对2014年日本的政治、外交、经济、社会文化作了回顾、分析，并对2015年形势进行展望。

德国蓝皮书

德国发展报告（2015）

郑春荣　伍慧萍 / 主编　　2015年5月出版　　定价:69.00元

◆ 本报告由同济大学德国研究所组织编撰，由该领域的专家学者对德国的政治、经济、社会文化、外交等方面的形势发展情况，进行全面的阐述与分析。德国作为欧洲大陆第一强国，与中国各方面日渐紧密的合作关系，值得国内各界深切关注。

国际形势黄皮书
全球政治与安全报告（2015）

李慎明　张宇燕/主编　2015年1月出版　定价:69.00元

◆ 本书对中、俄、美三国之间的合作与冲突进行了深度分析，揭示了影响中美、俄美及中俄关系的主要因素及变化趋势。重点关注了乌克兰危机、克里米亚问题、苏格兰公投、西非埃博拉疫情以及西亚北非局势等国际焦点问题。

拉美黄皮书
拉丁美洲和加勒比发展报告（2014~2015）

吴白乙/主编　2015年5月出版　定价:89.00元

◆ 本书是中国社会科学院拉丁美洲研究所的第14份关于拉丁美洲和加勒比地区发展形势状况的年度报告。本书对2014年拉丁美洲和加勒比地区诸国的政治、经济、社会、外交等方面的发展情况做了系统介绍，对该地区相关国家的热点及焦点问题进行了总结和分析，并在此基础上对该地区各国2015年的发展前景做出预测。

美国蓝皮书
美国研究报告（2015）

郑秉文　黄平/主编　2015年6月出版　定价:89.00元

◆ 本书是由中国社会科学院美国所主持完成的研究成果，重点讲述了美国的"再平衡"战略，另外回顾了美国2014年的经济、政治形势与外交战略，对2014年以来美国内政外交发生的重大事件以及重要政策进行了较为全面的回顾和梳理。

大湄公河次区域蓝皮书
大湄公河次区域合作发展报告（2015）

刘稚/主编　2015年9月出版　估价:79.00元

◆ 云南大学大湄公河次区域研究中心深入追踪分析该区域发展动向，以把握全面，突出重点为宗旨，系统介绍和研究大湄公河次区域合作的年度热点和重点问题，展望次区域合作的发展趋势，并对新形势下我国推进次区域合作深入发展提出相关对策建议。

地方发展类

地方发展类皮书关注大陆各省份、经济区域，提供科学、多元的预判与咨政信息

北京蓝皮书
北京公共服务发展报告（2014~2015）

施昌奎 / 主编　　2015年1月出版　定价：69.00元

◆ 本书是由北京市政府职能部门的领导、首都著名高校的教授、知名研究机构的专家共同完成的关于北京市公共服务发展与创新的研究成果。本年度主题为"北京公共服务均衡化发展和市场化改革"，内容涉及了北京市公共服务发展的方方面面，既有对北京各个城区的综合性描述，也有对局部、细部、具体问题的分析。

上海蓝皮书
上海经济发展报告（2015）

沈开艳 / 主编　　2015年1月出版　定价：69.00元

◆ 本书系上海社会科学院系列之一，本年度将"建设具有全球影响力的科技创新中心"作为主题，对2015年上海经济增长与发展趋势的进行了预测，把握了上海经济发展的脉搏和学术研究的前沿。

广州蓝皮书
广州经济发展报告（2015）

李江涛　朱名宏 / 主编　　2015年7月出版　估价：69.00元

◆ 本书是由广州市社会科学院主持编写的"广州蓝皮书"系列之一，本报告对广州2014年宏观经济运行情况作了深入分析，对2015年宏观经济走势进行了合理预测，并在此基础上提出了相应的政策建议。

 文化传媒类 皮书系列 重点推荐

文化传媒类

文化传媒类皮书透视文化领域、文化产业，探索文化大繁荣、大发展的路径

新媒体蓝皮书
中国新媒体发展报告No.6（2015）

唐绪军／主编　　2015年7月出版　　定价：79.00元

◆ 本书深入探讨了中国网络信息安全、媒体融合状况、微信谣言问题、微博发展态势、互联网金融、移动舆论场舆情、传统媒体转型、新媒体产业发展、网络助政、网络舆论监督、大数据、数据新闻、数字版权等热门问题，展望了中国新媒体的未来发展趋势。

舆情蓝皮书
中国社会舆情与危机管理报告（2015）

谢耘耕／主编　　2015年8月出版　　估价：98.00元

◆ 本书由上海交通大学舆情研究实验室和危机管理研究中心主编，已被列入教育部人文社会科学研究报告培育项目。本书以新媒体环境下的中国社会为立足点，对2014年中国社会舆情、分类舆情等进行了深入系统的研究，并预测了2015年社会舆情走势。

文化蓝皮书
中国文化产业发展报告（2015）

张晓明　王家新　章建刚／主编　　2015年7月出版　　估价：79.00元

◆ 本书由中国社会科学院文化研究中心编写。从2012年开始，中国社会科学院文化研究中心设立了国内首个文化产业的研究类专项资金——"文化产业重大课题研究计划"，开始在全国范围内组织多学科专家学者对我国文化产业发展重大战略问题进行联合攻关研究。本书集中反映了该计划的研究成果。

皮书系列 2015全品种　经济类

经济类

G20国家创新竞争力黄皮书
二十国集团（G20）国家创新竞争力发展报告（2015）
著（编）者：黄茂兴 李闽榕 李建平 赵新力
2015年9月出版 / 估价：128.00元

产业蓝皮书
中国产业竞争力报告（2015）
著（编）者：张其仔　2015年7月出版 / 估价：79.00元

长三角蓝皮书
2015年全面深化改革中的长三角
著（编）者：张伟斌　2015年10月出版 / 估价：69.00元

城乡一体化蓝皮书
中国城乡一体化发展报告（2015）
著（编）者：付崇兰 汝信　2015年12月出版 / 估价：79.00元

城市创新蓝皮书
中国城市创新报告（2015）
著（编）者：周天勇 旷建伟　2015年8月出版 / 估价：69.00元

城市竞争力蓝皮书
中国城市竞争力报告（2015）
著（编）者：倪鹏飞　2015年5月出版 / 定价：89.00元

城市蓝皮书
中国城市发展报告NO.8
著（编）者：潘家华 魏后凯　2015年9月出版 / 估价：69.00元

城市群蓝皮书
中国城市群发展指数报告（2015）
著（编）者：刘新静 刘士林　2015年10月出版 / 估价：59.00元

城乡统筹蓝皮书
中国城乡统筹发展报告（2015）
著（编）者：潘晨光 程志强　2015年7月出版 / 估价：59.00元

城镇化蓝皮书
中国新型城镇化健康发展报告（2015）
著（编）者：张占斌　2015年7月出版 / 估价：79.00元

低碳发展蓝皮书
中国低碳发展报告（2015）
著（编）者：齐晔　2015年7月出版 / 估价：89.00元

低碳经济蓝皮书
中国低碳经济发展报告（2015）
著（编）者：薛进军 赵忠秀　2015年6月出版 / 定价：85.00元

东北蓝皮书
中国东北地区发展报告（2015）
著（编）者：马克 黄文艺　2015年8月出版 / 估价：79.00元

发展和改革蓝皮书
中国经济发展和体制改革报告（2015）
著（编）者：邹东涛　2015年11月出版 / 估价：98.00元

工业化蓝皮书
中国工业化进程报告（2015）
著（编）者：黄群慧 吕铁 李晓华　2015年11月出版 / 估价：89.00元

国际城市蓝皮书
国际城市发展报告（2015）
著（编）者：屠启宇　2015年1月出版 / 定价：79.00元

国家创新蓝皮书
中国创新发展报告（2015）
著（编）者：陈劲　2015年7月出版 / 估价：59.00元

环境竞争力绿皮书
中国省域环境竞争力发展报告（2015）
著（编）者：李建平 李闽榕 王金南
2015年12月出版 / 估价：198.00元

金融蓝皮书
中国金融发展报告（2015）
著（编）者：李扬 王国刚　2014年12月出版 / 定价：75.00元

金融信息服务蓝皮书
金融信息服务发展报告（2015）
著（编）者：鲁广锦 殷剑峰 林义相
2015年7月出版 / 估价：89.00元

经济蓝皮书
2015年中国经济形势分析与预测
著（编）者：李扬　2014年12月出版 / 定价：69.00元

经济蓝皮书·春季号
2015年中国经济前景分析
著（编）者：李扬　2015年5月出版 / 定价：79.00元

经济蓝皮书·夏季号
中国经济增长报告（2015）
著（编）者：李扬　2015年7月出版 / 估价：69.00元

经济信息绿皮书
中国与世界经济发展报告（2015）
著（编）者：杜平　2014年12月出版 / 估价：79.00元

就业蓝皮书
2015年中国大学生就业报告
著（编）者：麦可思研究院　2015年7月出版 / 估价：98.00元

就业蓝皮书
2015年中国高职高专生就业报告
著（编）者：麦可思研究院　2015年6月出版 / 估价：98.00元

就业蓝皮书
2015年中国本科生就业报告
著（编）者：麦可思研究院　2015年6月出版 / 估价：98.00元

临空经济蓝皮书
中国临空经济发展报告（2015）
著（编）者：连玉明　2015年9月出版 / 估价：79.00元

民营经济蓝皮书
中国民营经济发展报告（2015）
著（编）者：王钦敏　2015年12月出版 / 估价：79.00元

农村绿皮书
中国农村经济形势分析与预测（2014~2015）
著（编）者：中国社会科学院农村发展研究所
　　　　　国家统计局农村社会经济调查司
2015年4月出版 / 定价：69.00元

经济类·社会政法类

皮书系列 2015全品种

农业应对气候变化蓝皮书
气候变化对中国农业影响评估报告（2015）
著(编)者：矫梅燕　2015年8月出版 / 估价:98.00元

企业公民蓝皮书
中国企业公民报告（2015）
著(编)者：邹东涛　2015年12月出版 / 估价:79.00元

气候变化绿皮书
应对气候变化报告（2015）
著(编)者：王伟光　郑国光　2015年10月出版 / 估价:79.00元

区域蓝皮书
中国区域经济发展报告（2014~2015）
著(编)者：梁昊光　2015年5月出版 / 定价:79.00元

全球环境竞争力绿皮书
全球环境竞争力报告（2015）
著(编)者：李建建　李闽榕　李建平　王金南
2015年12月出版 / 估价:198.00元

人口与劳动绿皮书
中国人口与劳动问题报告No.15
著(编)者：蔡昉　2015年1月出版 / 定价:59.00元

商务中心区蓝皮书
中国商务中心区发展报告（2015）
著(编)者：中国商务区联盟
　　　　　中国社会科学院城市发展与环境研究所
2015年10月出版 / 估价:69.00元

商务中心区蓝皮书
中国商务中心区发展报告No.1（2014）
著(编)者：魏后凯　李国红　2015年1月出版 / 定价:89.00元

世界经济黄皮书
2015年世界经济形势分析与预测
著(编)者：王洛林　张宇燕　2015年1月出版 / 估价:69.00元

世界旅游城市绿皮书
世界旅游城市发展报告（2015）
著(编)者：鲁勇　周正宇　宋宇　2015年7月出版 / 估价:88.00元

西北蓝皮书
中国西北发展报告（2015）
著(编)者：赵宗福　孙发平　苏海红　鲁顺元　段庆林
2014年12月出版 / 定价:79.00元

西部蓝皮书
中国西部发展报告（2015）
著(编)者：姚慧琴　徐璋勇　2015年7月出版 / 估价:89.00元

新型城镇化蓝皮书
新型城镇化发展报告（2015）
著(编)者：李伟　2015年10月出版 / 估价:89.00元

新兴经济体蓝皮书
金砖国家发展报告（2015）
著(编)者：林跃勤　周文　2015年7月出版 / 估价:79.00元

中部竞争力蓝皮书
中国中部经济社会竞争力报告（2015）
著(编)者：教育部人文社会科学重点研究基地
　　　　　南昌大学中国中部经济社会发展研究中心
2015年9月出版 / 估价:79.00元

中部蓝皮书
中国中部地区发展报告（2015）
著(编)者：喻新安　2015年7月出版 / 估价:69.00元

中国省域竞争力蓝皮书
中国省域经济综合竞争力发展报告（2013~2014）
著(编)者：李建平　李闽榕　高燕京
2015年2月出版 / 定价:198.00元

中三角蓝皮书
长江中游城市群发展报告（2015）
著(编)者：秦尊文　2015年10月出版 / 估价:69.00元

中小城市绿皮书
中国中小城市发展报告（2015）
著(编)者：中国城市经济学会中小城市经济发展委员会
　　　　　《中国中小城市发展报告》编纂委员会
　　　　　中小城市发展战略研究院
2015年10月出版 / 估价:98.00元

中原蓝皮书
中原经济区发展报告（2015）
著(编)者：李英杰　2015年7月出版 / 估价:88.00元

社会政法类

北京蓝皮书
中国社区发展报告（2015）
著(编)者：于燕燕　2015年7月出版 / 估价:69.00元

殡葬绿皮书
中国殡葬事业发展报告（2014~2015）
著(编)者：李伯森　2015年4月出版 / 定价:158.00元

城市管理蓝皮书
中国城市管理报告（2015）
著(编)者：谭维克　刘林　2015年12月出版 / 估价:158.00元

城市生活质量蓝皮书
中国城市生活质量报告（2015）
著(编)者：中国经济实验研究院　2015年7月出版 / 估价:59.00元

城市政府能力蓝皮书
中国城市政府公共服务能力评估报告（2015）
著(编)者：何艳玲　2015年7月出版 / 估价:59.00元

创新蓝皮书
创新型国家建设报告（2015）
著(编)者：詹止茂　2015年7月出版 / 估价:69.00元

15

皮书系列 2015全品种 — 社会政法类

慈善蓝皮书
中国慈善发展报告（2015）
著(编)者：杨团　2015年6月出版 / 定价:79.00元

地方法治蓝皮书
中国地方法治发展报告No.1（2014）
著(编)者：李林　田禾　2015年1月出版 / 定价:98.00元

法治蓝皮书
中国法治发展报告No.13（2015）
著(编)者：李林　田禾　2015年3月出版 / 定价:105.00元

反腐倡廉蓝皮书
中国反腐倡廉建设报告No.4
著(编)者：李秋芳　张英伟　2014年12月出版 / 定价:79.00元

非传统安全蓝皮书
中国非传统安全研究报告（2014~2015）
著(编)者：余潇枫　魏志江　2015年5月出版 / 定价:79.00元

妇女发展蓝皮书
中国妇女发展报告（2015）
著(编)者：王金玲　2015年9月出版 / 估价:148.00元

妇女教育蓝皮书
中国妇女教育发展报告（2015）
著(编)者：张李玺　2015年7月出版 / 估价:78.00元

妇女绿皮书
中国性别平等与妇女发展报告（2015）
著(编)者：谭琳　2015年12月出版 / 估价:99.00元

公共服务蓝皮书
中国城市基本公共服务力评价（2015）
著(编)者：钟君　吴正杲　2015年12月出版 / 定价:79.00元

公共服务满意度蓝皮书
中国城市公共服务评价报告（2015）
著(编)者：胡伟　2015年12月出版 / 定价:69.00元

公共外交蓝皮书
中国公共外交发展报告（2015）
著(编)者：赵启正　雷蔚真　2015年4月出版 / 定价:89.00元

公民科学素质蓝皮书
中国公民科学素质报告（2015）
著(编)者：李群　许佳军　2015年7月出版 / 估价:79.00元

公益蓝皮书
中国公益发展报告（2015）
著(编)者：朱健刚　2015年7月出版 / 估价:78.00元

管理蓝皮书
中国管理发展报告（2015）
著(编)者：张晓东　2015年9月出版 / 估价:98.00元

国际人才蓝皮书
中国国际移民报告（2015）
著(编)者：王辉耀　2015年2月出版 / 定价:79.00元

国际人才蓝皮书
中国海归发展报告（2015）
著(编)者：王辉耀　苗绿　2015年7月出版 / 估价:69.00元

国际人才蓝皮书
中国留学发展报告（2015）
著(编)者：王辉耀　苗绿　2015年9月出版 / 估价:69.00元

国家安全蓝皮书
中国国家安全研究报告（2015）
著(编)者：刘慧　2015年7月出版 / 估价:98.00元

行政改革蓝皮书
中国行政体制改革报告（2014~2015）
著(编)者：魏礼群　2015年4月出版 / 估价:98.00元

华侨华人蓝皮书
华侨华人研究报告（2015）
著(编)者：贾益民　2015年12月出版 / 估价:118.00元

环境绿皮书
中国环境发展报告（2015）
著(编)者：刘鉴强　2015年7月出版 / 估价:79.00元

基金会蓝皮书
中国基金会发展报告（2015）
著(编)者：刘忠祥　2016年6月出版 / 估价:69.00元

基金会绿皮书
中国基金会发展独立研究报告（2015）
著(编)者：基金会中心网　2015年8月出版 / 估价:88.00元

基金会透明度蓝皮书
中国基金会透明度发展研究报告（2015）
著(编)者：基金会中心网　清华大学廉政与治理研究中心
2015年9月出版 / 估价:78.00元

教师蓝皮书
中国中小学教师发展报告（2014）
著(编)者：曾晓东　鱼霞　2015年6月出版 / 定价:69.00元

教育蓝皮书
中国教育发展报告（2015）
著(编)者：杨东平　2015年5月出版 / 定价:79.00元

科普蓝皮书
中国科普基础设施发展报告（2015）
著(编)者：任福君　2015年7月出版 / 估价:59.00元

劳动保障蓝皮书
中国劳动保障发展报告（2015）
著(编)者：刘燕斌　2015年7月出版 / 定价:89.00元

老龄蓝皮书
中国老年宜居环境发展报告(2015)
著(编)者：吴玉韶　2015年9月出版 / 估价:79.00元

连片特困区蓝皮书
中国连片特困区发展报告（2014~2015）
著(编)者：游俊　冷志明　丁建军　2015年3月出版 / 定价:98.00元

民间组织蓝皮书
中国民间组织报告(2015)
著(编)者：潘晨光　黄晓勇　2015年8月出版 / 估价:69.00元

民调蓝皮书
中国民生调查报告（2015）
著(编)者：谢耘耕　2015年7月出版 / 估价:128.00元

社会政法类 皮书系列 2015全品种

民族发展蓝皮书
中国民族发展报告（2015）
著(编)者:郝时远 王延中 王希恩
2015年4月出版 / 定价:98.00元

女性生活蓝皮书
中国女性生活状况报告No.9（2015）
著(编)者:韩湘景 2015年4月出版 / 定价:79.00元

企业公众透明度蓝皮书
中国企业公众透明度报告(2014~2015)No.1
著(编)者:黄速建 王晓光 肖红军
2015年1月出版 / 定价:98.00元

企业国际化蓝皮书
中国企业国际化报告(2015)
著(编)者:王辉耀 2015年10月出版 / 估价:79.00元

汽车社会蓝皮书
中国汽车社会发展报告（2015）
著(编)者:王俊秀 2015年7月出版 / 估价:59.00元

青年蓝皮书
中国青年发展报告No.3
著(编)者:廉思 2015年7月出版 / 估价:59.00元

区域人才蓝皮书
中国区域人才竞争力报告（2015）
著(编)者:桂昭明 王辉耀 2015年7月出版 / 估价:69.00元

群众体育蓝皮书
中国群众体育发展报告（2015）
著(编)者:刘国永 杨桦 2015年8月出版 / 估价:69.00元

人才蓝皮书
中国人才发展报告（2015）
著(编)者:潘晨光 2015年8月出版 / 估价:85.00元

人权蓝皮书
中国人权事业发展报告（2015）
著(编)者:中国人权研究会 2015年8月出版 / 估价:99.00元

森林碳汇绿皮书
中国森林碳汇评估发展报告（2015）
著(编)者:闫文德 胡文臻 2015年9月出版 / 估价:79.00元

社会保障绿皮书
中国社会保障发展报告（2015）No.7
著(编)者:王延中 2015年4月出版 / 定价:89.00元

社会工作蓝皮书
中国社会工作发展报告（2015）
著(编)者:民政部社会工作研究中心
2015年8月出版 / 估价:79.00元

社会管理蓝皮书
中国社会管理创新报告（2015）
著(编)者:连玉明 2015年9月出版 / 估价:89.00元

社会蓝皮书
2015年中国社会形势分析与预测
著(编)者:李培林 陈光金 张翼
2014年12月出版 / 定价:69.00元

社会体制蓝皮书
中国社会体制改革报告No.3（2015）
著(编)者:龚维斌 2015年4月出版 / 定价:79.00元

社会心态蓝皮书
中国社会心态研究报告（2015）
著(编)者:王俊秀 杨宜音 2015年10月出版 / 估价:69.00元

社会组织蓝皮书
中国社会组织评估发展报告（2015）
著(编)者:徐家良 廖鸿 2015年12月出版 / 估价:69.00元

生态城市绿皮书
中国生态城市建设发展报告（2015）
著(编)者:刘举科 孙伟平 胡文臻 2015年7月出版 / 估价:98.00元

生态文明绿皮书
中国省域生态文明建设评价报告（ECI 2015）
著(编)者:严耕 2015年9月出版 / 估价:85.00元

世界社会主义黄皮书
世界社会主义跟踪研究报告（2014~2015）
著(编)者:李慎明 2015年4月出版 / 定价:258.00元

水与发展蓝皮书
中国水风险评估报告（2015）
著(编)者:王浩 2015年9月出版 / 估价:69.00元

土地整治蓝皮书
中国土地整治发展研究报告No.2
著(编)者:国土资源部土地整治中心 2015年5月出版 / 定价:89.00元

网络空间安全蓝皮书
中国网络空间安全发展报告（2015）
著(编)者:惠志斌 唐涛 2015年4月出版 / 定价:79.00元

危机管理蓝皮书
中国危机管理报告（2015）
著(编)者:文学国 2015年8月出版 / 估价:89.00元

协会商会蓝皮书
中国行业协会商会发展报告（2014）
著(编)者:景朝阳 李勇 2015年4月出版 / 定价:99.00元

形象危机应对蓝皮书
形象危机应对研究报告（2015）
著(编)者:唐钧 2015年7月出版 / 估价:149.00元

医改蓝皮书
中国医药卫生体制改革报告（2015～2016）
著(编)者:文学国 房志武 2015年12月出版 / 估价:79.00元

医疗卫生绿皮书
中国医疗卫生发展报告（2015）
著(编)者:申宝忠 韩玉珍 2015年7月出版 / 估价:75.00元

应急管理蓝皮书
中国应急管理报告（2015）
著(编)者:宋英华 2015年10月出版 / 估价:69.00元

政治参与蓝皮书
中国政治参与报告（2015）
著(编)者:房宁 2015年7月出版 / 估价:105.00元

皮书系列
2015全品种

行业报告类

政治发展蓝皮书
中国政治发展报告（2015）
著(编)者：房宁 杨海蛟　　2015年7月出版 / 估价：88.00元

中国农村妇女发展蓝皮书
流动女性城市融入发展报告（2015）
著(编)者：谢丽华　　2015年11月出版 / 估价：69.00元

宗教蓝皮书
中国宗教报告（2015）
著(编)者：金泽 邱永辉　　2016年5月出版 / 估价：59.00元

行业报告类

保险蓝皮书
中国保险业竞争力报告（2015）
著(编)者：项俊波　　2015年12月出版 / 估价：98.00元

彩票蓝皮书
中国彩票发展报告（2015）
著(编)者：益彩基金　　2015年4月出版 / 定价：98.00元

餐饮产业蓝皮书
中国餐饮产业发展报告（2015）
著(编)者：邢颖　　2015年4月出版 / 定价：69.00元

测绘地理信息蓝皮书
智慧中国地理空间智能体系研究报告（2015）
著(编)者：库热西•买合苏提　　2015年12月出版 / 估价：98.00元

茶业蓝皮书
中国茶产业发展报告（2015）
著(编)者：杨江帆 李闽榕　　2015年10月出版 / 估价：78.00元

产权市场蓝皮书
中国产权市场发展报告（2015）
著(编)者：曹和平　　2015年12月出版 / 估价：79.00元

电子政务蓝皮书
中国电子政务发展报告（2015）
著(编)者：洪毅 杜平　　2015年11月出版 / 估价：79.00元

杜仲产业绿皮书
中国杜仲橡胶资源与产业发展报告（2014~2015）
著(编)者：杜红岩 胡文臻 俞锐
2015年1月出版 / 定价：85.00元

房地产蓝皮书
中国房地产发展报告No.12（2015）
著(编)者：魏后凯 李景国　　2015年5月出版 / 定价：79.00元

服务外包蓝皮书
中国服务外包产业发展报告（2015）
著(编)者：王晓进 刘德军　　2015年7月出版 / 估价：89.00元

工业和信息化蓝皮书
移动互联网产业发展报告（2014~2015）
著(编)者：洪京一　　2015年4月出版 / 定价：79.00元

工业和信息化蓝皮书
世界网络安全发展报告（2014~2015）
著(编)者：洪京一　　2015年4月出版 / 估价：69.00元

工业和信息化蓝皮书
世界制造业发展报告（2014~2015）
著(编)者：洪京一　　2015年4月出版 / 定价：69.00元

工业和信息化蓝皮书
世界信息化发展报告（2014~2015）
著(编)者：洪京一　　2015年4月出版 / 定价：69.00元

工业和信息化蓝皮书
世界信息技术产业发展报告（2014~2015）
著(编)者：洪京一　　2015年4月出版 / 定价：79.00元

工业设计蓝皮书
中国工业设计发展报告（2015）
著(编)者：王晓红 于炜 张立群　　2015年9月出版 / 估价：138.00元

互联网金融蓝皮书
中国互联网金融发展报告（2015）
著(编)者：芮晓武 刘烈宏　　2015年8月出版 / 估价：79.00元

会展蓝皮书
中外会展业动态评估年度报告（2015）
著(编)者：张敏　　2015年1月出版 / 估价：78.00元

金融监管蓝皮书
中国金融监管报告（2015）
著(编)者：胡滨　　2015年4月出版 / 定价：89.00元

金融蓝皮书
中国商业银行竞争力报告（2015）
著(编)者：王松奇　　2015年12月出版 / 估价：69.00元

客车蓝皮书
中国客车产业发展报告（2014~2015）
著(编)者：姚蔚　　2015年2月出版 / 估价：85.00元

老龄蓝皮书
中国老龄产业发展报告（2015）
著(编)者：吴玉韶 党俊武　　2015年9月出版 / 估价：79.00元

流通蓝皮书
中国商业发展报告（2015）
著(编)者：荆林波　　2015年7月出版 / 估价：89.00元

旅游安全蓝皮书
中国旅游安全报告（2015）
著(编)者：郑向敏 谢朝武　　2015年5月出版 / 定价：128.00元

行业报告类

皮书系列 2015全品种

旅游景区蓝皮书
中国旅游景区发展报告（2015）
著(编)者：黄安民　2015年7月出版 / 估价:79.00元

旅游绿皮书
2014~2015年中国旅游发展分析与预测
著(编)者：宋瑞　2015年1月出版 / 定价:98.00元

煤炭蓝皮书
中国煤炭工业发展报告（2015）
著(编)者：岳福斌　2015年12月出版 / 估价:79.00元

民营医院蓝皮书
中国民营医院发展报告（2015）
著(编)者：庄一强　2015年10月出版 / 估价:75.00元

闽商蓝皮书
闽商发展报告（2015）
著(编)者：王日根　李闽榕　2015年12月出版 / 估价:69.00元

能源蓝皮书
中国能源发展报告（2015）
著(编)者：崔民选　王军生　2015年8月出版 / 估价:79.00元

农产品流通蓝皮书
中国农产品流通产业发展报告（2015）
著(编)者：贾敬敦　张东科　张玉玺　孔令羽　张鹏毅
2015年9月出版 / 估价:89.00元

企业蓝皮书
中国企业竞争力报告（2015）
著(编)者：金碚　2015年11月出版 / 估价:89.00元

企业社会责任蓝皮书
中国企业社会责任研究报告（2015）
著(编)者：黄群慧　彭华岗　钟宏武　张蒽
2015年11月出版 / 估价:69.00元

汽车安全蓝皮书
中国汽车安全发展报告（2015）
著(编)者：中国汽车技术研究中心
2015年7月出版 / 估价:79.00元

汽车工业蓝皮书
中国汽车工业发展年度报告（2015）
著(编)者：中国汽车工业协会　中国汽车技术研究中心
丰田汽车（中国）投资有限公司
2015年4月出版 / 定价:128.00元

汽车蓝皮书
中国汽车产业发展报告（2015）
著(编)者：国务院发展研究中心产业经济研究部
中国汽车工程学会　大众汽车集团（中国）
2015年7月出版 / 估价:128.00元

清洁能源蓝皮书
国际清洁能源发展报告（2015）
著(编)者：国际清洁能源论坛（澳门）
2015年9月出版 / 估价:89.00元

人力资源蓝皮书
中国人力资源发展报告（2015）
著(编)者：余兴安　2015年9月出版 / 估价:79.00元

融资租赁蓝皮书
中国融资租赁业发展报告（2014~2015）
著(编)者：李光荣　王力　2015年1月出版 / 定价:89.00元

软件和信息服务业蓝皮书
中国软件和信息服务业发展报告（2015）
著(编)者：陈新河　洪京一　2015年12月出版 / 估价:198.00元

上市公司蓝皮书
上市公司质量评价报告（2015）
著(编)者：张跃文　王力　2015年10月出版 / 估价:118.00元

设计产业蓝皮书
中国设计产业发展报告（2014~2015）
著(编)者：陈冬亮　梁昊光　2015年3月出版 / 定价:89.00元

食品药品蓝皮书
食品药品安全与监管政策研究报告（2015）
著(编)者：唐民皓　2015年7月出版 / 估价:69.00元

世界能源蓝皮书
世界能源发展报告（2015）
著(编)者：黄晓勇　2015年6月出版 / 定价:99.00元

碳市场蓝皮书
中国碳市场报告（2015）
著(编)者：低碳发展国际合作联盟
2015年1月出版 / 估价:69.00元

体育蓝皮书
中国体育产业发展报告（2015）
著(编)者：阮伟　钟秉枢　2015年7月出版 / 估价:69.00元

体育蓝皮书
长三角地区体育产业发展报告（2014~2015）
著(编)者：张林　2015年4月出版 / 定价:79.00元

投资蓝皮书
中国投资发展报告（2015）
著(编)者：谢平　2015年4月出版 / 定价:128.00元

物联网蓝皮书
中国物联网发展报告（2015）
著(编)者：黄桂田　2015年7月出版 / 估价:59.00元

西部工业蓝皮书
中国西部工业发展报告（2015）
著(编)者：方行明　甘犁　刘方健　姜凌　等
2015年9月出版 / 估价:79.00元

西部金融蓝皮书
中国西部金融发展报告（2015）
著(编)者：李忠民　2015年8月出版 / 估价:75.00元

新能源汽车蓝皮书
中国新能源汽车产业发展报告（2015）
著(编)者：中国汽车技术研究中心
日产（中国）投资有限公司　东风汽车有限公司
2015年8月出版 / 估价:69.00元

信托市场蓝皮书
中国信托业市场报告（2014~2015）
著(编)者：用益信托工作室　2015年2月出版 / 定价:198.00元

信息产业蓝皮书
世界软件和信息技术产业发展报告（2015）
著(编)者：洪京一　2015年8月出版 / 估价:79.00元

信息化蓝皮书
中国信息化形势分析与预测（2015）
著(编)者：周宏仁　2015年8月出版 / 估价:98.00元

信用蓝皮书
中国信用发展报告（2014~2015）
著(编)者：章政　田侃　2015年4月出版 / 定价:99.00元

休闲绿皮书
2015年中国休闲发展报告
著(编)者：刘德谦　2015年7月出版 / 估价:59.00元

医药蓝皮书
中国中医药产业园战略发展报告（2015）
著(编)者：裴长洪　房书亭　吴篠心　2015年7月出版 / 估价:89.00元

邮轮绿皮书
中国邮轮产业发展报告（2015）
著(编)者：汪泓　2015年9月出版 / 估价:79.00元

中国上市公司蓝皮书
中国上市公司发展报告（2015）
著(编)者：许雄斌　张平　2015年9月出版 / 估价:98.00元

中国总部经济蓝皮书
中国总部经济发展报告（2015）
著(编)者：赵弘　2015年7月出版 / 估价:79.00元

住房绿皮书
中国住房发展报告（2014~2015）
著(编)者：倪鹏飞　2014年12月出版 / 定价:79.00元

资本市场蓝皮书
中国场外交易市场发展报告（2015）
著(编)者：高峦　2015年8月出版 / 估价:79.00元

资产管理蓝皮书
中国资产管理行业发展报告（2015）
著(编)者：智信资产管理研究院　2015年6月出版 / 定价:89.00元

文化传媒类

传媒竞争力蓝皮书
中国传媒国际竞争力研究报告（2015）
著(编)者：李本乾　2015年9月出版 / 估价:88.00元

传媒蓝皮书
中国传媒产业发展报告（2015）
著(编)者：崔保国　2015年5月出版 / 定价:98.00元

传媒投资蓝皮书
中国传媒投资发展报告（2015）
著(编)者：张向东　2015年7月出版 / 估价:89.00元

动漫蓝皮书
中国动漫产业发展报告（2015）
著(编)者：卢斌　郑玉明　牛兴侦　2015年7月出版 / 估价:79.00元

非物质文化遗产蓝皮书
中国非物质文化遗产发展报告（2015）
著(编)者：陈平　2015年5月出版 / 定价:98.00元

广电蓝皮书
中国广播电影电视发展报告（2015）
著(编)者：杨明品　2015年7月出版 / 估价:98.00元

广告主蓝皮书
中国广告主营销传播趋势报告（2015）
著(编)者：黄升民　2015年7月出版 / 估价:148.00元

国际传播蓝皮书
中国国际传播发展报告（2015）
著(编)者：胡正荣　李继东　姬德强
2015年7月出版 / 估价:89.00元

国家形象蓝皮书
2015年国家形象研究报告
著(编)者：张昆　2015年7月出版 / 估价:79.00元

纪录片蓝皮书
中国纪录片发展报告（2015）
著(编)者：何苏六　2015年9月出版 / 估价:79.00元

科学传播蓝皮书
中国科学传播报告（2015）
著(编)者：詹正茂　2015年7月出版 / 估价:69.00元

两岸文化蓝皮书
两岸文化产业合作发展报告（2015）
著(编)者：胡惠林　李保宗　2015年7月出版 / 估价:79.00元

媒介与女性蓝皮书
中国媒介与女性发展报告（2015）
著(编)者：刘利群　2015年8月出版 / 估价:69.00元

全球传媒蓝皮书
全球传媒发展报告（2015）
著(编)者：胡正荣　2015年12月出版 / 估价:79.00元

少数民族非遗蓝皮书
中国少数民族非物质文化遗产发展报告（2015）
著(编)者：肖远平　柴立　2015年6月出版 / 定价:128.00元

世界文化发展蓝皮书
世界文化发展报告（2015）
著(编)者：张庆宗　高乐田　郭熙煌
2015年7月出版 / 估价:89.00元

文化传媒类

视听新媒体蓝皮书
中国视听新媒体发展报告（2015）
著(编)者：袁同楠　2015年7月出版 / 定价：98.00元

文化创新蓝皮书
中国文化创新报告（2015）
著(编)者：于平 傅才武　2015年7月出版 / 估价：79.00元

文化建设蓝皮书
中国文化发展报告（2015）
著(编)者：江畅 孙伟平 戴茂堂
2016年4月出版 / 估价：138.00元

文化科技蓝皮书
文化科技创新发展报告（2015）
著(编)者：于平 李凤亮　2015年10月出版 / 估价：89.00元

文化蓝皮书
中国文化产业供需协调检测报告（2015）
著(编)者：王亚南　2015年2月出版 / 定价：79.00元

文化蓝皮书
中国文化消费需求景气评价报告（2015）
著(编)者：王亚南　2015年2月出版 / 定价：79.00元

文化蓝皮书
中国文化产业发展报告（2015）
著(编)者：张晓明 王家新 章建刚
2015年7月出版 / 估价：79.00元

文化蓝皮书
中国公共文化投入增长测评报告(2015)
著(编)者：王亚南　2014年12月出版 / 定价：79.00元

文化蓝皮书
中国文化政策发展报告（2015）
著(编)者：傅才武 宋文玉 燕东升
2015年9月出版 / 定价：98.00元

文化品牌蓝皮书
中国文化品牌发展报告（2015）
著(编)者：欧阳友权　2015年4月出版 / 定价：89.00元

文化遗产蓝皮书
中国文化遗产事业发展报告（2015）
著(编)者：刘世锦　2015年12月出版 / 定价：89.00元

文学蓝皮书
中国文情报告（2014~2015）
著(编)者：白烨　2015年5月出版 / 定价：49.00元

新媒体蓝皮书
中国新媒体发展报告No.6（2015）
著(编)者：唐绪军　2015年7月出版 / 定价：79.00元

新媒体社会责任蓝皮书
中国新媒体社会责任研究报告（2015）
著(编)者：钟瑛　2015年10月出版 / 定价：79.00元

移动互联网蓝皮书
中国移动互联网发展报告（2015）
著(编)者：官建文　2015年6月出版 / 定价：79.00元

舆情蓝皮书
中国社会舆情与危机管理报告（2015）
著(编)者：谢耘耕　2015年8月出版 / 定价：98.00元

地方发展类

安徽经济蓝皮书
芜湖创新型城市发展报告（2015）
著(编)者：杨少华 王开玉　2015年7月出版 / 估价：69.00元

安徽蓝皮书
安徽社会发展报告（2015）
著(编)者：程桦　2015年4月出版 / 定价：89.00元

安徽社会建设蓝皮书
安徽社会建设分析报告（2015）
著(编)者：黄家海 王开玉 蔡宪　2015年7月出版 / 估价：69.00元

澳门蓝皮书
澳门经济社会发展报告（2014~2015）
著(编)者：吴志良 郝雨凡　2015年5月出版 / 定价：79.00元

北京蓝皮书
北京公共服务发展报告（2014~2015）
著(编)者：施昌奎　2015年1月出版 / 定价：69.00元

北京蓝皮书
北京经济发展报告（2014~2015）
著(编)者：杨松　2015年6月出版 / 定价：79.00元

北京蓝皮书
北京社会治理发展报告（2014~2015）
著(编)者：殷星辰　2015年6月出版 / 定价：79.00元

北京蓝皮书
北京文化发展报告（2014~2015）
著(编)者：李建盛　2015年5月出版 / 定价：79.00元

北京蓝皮书
北京社会发展报告（2015）
著(编)者：缪青　2015年7月出版 / 估价：79.00元

北京蓝皮书
北京社区发展报告（2015）
著(编)者：于燕燕　2015年1月出版 / 定价：79.00元

北京旅游绿皮书
北京旅游发展报告（2015）
著(编)者：北京旅游学会　2015年7月出版 / 估价：88.00元

北京律师蓝皮书
北京律师发展报告（2015）
著(编)者：王隽　2015年12月出版 / 定价：75.00元

皮书系列 2015全品种 — 地方发展类

北京人才蓝皮书
北京人才发展报告（2015）
著(编)者:于淼　2015年7月出版 / 估价:89.00元

北京社会心态蓝皮书
北京社会心态分析报告（2015）
著(编)者:北京社会心理研究所　2015年7月出版 / 估价:69.00元

北京社会组织管理蓝皮书
北京社会组织发展与管理（2015）
著(编)者:黄江松　2015年4月出版 / 定价:78.00元

北京养老产业蓝皮书
北京养老产业发展报告（2015）
著(编)者:周明明　冯喜良　2015年4月出版 / 定价:69.00元

滨海金融蓝皮书
滨海新区金融发展报告（2015）
著(编)者:王爱俭　张锐钢　2015年9月出版 / 估价:79.00元

城乡一体化蓝皮书
中国城乡一体化发展报告（北京卷）（2014~2015）
著(编)者:张宝秀　黄序　2015年5月出版 / 定价:79.00元

创意城市蓝皮书
北京文化创意产业发展报告（2015）
著(编)者:张京成　2015年11月出版 / 估价:65.00元

创意城市蓝皮书
无锡文化创意产业发展报告（2015）
著(编)者:谭军　张鸣年　2015年10月出版 / 估价:75.00元

创意城市蓝皮书
武汉市文化创意产业发展报告（2015）
著(编)者:袁堃　黄永林　2015年11月出版 / 估价:85.00元

创意城市蓝皮书
重庆创意产业发展报告（2015）
著(编)者:程宇宁　2015年7月出版 / 估价:89.00元

创意城市蓝皮书
青岛文化创意产业发展报告（2015）
著(编)者:马达　张丹妮　2015年7月出版 / 估价:79.00元

福建妇女发展蓝皮书
福建省妇女发展报告（2015）
著(编)者:刘群英　2015年10月出版 / 估价:58.00元

甘肃蓝皮书
甘肃舆情分析与预测（2015）
著(编)者:陈双梅　郝树声　2015年1月出版 / 定价:79.00元

甘肃蓝皮书
甘肃文化发展分析与预测（2015）
著(编)者:安文华　周小华　2015年1月出版 / 定价:79.00元

甘肃蓝皮书
甘肃社会发展分析与预测（2015）
著(编)者:安文华　包晓霞　2015年1月出版 / 定价:79.00元

甘肃蓝皮书
甘肃经济发展分析与预测（2015）
著(编)者:朱智文　罗哲　2015年1月出版 / 定价:79.00元

甘肃蓝皮书
甘肃县域经济综合竞争力评价（2015）
著(编)者:刘进军　2015年7月出版 / 估价:69.00元

甘肃蓝皮书
甘肃县域社会发展评价报告（2015）
著(编)者:刘进军　柳民　王建兵　2015年1月出版 / 定价:79.00元

广东蓝皮书
广东省电子商务发展报告（2015）
著(编)者:程晓　2015年12月出版 / 估价:69.00元

广东蓝皮书
广东社会工作发展报告（2015）
著(编)者:罗观翠　2015年7月出版 / 估价:89.00元

广东社会建设蓝皮书
广东省社会建设发展报告（2015）
著(编)者:广东省社会工作委员会　2015年10月出版 / 估价:89.00元

广东外经贸蓝皮书
广东对外经济贸易发展研究报告（2014~2015）
著(编)者:陈万灵　2015年5月出版 / 估价:89.00元

广西北部湾经济区蓝皮书
广西北部湾经济区开放开发报告（2015）
著(编)者:广西北部湾经济区规划建设管理委员会办公室　广西社会科学院广西北部湾发展研究院
2015年8月出版 / 估价:79.00元

广州蓝皮书
广州社会保障发展报告（2015）
著(编)者:蔡国萱　2015年7月出版 / 估价:65.00元

广州蓝皮书
2015年中国广州社会形势分析与预测
著(编)者:张强　陈怡霓　杨秦　2015年6月出版 / 定价:79.00元

广州蓝皮书
广州经济发展报告（2015）
著(编)者:李江涛　朱名宏　2015年7月出版 / 估价:69.00元

广州蓝皮书
广州商贸业发展报告（2015）
著(编)者:李江涛　王旭东　荀振英　2015年7月出版 / 估价:69.00元

广州蓝皮书
2015年中国广州经济形势分析与预测
著(编)者:庾建设　沈奎　谢博能
2015年6月出版 / 定价:79.00元

广州蓝皮书
中国广州文化发展报告（2015）
著(编)者:徐俊忠　陆志强　顾涧清
2015年7月出版 / 估价:69.00元

广州蓝皮书
广州农村发展报告（2015）
著(编)者:李江涛　汤锦华　2015年8月出版 / 估价:69.00元

广州蓝皮书
中国广州城市建设与管理发展报告（2015）
著(编)者:董皞　冼伟雄　2015年7月出版 / 估价:69.00元

皮书系列
2015全品种

地方发展类

广州蓝皮书
中国广州科技和信息化发展报告（2015）
著(编)者：邹采荣 马正勇 冯元
2015年7月出版 / 估价：79.00元

广州蓝皮书
广州创新型城市发展报告（2015）
著(编)者：李江涛 2015年7月出版 / 估价：69.00元

广州蓝皮书
广州文化创意产业发展报告（2015）
著(编)者：甘新 2015年8月出版 / 估价：79.00元

广州蓝皮书
广州志愿服务发展报告（2015）
著(编)者：魏国华 张强 2015年9月出版 / 估价：69.00元

广州蓝皮书
广州城市国际化发展报告（2015）
著(编)者：朱名宏 2015年9月出版 / 估价：59.00元

广州蓝皮书
广州汽车产业发展报告（2015）
著(编)者：李江涛 杨再高 2015年9月出版 / 估价：69.00元

贵州房地产蓝皮书
贵州房地产发展报告（2015）
著(编)者：武廷方 2015年6月出版 / 定价：89.00元

贵州蓝皮书
贵州人才发展报告（2015）
著(编)者：于杰 吴大华 2015年7月出版 / 估价：69.00元

贵州蓝皮书
贵安新区发展报告（2014）
著(编)者：马长青 吴大华 2015年4月出版 / 估价：69.00元

贵州蓝皮书
贵州社会发展报告（2015）
著(编)者：王兴骥 2015年5月出版 / 定价：79.00元

贵州蓝皮书
贵州法治发展报告（2015）
著(编)者：吴大华 2015年5月出版 / 定价：79.00元

贵州蓝皮书
贵州国有企业社会责任发展报告（2015）
著(编)者：郭丽 2015年10月出版 / 估价：79.00元

海淀蓝皮书
海淀区文化和科技融合发展报告（2015）
著(编)者：孟景伟 陈名杰 2015年7月出版 / 估价：75.00元

海峡西岸蓝皮书
海峡西岸经济区发展报告（2015）
著(编)者：黄端 2015年9月出版 / 估价：65.00元

杭州都市圈蓝皮书
杭州都市圈发展报告（2015）
著(编)者：董祖德 沈翔 2015年7月出版 / 估价：89.00元

杭州蓝皮书
杭州妇女发展报告（2015）
著(编)者：魏颖 2015年4月出版 / 定价：79.00元

河北经济蓝皮书
河北省经济发展报告（2015）
著(编)者：马树强 金浩 刘兵 张贵 2015年3月出版 / 定价：89.00元

河北蓝皮书
河北经济社会发展报告（2015）
著(编)者：周文夫 2015年1月出版 / 定价：79.00元

河北食品药品安全蓝皮书
河北食品药品安全研究报告（2015）
著(编)者：丁锦霞 2015年6月出版 / 定价：79.00元

河南经济蓝皮书
2015年河南经济形势分析与预测
著(编)者：胡五岳 2015年2月出版 / 定价：69.00元

河南蓝皮书
河南城市发展报告（2015）
著(编)者：谷建全 王建国 2015年3月出版 / 定价：79.00元

河南蓝皮书
2015年河南社会形势分析与预测
著(编)者：刘道兴 牛苏林 2015年4月出版 / 定价：69.00元

河南蓝皮书
河南工业发展报告（2015）
著(编)者：龚绍东 赵西三 2015年1月出版 / 定价：79.00元

河南蓝皮书
河南文化发展报告（2015）
著(编)者：卫绍生 2015年3月出版 / 定价：79.00元

河南蓝皮书
河南经济发展报告（2015）
著(编)者：喻新安 2014年12月出版 / 定价：79.00元

河南蓝皮书
河南法治发展报告（2015）
著(编)者：丁同民 闫德民 2015年7月出版 / 定价：69.00元

河南蓝皮书
河南金融发展报告（2015）
著(编)者：喻新安 谷建全 2015年6月出版 / 定价：69.00元

河南蓝皮书
河南农业农村发展报告（2015）
著(编)者：吴海峰 2015年4月出版 / 定价：69.00元

河南商务蓝皮书
河南商务发展报告（2015）
著(编)者：焦锦淼 穆荣国 2015年4月出版 / 定价：88.00元

黑龙江产业蓝皮书
黑龙江产业发展报告（2015）
著(编)者：于渤 2015年9月出版 / 定价：79.00元

黑龙江蓝皮书
黑龙江经济发展报告（2015）
著(编)者：曲伟 2015年1月出版 / 定价：79.00元

黑龙江蓝皮书
黑龙江社会发展报告（2015）
著(编)者：张新颖 2015年1月出版 / 定价：79.00元

皮书系列 2015全品种 — 地方发展类

湖北文化蓝皮书
湖北文化发展报告（2015）
著(编)者：江畅 吴成国　2015年7月出版 / 估价：89.00元

湖南城市蓝皮书
区域城市群整合
著(编)者：童中贤 韩未名　2015年12月出版 / 估价：79.00元

湖南蓝皮书
2015年湖南电子政务发展报告
著(编)者：梁志峰　2015年5月出版 / 定价：98.00元

湖南蓝皮书
2015年湖南社会发展报告
著(编)者：梁志峰　2015年5月出版 / 定价：98.00元

湖南蓝皮书
2015年湖南产业发展报告
著(编)者：梁志峰　2015年5月出版 / 定价：98.00元

湖南蓝皮书
2015年湖南经济展望
著(编)者：梁志峰　2015年5月出版 / 定价：128.00元

湖南蓝皮书
2015年湖南县域经济社会发展报告
著(编)者：梁志峰　2015年5月出版 / 定价：98.00元

湖南蓝皮书
2015年湖南两型社会与生态文明发展报告
著(编)者：梁志峰　2015年5月出版 / 定价：98.00元

湖南县域绿皮书
湖南县域发展报告No.2
著(编)者：朱有志　2015年7月出版 / 估价：69.00元

沪港蓝皮书
沪港发展报告（2014~2015）
著(编)者：尤安山　2015年4月出版 / 定价：89.00元

吉林蓝皮书
2015年吉林经济社会形势分析与预测
著(编)者：马克　2015年2月出版 / 定价：89.00元

济源蓝皮书
济源经济社会发展报告（2015）
著(编)者：喻新安　2015年4月出版 / 定价：69.00元

健康城市蓝皮书
北京健康城市建设研究报告（2015）
著(编)者：王鸿春　2015年4月出版 / 定价：79.00元

江苏法治蓝皮书
江苏法治发展报告（2015）
著(编)者：李力 龚廷泰　2015年9月出版 / 估价：98.00元

京津冀蓝皮书
京津冀发展报告（2015）
著(编)者：文魁 祝尔娟　2015年4月出版 / 定价：89.00元

经济特区蓝皮书
中国经济特区发展报告（2015）
著(编)者：陶一桃　2015年7月出版 / 估价：89.00元

辽宁蓝皮书
2015年辽宁经济社会形势分析与预测
著(编)者：曹晓峰 张晶 梁启东　2014年12月出版 / 定价：79.00元

南京蓝皮书
南京文化发展报告（2015）
著(编)者：南京文化产业研究中心　2015年12月出版 / 估价：79.00元

内蒙古蓝皮书
内蒙古反腐倡廉建设报告（2015）
著(编)者：张志华 无极　2015年12月出版 / 估价：69.00元

浦东新区蓝皮书
上海浦东经济发展报告（2015）
著(编)者：沈开艳 陆沪根　2015年1月出版 / 定价：69.00元

青海蓝皮书
2015年青海经济社会形势分析与预测
著(编)者：赵宗福　2014年12月出版 / 定价：69.00元

人口与健康蓝皮书
深圳人口与健康发展报告（2015）
著(编)者：曾序春　2015年12月出版 / 估价：89.00元

山东蓝皮书
山东社会形势分析与预测（2015）
著(编)者：张华 唐洲雁　2015年7月出版 / 估价：89.00元

山东蓝皮书
山东经济形势分析与预测（2015）
著(编)者：张华 唐洲雁　2015年7月出版 / 估价：89.00元

山东蓝皮书
山东文化发展报告（2015）
著(编)者：张华 唐洲雁　2015年7月出版 / 估价：98.00元

山西蓝皮书
山西资源型经济转型发展报告（2015）
著(编)者：李志强　2015年5月出版 / 估价：89.00元

陕西蓝皮书
陕西经济发展报告（2015）
著(编)者：任宗哲 白宽犁 裴成荣　2015年1月出版 / 定价：69.00元

陕西蓝皮书
陕西社会发展报告（2015）
著(编)者：任宗哲 白宽犁 牛昉　2015年1月出版 / 定价：69.00元

陕西蓝皮书
陕西文化发展报告（2015）
著(编)者：任宗哲 白宽犁 王长寿　2015年1月出版 / 定价：65.00元

陕西蓝皮书
丝绸之路经济带发展报告（2015）
著(编)者：任宗哲 石英 白宽犁
2015年8月出版 / 估价：79.00元

上海蓝皮书
上海文学发展报告（2015）
著(编)者：陈圣来　2015年1月出版 / 定价：69.00元

上海蓝皮书
上海文化发展报告（2015）
著(编)者：荣跃明　2015年1月出版 / 定价：74.00元

皮书系列 2015全品种

地方发展类·国别与地区类

上海蓝皮书
上海资源环境发展报告（2015）
著(编)者：周冯琦 汤庆合 任文伟
2015年1月出版 / 定价：69.00元

上海蓝皮书
上海社会发展报告（2015）
著(编)者：杨雄 周海旺 2015年1月出版 / 定价：69.00元

上海蓝皮书
上海经济发展报告（2015）
著(编)者：沈开艳 2015年1月出版 / 定价：69.00元

上海蓝皮书
上海传媒发展报告（2015）
著(编)者：强荧 焦雨虹 2015年1月出版 / 定价：69.00元

上海蓝皮书
上海法治发展报告（2015）
著(编)者：叶青 2015年5月出版 / 定价：69.00元

上饶蓝皮书
上饶发展报告（2015）
著(编)者：朱寅健 2015年7月出版 / 估价：128.00元

社会建设蓝皮书
2015年北京社会建设分析报告
著(编)者：宋贵伦 冯虹 2015年7月出版 / 估价：79.00元

深圳蓝皮书
深圳劳动关系发展报告（2015）
著(编)者：汤庭芬 2015年7月出版 / 估价：75.00元

深圳蓝皮书
深圳经济发展报告（2015）
著(编)者：张骁儒 2015年7月出版 / 估价：79.00元

深圳蓝皮书
深圳社会发展报告（2015）
著(编)者：叶民辉 张骁儒 2015年7月出版 / 估价：89.00元

深圳蓝皮书
深圳法治发展报告（2015）
著(编)者：张骁儒 2015年5月出版 / 定价：69.00元

四川蓝皮书
四川文化产业发展报告（2015）
著(编)者：侯水平 2015年4月出版 / 定价：79.00元

四川蓝皮书
四川企业社会责任研究报告（2014~2015）
著(编)者：侯水平 盛毅 2015年4月出版 / 定价：79.00元

四川蓝皮书
四川法治发展报告（2015）
著(编)者：郑泰安 2015年1月出版 / 定价：69.00元

四川蓝皮书
四川生态建设报告（2015）
著(编)者：李晟之 2015年4月出版 / 定价：79.00元

四川蓝皮书
四川城镇化发展报告（2015）
著(编)者：侯水平 范秋美 2015年4月出版 / 定价：79.00元

四川蓝皮书
四川社会发展报告（2015）
著(编)者：郭晓鸣 2015年4月出版 / 定价：79.00元

四川蓝皮书
2015年四川经济发展形势分析与预测
著(编)者：杨钢 2015年1月出版 / 定价：89.00元

四川法治蓝皮书
四川依法治省年度报告No.1（2015）
著(编)者：李林 杨天宗 田禾 2015年3月出版 / 定价：108.00元

天津金融蓝皮书
天津金融发展报告（2015）
著(编)者：王爱俭 杜强 2015年9月出版 / 估价：89.00元

温州蓝皮书
2015年温州经济社会形势分析与预测
著(编)者：潘忠强 王春光 金浩 2015年4月出版 / 定价：69.00元

扬州蓝皮书
扬州经济社会发展报告（2015）
著(编)者：丁纯 2015年12月出版 / 估价：89.00元

长株潭城市群蓝皮书
长株潭城市群发展报告（2015）
著(编)者：张萍 2015年7月出版 / 定价：69.00元

郑州蓝皮书
2015年郑州文化发展报告
著(编)者：王哲 2015年9月出版 / 估价：65.00元

中医文化蓝皮书
北京中医药文化传播发展报告（2015）
著(编)者：毛嘉陵 2015年5月出版 / 定价：79.00元

珠三角流通蓝皮书
珠三角商圈发展研究报告（2015）
著(编)者：林至颖 王先庆 2015年7月出版 / 估价：98.00元

国别与地区类

阿拉伯黄皮书
阿拉伯发展报告（2015）
著(编)者：马晓霖 2015年7月出版 / 估价：79.00元

北部湾蓝皮书
泛北部湾合作发展报告（2015）
著(编)者：吕余生 2015年8月出版 / 估价：69.00元

皮书系列 2015全品种

国别与地区类

大湄公河次区域蓝皮书
大湄公河次区域合作发展报告(2015)
著(编)者:刘稚　2015年9月出版 / 估价:79.00元

大洋洲蓝皮书
大洋洲发展报告(2015)
著(编)者:喻常森　2015年8月出版 / 估价:89.00元

德国蓝皮书
德国发展报告(2015)
著(编)者:郑春荣 伍慧萍　2015年5月出版 / 定价:69.00元

东北亚黄皮书
东北亚地区政治与安全(2015)
著(编)者:黄凤志 刘清才 张慧智
2015年7月出版 / 估价:69.00元

东盟黄皮书
东盟发展报告(2015)
著(编)者:崔晓麟　2015年7月出版 / 估价:75.00元

东南亚蓝皮书
东南亚地区发展报告(2015)
著(编)者:王勤　2015年7月出版 / 估价:79.00元

俄罗斯黄皮书
俄罗斯发展报告(2015)
著(编)者:李永全　2015年7月出版 / 估价:79.00元

非洲黄皮书
非洲发展报告(2015)
著(编)者:张宏明　2015年7月出版 / 估价:79.00元

国际形势黄皮书
全球政治与安全报告(2015)
著(编)者:李慎明 张宇燕　2015年1月出版 / 定价:69.00元

韩国蓝皮书
韩国发展报告(2015)
著(编)者:刘宝全 牛林杰　2015年8月出版 / 估价:79.00元

加拿大蓝皮书
加拿大发展报告(2015)
著(编)者:仲伟合　2015年4月出版 / 估价:89.00元

拉美黄皮书
拉丁美洲和加勒比发展报告(2014~2015)
著(编)者:吴白乙　2015年5月出版 / 估价:89.00元

美国蓝皮书
美国研究报告(2015)
著(编)者:郑秉文 黄平　2015年6月出版 / 估价:89.00元

缅甸蓝皮书
缅甸国情报告(2015)
著(编)者:李晨阳　2015年8月出版 / 估价:79.00元

欧洲蓝皮书
欧洲发展报告(2015)
著(编)者:周弘　2015年7月出版 / 估价:89.00元

葡语国家蓝皮书
葡语国家发展报告(2015)
著(编)者:对外经济贸易大学区域国别研究所　葡语国家研究中
2015年7月出版 / 估价:89.00元

葡语国家蓝皮书
中国与葡语国家关系发展报告·巴西(2014)
著(编)者:澳门科技大学　2015年7月出版 / 估价:89.00元

日本经济蓝皮书
日本经济与中日经贸关系研究报告(2015)
著(编)者:王洛林 张季风　2015年5月出版 / 定价:79.00元

日本蓝皮书
日本研究报告(2015)
著(编)者:李薇　2015年4月出版 / 定价:69.00元

上海合作组织黄皮书
上海合作组织发展报告(2015)
著(编)者:李进峰 吴宏伟 李伟
2015年9月出版 / 估价:89.00元

世界创新竞争力黄皮书
世界创新竞争力发展报告(2015)
著(编)者:李闽榕 李建平 赵新力
2015年12月出版 / 估价:148.00元

土耳其蓝皮书
土耳其发展报告(2015)
著(编)者:郭长刚 刘义　2015年7月出版 / 估价:89.00元

图们江区域合作蓝皮书
图们江区域合作发展报告(2015)
著(编)者:李铁　2015年4月出版 / 定价:98.00元

亚太蓝皮书
亚太地区发展报告(2015)
著(编)者:李向阳　2015年1月出版 / 定价:59.00元

印度蓝皮书
印度国情报告(2015)
著(编)者:吕昭义　2015年7月出版 / 估价:89.00元

印度洋地区蓝皮书
印度洋地区发展报告(2015)
著(编)者:汪戎　2015年5月出版 / 定价:89.00元

中东黄皮书
中东发展报告(2015)
著(编)者:杨光　2015年11月出版 / 估价:89.00元

中欧关系蓝皮书
中欧关系研究报告(2015)
著(编)者:周弘　2015年12月出版 / 估价:98.00元

中亚黄皮书
中亚国家发展报告(2015)
著(编)者:孙力 吴宏伟　2015年9月出版 / 估价:89.00元

中国皮书网

www.pishu.cn

发布皮书研创资讯，传播皮书精彩内容
引领皮书出版潮流，打造皮书服务平台

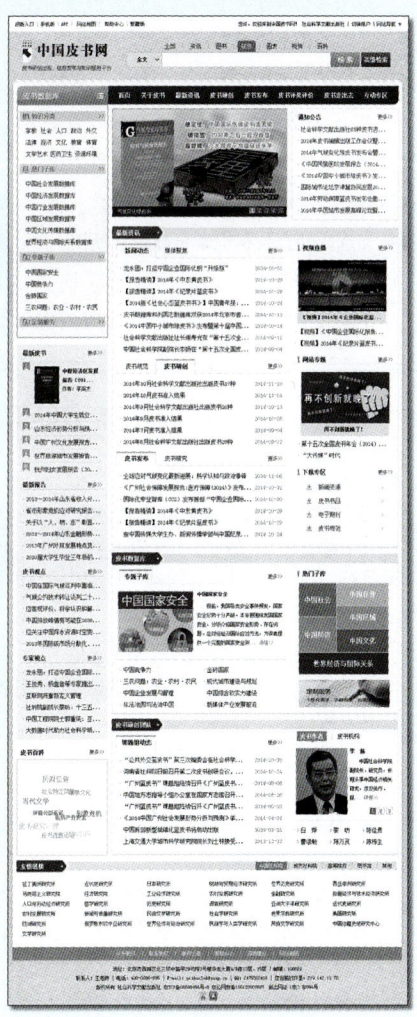

栏目设置：

- 资讯：皮书动态、皮书观点、皮书数据、皮书报道、皮书发布、电子期刊
- 标准：皮书评价、皮书研究、皮书规范
- 服务：最新皮书、皮书书目、重点推荐、在线购书
- 链接：皮书数据库、皮书博客、皮书微博、在线书城
- 搜索：资讯、图书、研究动态、皮书专家、研创团队

中国皮书网依托皮书系列"权威、前沿、原创"的优质内容资源，通过文字、图片、音频、视频等多种元素，在皮书研创者、使用者之间搭建了一个成果展示、资源共享的互动平台。

自2005年12月正式上线以来，中国皮书网的IP访问量、PV浏览量与日俱增，受到海内外研究者、公务人员、商务人士以及专业读者的广泛关注。

2008年、2011年，中国皮书网均在全国新闻出版业网站荣誉评选中获得"最具商业价值网站"称号；2012年，获得"出版业网站百强"称号。

2014年，中国皮书网与皮书数据库实现资源共享，端口合一，将提供更丰富的内容，更全面的服务。

权威报告　热点资讯　海量资源
当代中国与世界发展的高端智库平台

皮书数据库 www.pishu.com.cn

皮书数据库是专业的人文社会科学综合学术资源总库，以大型连续性图书——皮书系列为基础，整合国内外相关资讯构建而成。包含七大子库，涵盖两百多个主题，囊括了近十几年间中国与世界经济社会发展报告，覆盖经济、社会、政治、文化、教育、国际问题等多个领域。

皮书数据库以篇章为基本单位，方便用户对皮书内容的阅读需求。用户可进行全文检索，也可对文献题目、内容提要、作者名称、作者单位、关键字等基本信息进行检索，还可对检索到的篇章再做二次筛选，进行在线阅读或下载阅读。智能多维度导航，可使用户根据自己熟知的分类标准进行分类导航筛选，使查找和检索更高效、便捷。

权威的研究报告，独特的调研数据，前沿的热点资讯，皮书数据库已发展成为国内最具影响力的关于中国与世界现实问题研究的成果库和资讯库。

皮书俱乐部会员服务指南

1. 谁能成为皮书俱乐部成员？
- 皮书作者自动成为俱乐部会员
- 购买了皮书产品（纸质书/电子书）的个人用户

2. 会员可以享受的增值服务
- 免费获赠皮书数据库100元充值卡
- 加入皮书俱乐部，免费获赠该纸质图书的电子书
- 免费定期获赠皮书电子期刊
- 优先参与各类皮书学术活动
- 优先享受皮书产品的最新优惠

3. 如何享受增值服务？
（1）免费获赠100元皮书数据库体验卡

第1步 刮开皮书附赠充值的涂层（右下）；

第2步 登录皮书数据库网站（www.pishu.com.cn），注册账号；

第3步 登录并进入"会员中心"—"在线充值"—"充值卡充值"，充值成功后即可使用。

（2）加入皮书俱乐部，凭数据库体验卡获赠该书的电子书

第1步 登录社会科学文献出版社官网（www.ssap.com.cn），注册账号；

第2步 登录并进入"会员中心"—"皮书俱乐部"，提交加入皮书俱乐部申请；

第3步 审核通过后，再次进入皮书俱乐部，填写页面所需图书、体验卡信息即可自动兑换相应电子书。

4. 声明
解释权归社会科学文献出版社所有

皮书俱乐部会员可享受社会科学文献出版社其他相关免费增值服务，有任何疑问，均可与我们联系。

图书销售热线：010-59367070/7028　图书服务QQ：800045620　图书服务邮箱：duzhe@ssap.cn

数据库服务热线：400-008-6695　数据库服务QQ：2475522410　数据库服务邮箱：database@ssap.cn

欢迎登录社会科学文献出版社官网（www.ssap.com.cn）和中国皮书网（www.pishu.cn）了解更多信息

皮书大事记
（2014）

☆ 2014年10月，中国社会科学院2014年度皮书纳入创新工程学术出版资助名单正式公布，相关资助措施进一步落实。

☆ 2014年8月，由中国社会科学院主办，贵州省社会科学院、社会科学文献出版社承办的"第十五次全国皮书年会（2014）"在贵州贵阳隆重召开。

☆ 2014年8月，第二批淘汰的27种皮书名单公布。

☆ 2014年7月，第五届优秀皮书奖评审会在京召开。本届优秀皮书奖首次同时评选优秀皮书和优秀皮书报告。

☆ 2014年7月，第三届皮书学术评审委员会于北京成立。

☆ 2014年6月，社会科学文献出版社与北京报刊发行局签订合同，将部分重点皮书纳入邮政发行系统。

☆ 2014年6月，《中国社会科学院皮书管理办法》正式颁布实施。

☆ 2014年4月，出台《社会科学文献出版社关于加强皮书编审工作的有关规定》《社会科学文献出版社皮书责任编辑管理规定》《社会科学文献出版社关于皮书准入与退出的若干规定》。

☆ 2014年1月，首批淘汰的44种皮书名单公布。

☆ 2014年1月，"2013(第七届)全国新闻出版业网站年会"在北京举办，中国皮书网被评为"最具商业价值网站"。

☆ 2014年1月，社会科学文献出版社在原皮书评价研究中心的基础上成立了皮书研究院。

皮书数据库
www.pishu.com.cn

皮书数据库三期

- 皮书数据库（SSDB）是社会科学文献出版社整合现有皮书资源开发的在线数字产品，全面收录"皮书系列"的内容资源，并以此为基础整合大量相关资讯构建而成。

- 皮书数据库现有中国经济发展数据库、中国社会发展数据库、世界经济与国际政治数据库等子库，覆盖经济、社会、文化等多个行业、领域，现有报告30000多篇，总字数超过5亿字，并以每年4000多篇的速度不断更新累积。

- 新版皮书数据库主要围绕存量+增量资源整合、资源编辑标引体系建设、产品架构设置优化、技术平台功能研发等方面开展工作，并将中国皮书网与皮书数据库合二为一联体建设，旨在以"皮书研创出版、信息发布与知识服务平台"为基本功能定位，打造一个全新的皮书品牌综合门户平台，为您提供更优质更到位的服务。

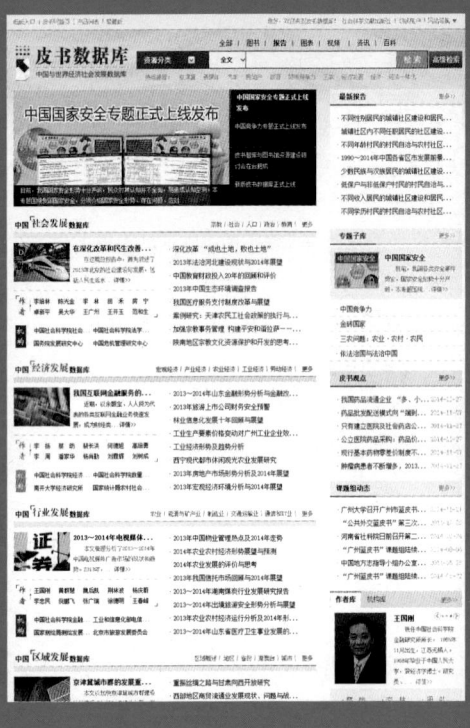

更多信息请登录

中国皮书网
http://www.pishu.cn

皮书微博
http://weibo.com/pishu

中国皮书网的BLOG [编辑]
http://blog.sina.com.cn/pishu
皮书博客
http://blog.sina.com.cn/pishu

皮书微信
皮书说

请到各地书店皮书专架／专柜购买，也可办理邮购

咨询／邮购电话：010-59367028　59367070　　　邮　　　箱：duzhe@ssap.cn
邮购地址：北京市西城区北三环中路甲29号院3号楼华龙大厦13层读者服务中心
邮　　编：100029
银行户名：社会科学文献出版社
开户银行：中国工商银行北京北太平庄支行
账　　号：0200010019200365434
网上书店：010-59367070　qq：1265056568
网　　址：www.ssap.com.cn　　www.pishu.cn